日本の
財政と租税法

水野　惠子
奥村　正郎【編著】
和田佐英子

学文社

執筆者

速水　昇（はやみ のぼる）	東京富士大学名誉教授（第4章）	
和田　尚久（わだ なおひさ）	東洋大学教授（第1・2章）	
水野　惠子（みずの けいこ）	愛知学院大学大学院法学研究科教授，駒澤大学兼任講師（第7・9章）	
奥村　正郎（おくむら まさろう）	税理士（第8・10・11章）	
和田佐英子（わださえこ）	宇都宮共和大学教授（第6・12章）	
青木　一郎（あおき いちろう）	明星大学教授（第5章）	
竹腰　友美（たけこし ともみ）	駒澤大学兼任講師（第3章）	

はしがき

　本書を手にされた読者の皆さんは，この本に何を期待されましたか．まず，本書は，日本の財政と租税法を合わせた立場から執筆された，新しい試みのテキストです．わが国には，経済学，財政学，及び税法学のそれぞれの分野ごとのテキストは多くあります．しかし，財政と税法とは深く係り合う分野でありながら，財政学のテキストでは税法学の説明が少ない．また，税法学のテキストでは，財政学の説明が少ない．こうした中で本書は，財政学，地方財政学，公共経済学，租税論，税法学の各分野との係りの中で，『日本の財政と租税法』と題し，経済学部，経営学部及び法学部の学生に対するテキスト教材として編集されました．さらに，本書は，学部学生にとどまらず，官公庁に就職された方がた，国家試験に臨んでいる人びとへの手引書としても活用できるよう，最新の法改正にも注視し，わかりやすさと基礎知識の定着をはかることに焦点をあてて構成することに努めました．

　わが国では安倍政権の下で，平成28年度税制改正大綱が決定し，最大の論点となった消費税軽減税率は，軽減といえどもその税率を8％に据え置くという内容で，税率が軽減されるわけではなさそうです．軽減税率は，消費税率が10％へ引き上げを予定される平成29年4月1日に導入された場合，軽減税率が予定されている．対象品目は，酒類と外食を除くすべての飲食料品です．他の品目は消費税率10％で，増税の主たる理由は財政赤字です．今回のもう一つのポイントは，法人税実効税率の引き下げです．平成27年度，28年度の二段階で実効税率の引き下げが行われます（26年度34.62％，27年度32.11％，28年度31.33％）が，政府は，その流れを一気に加速し，法人実効税率の20％台実現を目標としています．減税の主たる理由は，企業が法人税の低い国に移転することを食い止めるためとされています．

　個人所得税では，通勤手当の非課税限度額が，平成28年1月1日から月額15万円に引き上げられました．また，空き家に係る譲渡所得の特別控除制度が

i

創設され，平成28年4月1日から平成31年12月31日までの譲渡については，被相続人から相続した居住用不動産（相続発生後に居住の用に供していないもの）を譲渡した場合，居住用財産の3千万円特別控除が適用されます．

　このように，日々変化するわが国の経済活動（税金などの歳入とそこからなされるさまざまな歳出）との係り，及び税の身近な問題の理解を深めるためには，財政学，公共経済学，地方財政学，租税論及び租税法など，さまざまな範囲からの学習が大いに有益です．本書は，このような考えの下で，経済活動や租税に係る基本的な内容をできる限り身近に感じ，これについて理解を深め，その上で，幅広い範囲から考察を加えていく起点となることを目標としています．

　最近の授業では，セメスター制を採用している大学が多く，その結果，わが国の財政や租税について幅広い角度から深く考えることが困難な実情です．そこで本書は，セメスター制においては財政学，地方財政学，公共経済学，租税論及び租税法として使い，通年では，財政学，公共経済学，租税論，租税法として使えるように編集されており，多くの読者の皆さんに活用されることを期待するものです．

　本書の執筆にあたって，その多くは，現在もなお財政学の教育研究でご活躍されておられる東京富士大学名誉教授速水昇先生から執筆の労を賜りました．現在においても執筆者等は，先生のご配慮あるご指導をいただきながら研究，教育を続けており，先生への深い感謝の気持ちとともに，本書は執筆されました．先生には，これから先も末永く，我々一同を叱咤激励し，ご指導いただきたいと思います．

　また，本書の執筆の機会を提供していただき，本書を刊行まで導いていただいた学文社社長の田中千津子氏には大変お世話になりました．また，学文社社員甲斐由美枝さん，編集部の方々に大変お力添えをいただきました．ここに改めて深く謝意を表し，御礼を申し上げます．

　　2016年3月

水野　惠子

目 次

はじめに　i

第1章　政府の存在意義 …………………………………………… 1

第1節　国民経済と政府 ………………………………………… 2
(1) 財政赤字　2／(2) 政府の規模（対国民経済）　3

第2節　市場の失敗 ……………………………………………… 5
(1) 市場の失敗の定義　5／(2) 市場の機能　6／(3) 公共財　7／(4) 外部性がある財　9／(5) 自然独占　13

第3節　財政の機能 …………………………………………… 15
(1) 資源配分機能　15／(2) 経済安定機能　17／(3) 所得再分配機能　19／(4) 発展促進機能　20

第4節　政府の失敗 …………………………………………… 22

第2章　財政民主主義と予算 …………………………………… 25

第1節　財政民主主義 ………………………………………… 26
(1) 財政民主主義の目的　26／(2) 財政民主主義と憲法　27

第2節　予算の機能と原則 …………………………………… 28
(1) 予算の意義　28／(2) 予算の機能　29／(3) 予算原則　30

第3節　予算の内容 …………………………………………… 35

第4節　予算の種類 …………………………………………… 37

第5節　予算過程 ……………………………………………… 40

第3章　歳入論 …………………………………………………… 47

第1節　政府の収入 …………………………………………… 48

　　　　(1)　一般会計予算　　48／(2)　一般会計予算の推移　　52
　第2節　租税収入………………………………………………………………52
　　　　(1)　直　接　税　　54／(2)　間　接　税　　61／(3)　道路特定財源
　　　　の廃止と自動車課税　　67／(4)　とん税及び特別とん税　　69／(5)
　　　　特定財源税　　69

第4章　歳　出　論……………………………………………………73
　第1節　歳出の意義……………………………………………………………74
　　　　(1)　歳出の定義　　74／(2)　歳出と政策　　75／(3)　歳出の分類　　76
　第2節　経常的歳出……………………………………………………………79
　　　　(1)　国　債　費　　79／(2)　地方交付税交付金　　82／(3)　地方特
　　　　例交付金　　83
　第3節　一般歳出………………………………………………………………83
　　　　(1)　社会保障関係費　　84／(2)　文教及び科学振興費　　89／(3)
　　　　恩給関係費　　92／(4)　防衛関係費　　92／(5)　公共事業関係費
　　　　94／(6)　経済協力費　　96／(7)　中小企業対策費　　98／(8)　エネ
　　　　ルギー対策費　　98／(9)　食料安定供給関係費　　99／(10)　その他
　　　　事項経費　　99／(11)　予　備　費　　99

第5章　財政政策………………………………………………………101
　第1節　景気変動と景気対策…………………………………………………102
　第2節　均衡国民所得の決定…………………………………………………103
　　　　(1)　均衡国民所得　　103／(2)　インフレギャップとデフレギャップ
　　　　105／(3)　乗数効果　　106
　第3節　総需要管理政策………………………………………………………107
　第4節　開放経済における財政政策の効果…………………………………109
　第5節　自動安定化装置（ビルト・イン・スタビライザー）………………112
　第6節　財政政策と IS・LM 分析……………………………………………114

第6章　地方財政 ……………………………………………………………121

第1節　国の経済活動と地方政府の経済活動 ………………………122

(1) 地方分権時代の地方政府　122／(2) 国民経済と財政活動（国と地方）　122／(3) 国と地方との行政事務配分　123／(4) 国と地方の経費負担区分と財源配分　125

第2節　国と地方との財政関係 ………………………………………127

(1) 地方財政計画　127／(2) 地方交付税　128(3) 地方譲与税　129／(4) 国庫支出金　130／(5) 地　方　債　133

第3節　地方公共団体の財政 …………………………………………134

(1) 地方公共団体の歳入　134／(2) 地方公共団体の歳出　135／(3) 個々の自治体の財政状況の把握　136／(4) 地方公共団体の4つの財政健全化判断比率　137／(5) 財政の早期健全化と財政再建　139

第4節　地方自治と地方分権 …………………………………………140

(1) 地方分権の推進　140／(2) 地方自治の本質と沿革　140／(3) 三位一体改革　142／(4) 行政区画の広域化　142／(5) 地方自治の本質と沿革　143

第7章　租税制度論 ………………………………………………………145

第1節　租税の意義 ……………………………………………………146

(1) 租税の機能　146／(2) 租税の役割　146／(3) 租税負担　147

第2節　富の源泉と租税 ………………………………………………149

(1) 重商主義　150／(2) 重農主義　150／(3) 古典派経済学（正統学派）　151／(4) 富の源泉　151

第3節　租税の負担配分基準 …………………………………………152

(1) 利　益　説　152／(2) 犠　牲　説　153／(3) 能力説(応能説)　153

第4節　租税原則 ………………………………………………………154

(1) 租税原則　154／(2) 租税負担の公平性　154／(3) 経済への中立性・効率性　157／(4) 制度の簡素性　157

第5節　租税理論 ··· 158

(1) 包括的所得税論　158／(2) 支出税論　158／(3) 最適課税論　158

第6節　租税制度 ··· 159

(1) 租税の分類　159／(2) 課税の対象　161／(3) 単税制度と複税制度　161

第8章　所得税法 ·· 165

第1節　所得税法の概要 ·· 166

第2節　所得税の納税義務者 ·· 166

(1) 居　住　者　166／(2) 非居住者　167／(3) 内国法人・外国法人　167

第3節　非課税所得と免税所得 ·· 167

第4節　所得の種類 ·· 168

(1) 所得の区分　168／(2) 総合課税と分離課税　168／(3) 各種所得の内容，計算及び課税方法　169

第5節　総所得金額の計算 ·· 176

(1) 課税所得と損益通算　176／(2) 純損失・雑損失の繰越控除　177／(3) 総所得金額等の計算　177／(4) 所得控除と課税総所得金額の計算　177／(5) 所得税率　183／(6) 平均課税　184／(7) 税額控除　186

第6節　青色申告 ··· 186

(1) 青色申告制度　186／(2) 青色申告の特典　187

第9章　相続税法 ·· 191

第1節　相　続　税 ·· 192

　　　　(1)　相続及び相続税の意義　192／(2)　現行制度の概観　192／(3)　相続税課税の根拠　193／(4)　相続税の課税範囲　193／(5)　相続税の納税義務者　196／(6)　法定相続人と法定相続分　196／(7)　基礎控除　198／(8)　相続税の課税価格と税率　199／(9)　相続税額の計算　200／(10)　納税義務の成立時期　203／(11)　単純承認と限定承認　203／(12)　相続の放棄と相続人の除外　204／(13)　遺留分と遺留分減殺請求権　205／(14)　後継ぎ遺贈　205／(15)　相続税の申告　206

　第2節　贈　　与　　税 …………………………………………………………208
　　　　(1)　贈与税の意義　208／(2)　贈与税の納税義務者と非課税枠　209／(3)　贈与税額の計算　209／(4)　相続時精算課税制度　211

第10章　法人税法 ……………………………………………………………215
　第1節　法人税法の概要 ……………………………………………………216
　　　　(1)　法人税の意義と変遷　216／(2)　法人税の性質と課税の根拠　216
　第2節　法人税の納税義務者 ………………………………………………217
　　　　(1)　法人税の基本的な納税義務者　217／(2)　法人の形態　218／(3)　納税義務者としての新たな事業体　221
　第3節　法人税の計算の仕組み ……………………………………………221
　　　　(1)　企業会計と税務会計　221／(2)　当期利益と所得金額　222／(3)　益金の額及び別段の定め　222／(4)　損金の額及び別段の定め　224／(5)　申告調整　230／(6)　法人税額の計算の仕組み　231
　第4節　同族会社の課税問題 ………………………………………………232
　　　　(1)　同族会社の定義　232／(2)　同族会社の留保金課税制度（同族会社の特別控除）　236／(3)　同族会社の行為・計算の否認規定　237
　第5節　その他の法人課税制度 ……………………………………………238
　　　　(1)　グループ法人税制　238／(2)　グループ法人税制の内容　238

第6節　法人税の申告・納付 ･･ 239

　　　⑴　確定申告　239／⑵　中間申告　240／⑶　納　付　240／⑷　青色申告　240

第11章　消費税法 ･･ 243

第1節　消費税法の概要 ･･･ 244

　　　⑴　消費税の創設　244　⑵　消費税の課税状況　244

第2節　消費税の仕組み ･･･ 245

第3節　消費税の課税対象 ･･･ 247

　　　⑴　課税対象取引　247／⑵　非課税取引　249／⑶　免税取引　250

第4節　消費税の納税義務者 ･･･････････････････････････････････････ 251

　　　⑴　納税義務者　251／⑵　免税事業者　252／⑶　納税義務の成立時期　253

第5節　課税標準 ･･･ 253

　　　⑴　国内取引　253／⑵　輸入取引　253

第6節　消費税額の計算 ･･･ 254

　　　⑴　税率と納付税額の計算　254／⑵　仕入に係る消費税額の控除　254／⑶　簡易課税制度における計算　258

第7節　消費税の申告と納付 ･･･････････････････････････････････････ 260

第8節　消費税の届出書 ･･･ 262

第12章　地　方　税 ･･ 265

第1節　地方税の仕組みと地方税原則 ･･･････････････････････････････ 266

　　　⑴　地方税の仕組み　266／⑵　地方税原則　268

第2節　道府県税 ･･･ 270

　　　⑴　地方税の仕組み　270／⑵　道府県税の普通税　270／⑶　道

府県民税　272／(4)　事　業　税　275／(5)　地方法人特別税・地方法人特別譲与税　277／(6)　地方消費税　277／(7)　そ　の　他　278

第3節　市町村税 …………………………………………………………281

(1)　市町村民税　281／(2)　固定資産税　283／(3)　その他市町村普通税　284／(4)　その他市町村の目的税等　285

第4節　住民税の計算 ……………………………………………………286
第5節　地方自治と地方税 ………………………………………………288

索　引　293

第1章
政府の存在意義

第1節　国民経済と政府

(1) 財政赤字

　消費税増税を柱とする「社会保障・税一体改革関連法」が平成24 (2012) 年8月10日に，参議院本会議で可決・成立した．この法律により，消費税率は平成26年4月に8%に引き上げられた．また，平成29年4月に10%に引き上げられる予定である．この増税の主たる理由のひとつが財政赤字である．

　財政赤字の状況を見ておこう．平成24年度の国家財政（一般会計当初予算）では，公債（国債）金収入は44兆2,440億円，税収入が42兆3,460億円と税収入より公債発行が多い．このような逆転現象は平成22年度より3年連続して続いており，公債依存度は22年度より48, 47.9, 47.6%とほぼ半分を占めていた．平成26年度の消費税の増税により平成27年度の国債依存度は38.7%と40%を切ったが，依然として借金に依存しなければ財政がやっていけない状態になっている．

　年々の赤字が累積した結果である借入金も含めた平成27年度の国の借金（債務）の全体像は，表1－1に示されている．

表1－1　国債及び借入金

	27年度末見込み
①普通国債	807.1兆円
②財政投融資特別会計国債	98.5兆円
③借入金	58.0兆円
④交付国債等	4.4兆円
⑤政府短期証券	199.0兆円
合計	1167.0兆円

出所）財務省

　平成27年3月末の「国債及び借入金残高」の総額の見込みは約1,167兆円で

あり，平成27年度の国内総生産（GDP）の2倍以上となっている．この表はIMFの公表基準に従い四半期ごとに公表しているものである．一般に国債残高が幾らになるといった発表は普通国債の額であるが，他の借金もかなり多いのは，表1-1に見る通りである（国債残高累増の詳細については第4章に示されている）．

財政とは政府部門の経済活動であり，政府部門ということでは，地方公共団体（都道府県，市町村）も入る．こちらの負債は，平成27年度末で199兆円ある．このうち33兆円程は「交付税譲与税配付金特別会計」から地方公共団体全体が借りているものである．これを除いても166兆円の借金があり，国と合わせると正に膨大な借金となる．

日本は高齢社会であり，平成19年以降出生児より死亡者が多い自然減が定着している．労働人口が不足すれば財・サービスの生産能力に限界が生じる上に，人口減少によって需要が減るため，経済成長率が縮小傾向になることを覚悟しておく必要がある．そのような経済では，債務の総額が変わらなくても，国民一人当たり政府部門債務の元利払いに要する負担は重くなっていく．人口減少が大幅ではない内に財政赤字に対応しておく必要がある．

(2) 政府の規模（対国民経済）

日本の政府債務が大きいのは，財政赤字が大幅であるのに加えて，国民経済に対する財政の割合が大きいことが重要な原因である．政府の経済活動を財政と呼ぶが，より広くは公的経済と呼ぶ．公的経済に対応するのが，主に民間企業が担う私的経済である．両者が一緒になったものを「混合経済」と呼んでおり国民経済を形成する．近年ボランティア活動が活発になっており，これを両者の中間領域の経済活動（共同経済）と考えようとすることもあるが，未だ，公的経済の補足的領域と見たほうがよいであろう．

国民経済の規模は国内総生産で測ることが多い．国内総生産（GDP）とは，1年間に国内で生産された付加価値の合計である．総生産額から中間生産物（原材料等）の額を差し引いて計算する．同じような概念で，国民総所得（GNI）があり，GDPから，海外からの要素所得の受け取りを加え，支払いを引く．

GDPから固定資本減耗（減価償却分）を差し引いたものを国内純生産（NDP）と呼ぶ．GDPとGNIの関係と同じようなものとして，国民純所得（NNI）があり，ここから間接税を引き補助金を加えたものを国民所得（NI）という．固定資本減耗分は，設備・装置等の価値が他に移る分である．それゆえ，NDPが1年間に生産された付加価値の純額である．政府の活動規模を見る場合，GDPやNDPと比較することが多い．あるいはNIを使用する．

　日本の国民負担率を主要先進国との比較で示したのが図1－1である．負担（分子）は租税と社会保障で，強制的な公的負担である．分母は先に述べたNIを使用している．NIは国民純所得から政府との金の出入りを調整したもので，国民のいわば手取り所得である．それで国民の痛み（負担）を測る時にはNIとの比較を用いることが多い．

　図1－1で各々の棒グラフの上に示された四角で囲まれた数字が，NIに対する負担率である．この図に示されている中では，フランスが一番高く負担率が65.7％であり，福祉国家で知られるスウェーデンの負担率が56.1％である．いわゆる高福祉高負担になっている．最も負担率が低いのはアメリカで31.3％である．国家に頼らない市場主義が強い国であるが，財政赤字率は決して低くない（9.1％）．日本の負担率は43.4％であり，図に示された6カ国中では2番目に負担が少ない．

　財政赤字がないのはドイツのみで，ドイツ以外はすべて赤字になっている．日本は財政赤字分も税等で賄う場合の負担率（潜在的な国民負担率）で見れば，NIの半分以上の負担（50.8％）が必要となる．消費税増税は，この赤字（の一部）を埋めるためのものである．財政赤字は日本だけの問題ではなく，この図では日本の赤字率が際立って高いわけでもない．しかし，累積額（率）は極めて大きいのである．

　日本は消費税増税の法案が成立し，平成26年4月1日8％になったが，平成29年4月1日に税率10％で施行されてもそれだけでは財政赤字は解消しない．年金，医療等，社会保障に係る支出は，高齢化の一層の進展に伴ってさらに増えるものと見込まれている．NIやGDPに占める政府支出の割合は今後も大きくなっていくことが予想されている．日本は，財政赤字の解消が難しいだけでなく，

第1章 政府の存在意義

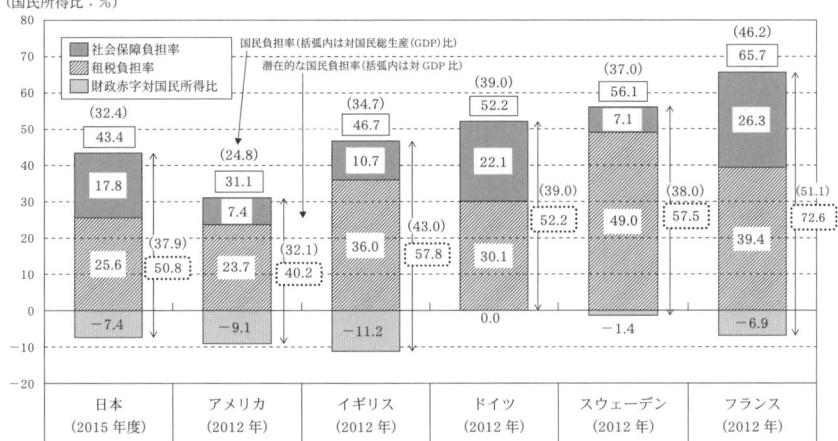

図1−1 国民負担率：主要先進国との比較

注) 1. 日本は2015年度（平成27年度）見通し．諸外国は2012年実績．
2. 財政赤字の国民所得比は，日本及びアメリカについては一般政府から社会保障基金を除いたベース，その他の国は一般政府ベースである．
【諸外国出典】"National Accounts"（OECD），"Revenue Statistics"（OECD）等
出所）財務省

政府の規模がより大きくなっていくと見込まれているのである．

第2節 市場の失敗

(1) 市場の失敗の定義

政府は，実に多額の金を毎年使っている（図1−1参照）．政府がこのように多くの金を使う必要があることについて，疑問を感じる人は多いであろう．日本やアメリカを含め，世界の殆どの国は市場を中心に経済活動を営んでいる．市場で済むなら政府の経済活動はいらないとも考えられる．

以下では，政府の必要性あるいは政府の経済活動の必要性を検討する．そのため，まず市場の機能を確認する（図1−2参照）．そして市場の機能が上手くいかない領域を検討する．市場の機能が上手くいかないことを市場の失敗と呼ぶ．これは第一に市場による資源の配分機能が上手くいかないことを指す．公共財，外

5

部性（がある財），自然独占の存在がその理由である（表1－2，図1－3～6参照）．

そして市場で企業が自由に活動した「結果」，望ましくない事態が起こることがある．景気変動，所得分配の不均衡（個人と地域）である．現代の政府はこの結果を補整しようとして様々な活動を行っている．こういった活動は，財政から見て，財政の機能と呼ばれることがある（本章第3節参照）．

(2) 市場の機能

市場がどのような機能を果たしているか確認しておこう（図1－2参照）．

ある財（商品）があり，その財は完全競争市場で取引されているとする．この財の需要曲線（D）は，限界効用逓減の法則により右下がりに描かれる．供給曲線（S）は限界費用を表しており，価格が上がれば供給可能量も増えるので右上がりに描かれる．

この財の市場の供給曲線（S）と需要曲線（D）はEで交わる．これが均衡点であり，価格はP_0，取引量はQ_0となる．例えば市場が存在しない場合，$0AEQ_0$は，消費者がこの財を得るために支払う用意のある額であるが，市場価格がP_0に決まっていた場合には，実際に支払われる額は$0P_0EQ_0$であるので，この差額の三角形AEP_0が市場における消費者余剰となる．同様に生産者は$0P_0EQ_0$の収入を得るが，実際にかかった費用は$0CEQ_0$であるので，その差額の三角形P_0ECが生産者余剰である．合計である総余剰が三角形AECで示され，総余剰（社会的余剰ともいう）が最も大きくなり，資源の最適配分が達成されるのである[1]．

そこで，市場機能に任せると，価格がP_1の時供給量は需要量を上回り（Q_2-Q_1），売れ残りが生じるので，供給者側は過剰な財を売りさばくために価格を下げ，価格は均衡価格P_0に落ちつく．反対に価格がP_2の時需要量は供給量を上回る（Q_2-Q_1）．このとき需要者は品不足の財を入手するために高い価格を受容することから，価格は均衡価格P_0に落ち着く．この時，価格は縦軸の座標であるP_0，この価格で取引量Q_0が決まり，この財の取引における総余剰（AEC）は最大になり資源の最適配分が行われる．これが市場の機能である．

例えば取引量がQ_1の場合，消費者余剰はAGP_1，生産者余剰はP_1GQ_10となり

図1−2 市場均衡

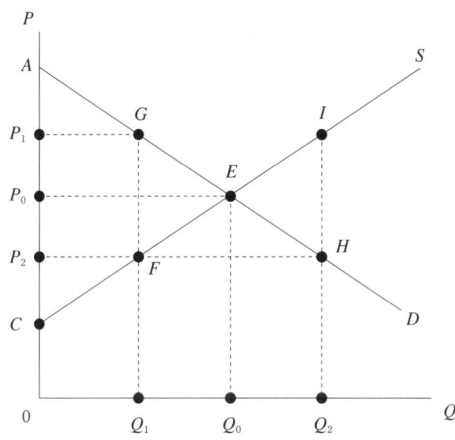

総余剰は $AGFC$ となる．この場合，前述の，総余剰に比べて GEF が足りない．この GEF を死荷重（deadweight loss）とか厚生の損失（Welfare loss）と呼んでおり，資源の最適配分が行われていない．同様に取引量が Q_2 の場合，生産者余剰は AHP_2 となり，生産者余剰はプラスの P_2FC とマイナスの FIH になるので，ここでも FIH の死荷重が存在し，資源の最適配分が行われないことになる．

(3) 公 共 財

　市場で適切に供給できない財の第1は公共財である．公共財とは，消費する場合「非排除性」と「非競合性」を有する財である．元々は政府部門が供給する財を公共財と呼んでいた．政府の仕事が拡がるにつれ，供給者でなく財の性質に着目するようになった．公共財の対義語が私的財であり，私的財は消費における「排除性」と「競合性」を有する．政府部門も民間部門も，公共財と私的財の双方を供給できるし供給している（表1−2参照）．それでも公共財の適切な供給者は政府であり，私的財は民間企業である．
　消費の「非排除性」とは，ある個人にその財を消費させないようにする（その財の消費から「排除」する）ことができない性質をいう．国が行う外交はその成

表 1－2 財の性質と供給者

		財 の 性 質	
		公 共 財	私 的 財
財の供給者	国，地方自治体，政府部門の外郭団体等	国防，外交，治安，道路，堤防，橋梁，公園，港湾等	テニスコート，プール，パソコン教室等
財の供給者	企業，個人，公益団体，NPO，NGO 等	社会貢献，社会貢献活動（メセナ，ボランティア活動等）	通常の商品やサービス（上記テニスコート，プール等も含む）

果を特定の個人が享受させないようにしたくてもできない．これが非排除性である．反対に，民間企業が供給する財の多くは私的財であり，誰かがその財を使用（消費）している時，他の人はそれを消費できない．これは消費における排除性である．特定の人，例えばお金を払わない人を，消費から排除できない性質が非排除性であり，そのような性質を持つ財が公共財である．例えば灯台は日本国民の税金で作られたものであるから，他の国の船舶は日本の灯台を見てはいけないと排除することはできない．つまり公共財は財の供給費用を市場では回収できないので，民間企業は公共財を十分に供給できないのである．

　消費の「非競合性」とは，ある個人が既に消費されている財の消費に新たに参加しても，今まで消費していた人も新たに消費に参加した人も，互いに邪魔にならない性質をいう．私的財の場合はある財の消費に他の人が参加すると互いに邪魔である．これを消費における競合性という．消費における「非競合性」のある財は，追加の消費に障害がないので限界費用がゼロである．市場の均衡価格（図 1－2 の P_0）は限界費用（供給曲線）と限界効用（需要曲線）が一致する点（図 1－2 の E 点）で成立する．非競合性がある財は限界費用がゼロなので，均衡価格が成立せず市場では経済効率性が達成されないことになる．公共財は以上のような性質を持つので，その供給は政府部門が行う事が適当となる．但し，非排除性や非競合性が完全な財はむしろ少なく，国防や外交等に限られる．他の公共（的）財は，排除性が不完全なら排除費用をかけることにより対価を払わない人を消費から排除できる．例えば，壁を建てて出入りを制限して，料金所からのみ出入りできるようにすれば，対価を支払わない者を道路や公園の利用から排除す

ることができる．このためにかかる費用を排除費用という．競合性が不完全な財は，消費の参加者が一定数を超えると，互いに邪魔になる（混雑現象と呼ぶ）．高速道路で良く見られる現象である．反対に，公共の図書館のように，財そのものの性質は必ずしも公共財ではなくても（排除可能であり，競合性も一定程度ある），無料の利用を認めることにより，公共財として扱われる財もある．

(4) 外部性がある財

　市場で適切に供給できない財の第2は外部性がある財である．外部性とは，ある取引の意思決定に関与しない者が，その取引から影響を受けることをいう．外部性のイメージを示した図1−3を見て欲しい．市場は売り手Bと買い手Aから成り，買い手は代金を支払って売り手から商品を受け取る．その関係は売り手と買い手の間で完結するのが通常である．しかし，外部性がある財の取引がなされると，この取引の意思決定に参加していない（関係のない）外部の人間に影響が及ぶのである（図1−3の楕円から下に向かう矢印）．

　外部の人間に及ぼされた影響を原因者に戻すのが内部化である．外にでた影響を中に入れるから内部化である（図1−3の楕円に向かう下から上の矢印）．マイナスの外部性についてはその責任者に原因解決や損害賠償を求めることになる．プラスの外部性については，例えば，開発利益を開発者に還元することになる．民間の鉄道事業者は，鉄道敷設計画の段階で値上がりが見込める土地の買収を行う事がある．また大都市では，私鉄の駅にはその（系列）会社が運営するデパートを建設しているのはよく知られている．義務教育のような直接的な還元が困難なものでも，社会全体に利益が生じることが目的となるので，外部性の例に入れられる．小中学校教育を義務化することによって，識字率が高くなり計算もできる．教育を受ける人以外に，その人を雇う企業にも利益を与える．結果として国民経済に良い影響を与える．

　外部の人間に及ぼす影響を外部効果と呼ぶ．この影響がプラスの経済的効果を与える場合を外部経済といい，マイナスの経済的効果を与える場合を外部不経済という．

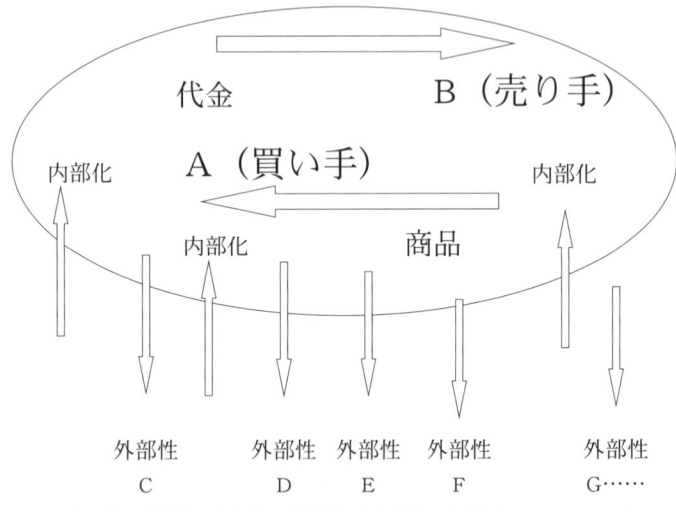

図1-3 外部性のイメージ

円の中（内部）：取引の当事者（AB）

円の外（外部）：取引の意思決定に関与せず（CDEFG……）

　外部経済は，交通機関の整備によって生じる開発利益が典型である．鉄道路線の新たな敷設あるいは新駅の開設，道路建設あるいは高速道路の新たな降り口の開設が行われると，付近の土地価格が上昇することが知られている．施設の建設者が供給者で利用者が需要者である．価格が上昇した土地の所有者は，プラスの外部性（外部経済）が得られることになる．義務教育も全労働者の平均的質を高めるので，教育に関わっていない産業界等の雇用主に外部利益を与える．

　外部経済が存在するときは，資源の最適配分にならないことは部分均衡分析の立場から次のように説明できる．図1-4に示したように，市場価値で示される需要曲線は DD で表される．PMC はこの産業自身が直接負担する費用という意味で私的限界費用（Private Marginal Cost）と呼ばれる．次に AB の外部効果が発生していれば社会的限界費用（Social Marginal Cost）は SMC で表される．この時，競争的均衡は PMC 線と DD 線の交点の A 点で決まり，消費者余剰と生産者余剰の合計は $p_1 p_2 A$ の面積になる．社会的余剰はこれにプラスの外部効果を享受

図1－4　外部経済

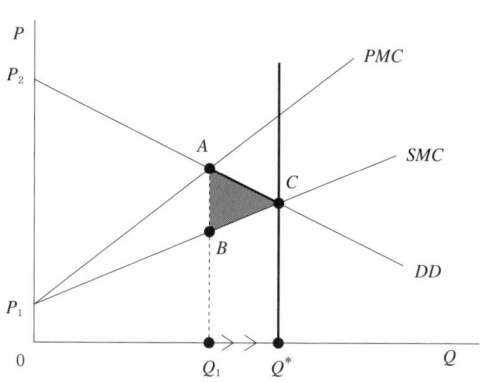

する第三者の便益 P_1AB となるので，社会的余剰は P_2ABP_1 となる．しかし，この時の数量 Q_1 は私的限界費用が外部効果の分だけ社会的限界費用を上回っているので，社会的に望ましい水準以下の生産（Q^*-Q_1）しか行われていない．しかも社会的に望ましい社会的余剰は P_2CP_1 なので，ACB の死荷重が生じており，資源の最適配分が行われていない．この場合政府はその生産者に補助金を交付したり，減税をしてその生産量を増加させればよい．

マイナスの外部性は，公害問題や地球温暖化問題そして廃棄物問題等，（広義の）環境問題に，典型的に見られる．

代表的公害である水俣病は，（当時）水俣工場が，アセトアルデヒドの生産に触媒として使用した無機水銀から発生したメチル水銀が原因とされる．様々な症状がみられ，症状が重い場合は，狂騒状態，意識不明，さらには死亡にいたることもある．軽い場合は，頭痛，疲労感，味覚・嗅覚の異常，耳鳴りなどが見られる．このような健康被害は，特に1950～60年代にメチル水銀が水俣湾へ多量に廃棄され，食物連鎖により濃縮されたメチル水銀に汚染された魚を日常的に食べていた沿岸部住民等に発生した．水俣湾沿岸部住民は直接的には同工場のアセトアルデヒド生産に関わっていなくても深刻な健康被害を受けたのである．

地球温暖化は，大気中の温暖化ガス（主として二酸化炭素）濃度の上昇によって生じるとされる．気象や自然環境への影響として，気温や海水温の上昇，海水

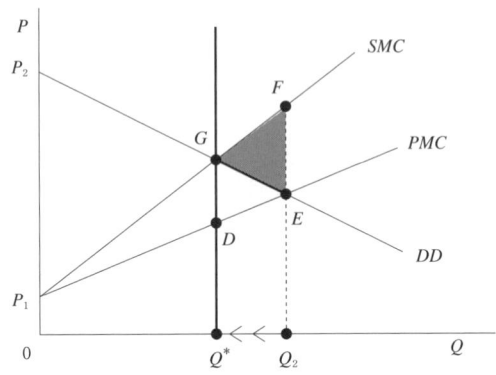

図1－5 外部不経済

面の上昇，異常気象や激しい気象現象の増加，気候の変化，生態系・植生の変化が挙げられている．社会や経済に対しては，食糧生産や飲料水への影響，洪水・高潮の被害域・被害額の増加，熱中症による死者数の増加，感染症の拡大，農業・漁業への影響があるとされる．実際にどれだけの被害がでるかは推測の域をでないが，大規模な被害を予想する人もいる．このような被害が発生するとすれば，温暖化ガス増大の原因となるエネルギー源（石油，石炭等）を大量には消費しない人にも影響を与える．

ごみ（廃棄物）処理は身近な環境問題である．焼却炉からのダイオキシン排出が問題視された．また，埋立処分場不足と資源循環型社会建設に関係する3Rあるいはゼロ・エミッション問題がある．

以上のようなマイナスの外部性発生は，図1－5に示したように，FE の損害を他の経済に発生させていると，私的限界費用は PMC，社会的限界費用は SMC によって示される．しかし，競争均衡点 E では私的限界費用が外部効果の分だけ社会的限界費用を下回っているので，社会的に望ましい水準以上に生産（$Q_2 - Q^*$）されている．この時は消費者余剰と生産者余剰の合計は P_2EP_1 となる．しかし，総余剰はこれに第三者に P_1FEP_1 のマイナスの外部不経済を与えているので，P_2EP_1 から P_1FEP_1 を控除した GFE の死荷重が存在しており，資源の最適配分が行われていない．

社会的費用を内部化する方法は2つ知られている．ひとつは規制的手段であり，もうひとつは経済的手段である．汚染物質の排出濃度の上限を定める等の規制的手段は効果が出るのが早い．しかし，汚染源が沢山あって監視しきれない場合は有効性が乏しくなる．また，関係する企業に独自の工夫を行う余地が少ないとされる．経済的手段には課税，補助金，排出権取引（地球温暖化対策）等がある．効果がでるまで時間が必要な場合もあるが，汚染源が多い場合には有効である．この中では課税が代表的例であり，イギリスの経済学者ピグー（Arthur Cecil Pigou）が考案したものでピグー的課税と呼ばれている．

規制的手段は，汚染物質を出している企業や工場（排出者）に法律によって排出制限を命ずる形で行われる．それに必要な費用は，原則として，排出者が負担する．それによって私的限界費用が社会的限界費用に一致することになる．規制が有効に働くには，排出者が排出制限を守っているか否か監視する必要がある．それゆえ，公害のように汚染源の数が比較的少なく，排出された汚染物質による社会的被害がはっきりしている環境問題への対応策として適当である．

環境問題への経済的手段の代表例は環境税である．地球温暖化問題については，炭素税が適切とされる．炭素税は，燃焼によって二酸化炭素（温暖化ガス）を排出するエネルギー源中の炭素の量に応じて課税するものである．炭素を含有するエネルギー源である石油や石炭を使用する者は極めて多い．監視を行う場合，その費用（モニター費用）が多額になる．課税によってエネルギー価格を引き上げることによって消費の削減を目指すのである．

市場における需要曲線，供給曲線は，（図には描いてあるが）対象の財によって，均衡点から離れた部分はよく分からない．つまり消費量が Q^* になる正確な税率は，課税前には分からないのである．市場での取引量が Q^* になるまで税率を変更し続けることも考えられる．しかしこの種の課税は政治的な争点となり得るので，何度も税率変更を行うと政権が揺らぎかねないという側面もある．

(5) 自然独占

自然独占とは，市場で競争を行っていると自然に独占になってしまうことをい

い，それが生じる産業を自然独占産業という．自然独占産業は，その事業の中身が大衆に便益を与えることから，公益事業と呼ばれる事がある．また，サービスの提供が電話線や水道管のようなネットワーク施設を通じて行われるので，ネットワーク産業と呼ばれることもある．

自然独占産業は，生産・供給に必要な施設整備（固定費用）に多額の資金が必要で，1単位当たりの生産に必要な追加の費用（限界費用：MC）は比較的少ないので，平均費用ACは生産量が増大するにしたがって減っていく（費用逓減）．それでこの産業は，費用逓減産業とも呼ばれる．

生産量増大に伴い生産費用が逓減することを規模の経済と呼ぶ．商品の質に差がなく規模の経済が働く産業では，より生産規模を大きくした企業がより安い費用で商品を供給できるので，競争が行われれば自然に独占状態になる．自然独占産業でも規模の経済が無限に続くわけではないので，図1-6に示した平均費用曲線ACも，限界費用曲線MCもあるところでカーブは上向きになっている．また，商品の供給がネットワーク施設を通じて行われるので，施設整備の範囲内で供給が行われるケースが多く，地域的な独占（地域独占）になる．

図1-6 費用逓減産業

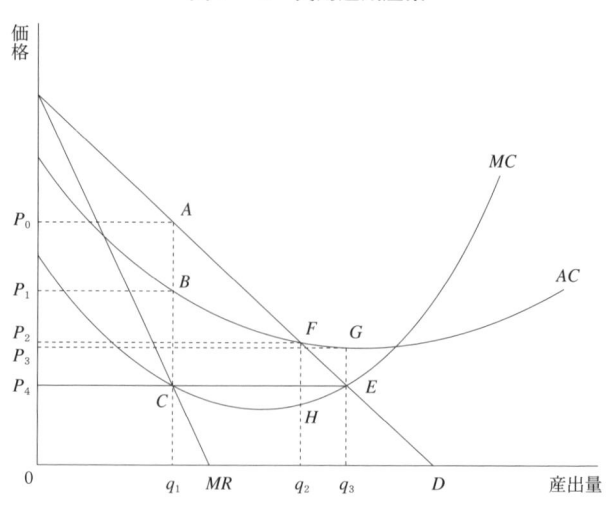

自然独占産業が供給する財が市場メカニズムに任されると，企業は利潤極大行動をとるものと推測される．その場合限界収入（MR）と限界費用（MC）が一致する点 C で供給量 q_1 と価格 P_0 を決める．しかし総余剰（消費者余剰＋生産者余剰）の最大化は，限界費用曲線と需要曲線の交点 E で価格と取引量が定まった時実現する（限界費用価格付け）．しかし供給量 q_3 の時の限界費用 E は平均費用 G より少ないので価格 P_4 では P_3GEP_4 の赤字が生じるので継続的供給はできない．そこで，この赤字部分を政府の補助金で賄うか，基本料金として設定している．しかし，現実には平均費用と需要曲線の交点 F で価格 P_2 と供給量 q_2 を決める場合が多い（平均費用価格付け）．この場合 FEH の死荷重が存在するが，政府の規制は，死荷重が存在しても，むしろ当該産業を保護して消費者に過大な料金を支払わせているとの批判がある．そこで，競争条件の整備（規制緩和）が必要である．

自然独占産業は，上記のような性質を持つので，独占利潤の発生を避けるために，その料金決定については政府が関与する（料金規制：公共料金）．供給条件が悪く費用がかさむ地域への供給を義務付けるので，利益の上がる領域だけへ供給を行おうとすることには制限がある（参入規制）．この産業は，多額の財政資金が支出されることは少ないが，政府の関与が行われる．

第3節　財政の機能

(1) 資源配分機能

政府には国（あるいは地方）のために，資源配分機能，経済安定機能，所得再分配機能という3つの機能を果たすことが求められる．この3つは経済・社会を安定させ円滑に運営するために必要である．これにもうひとつの機能を加えた方がよいと思われる．発展促進機能である．世界中の殆ど全ての政府は，自国あるいは自分の地域の発展を促進し，国民あるいは住民をより豊かにしたいと願っている．そのために様々な政策を実行しており，少なからぬ歳出も行っている．

上記の財政の3機能の内，資源配分機能は，前の節で述べた「市場の失敗」を補正するものである．すなわち，公共財，外部性がある財，自然独占に係るも

のである．この内，財政支出に最も大きく関わるのが公共財である．公共財は，国の安全や社会秩序の維持，社会的基盤施設の整備・維持，文化施設の整備（表1－2参照）等の形で供給される．道路等の交通基盤整備や通信網は，社会的基盤施設であり，経済発展を促進する施設である．こういった施設の建設には多額の資金が必要である．国の安全や社会秩序の維持は，外交，国防，司法，警察の組織が必要である．外務省には約5,700人が働いており，自衛官は約24万人いる．また，裁判所には約2万5千人の人が働いている．警察官は殆どが地方公務員であり，警察職員（殆どを警察官が占める）は約29万人いる（以上，2015年度定員）．自衛官を含めた国家公務員の人件費は5兆円程である．公共財供給には，膨大な資金が必要なのである．

　プラスの外部性ある財の供給は，公共財の供給と共通性が多い．交通や通信に係る社会基盤施設は公共財でもあるし，直接の利用者以外に便益をもたらすプラスの外部性がある財でもある．初等教育と中等教育の前半からなる義務教育は，その性質からすると公共財というよりはプラスの外部性を持つ財（サービス）である．しかし現在義務教育は，政府が供給すべき重要な公共サービスのひとつである．これらの財は，効果が表われるのに時間がかかり，供給するのに多額の財政資金を必要とすることが多く，財政支出に大きな影響を与えている．

　マイナスの外部性ある財の供給抑制は，多額の財政支出を要することは少ない．汚染者（原因者）負担原則（P.P.P.）の適用が一般的になり，汚染物質排出抑制の費用は汚染者（原因者）が負担することが多いからである．ただし，東日本大震災による災害復旧や放射性物質の処理には，多額の財政支出を要するが，これは例外的措置と考えてよい．

　公害のように，汚染者が特定可能で被害の状況が明瞭な場合は，規制的手段が有効である．法律によって環境汚染物質の排出基準（環境基準）を作り，その排出者（企業等）に，基準の順守を義務付けることによって，我が国政府は有効な公害対策を行ってきた．この場合，排出物質を環境基準に適合させる費用は，排出企業が負担する．財政支出は，環境汚染物質の排出基準作成，基準順守状況の監視，基準を守らなかった場合の措置について行われることになる．機能は重要

であるが，必要となる費用は余り多額にはならない．

　地球温暖化問題のように原因者が多く，原因者 1 単位ごとの環境負荷が少ない場合は，規制的手段よりも経済的手段の方が有効とされる．経済的手段は，抑制したい行為を行う場合の経済的負担を大きくして，その行為の抑制を狙うものである．温暖化ガスの中心である二酸化炭素排出の原因となる炭素を含んだエネルギー源（石油や石炭等）に，含有する炭素量に比例して税を課す炭素税が代表的手段である．排出抑制者に収入獲得の機会を与える排出権取引も行われている．地域的環境問題である廃棄物（一般廃棄物）についても，その排出に経済的負担を課すこと（ごみ有料化）が，日本でも普及しつつある．

　マイナスの外部性ある財の供給抑制は，時に財政収入をもたらすのである．我が国でも平成 24 年 10 月 1 日より，石油石炭税に「地球温暖化対策のための課税の特例」として CO_2 排出量に応じた税率が上乗せされることになった（第 3 章参照）．ごみ有料化も普及しつつあるが，料金率はまだあまり高くなく，有力な（地方）財源にはなっていない．

　自然独占産業に対する政府の役割は，当該産業に対する規制の運用が中心である．自然独占といいつつ，3 公社の民営化以来，国民の生活に密接な影響を与えるこの分野への競争導入が進められている．そのためには，様々な調査研究が必要であるが，極めて多額の財政資金を要することはない．

(2) 経済安定機能

　経済活動は変化があり活発な時（好況）と沈滞している時（不況）があり，景気変動と呼ばれる．景気変動は，企業や個人の合理的な決定が集まって生じる，循環的なものが多い．1973 年の第一次石油ショックや，2008 年に生じたリーマンショックのような外からの要因によって引き起こされる景気変動もある．

　不況局面においては，財が売れない状態が続く．財が売れなければ財の価格を引き下げる．財の価格が下落すれば企業の利益が減少するので，賃金が引き下げられたり，契約社員の契約が打ち切られる．賃金が下がり，失業者が増加すれば消費は減少するため，国民所得が減少し財がさらに売れないという状態が続く．

この結果，中小企業の倒産が相次ぎ失業者が増加し，国民所得がさらに減少するという状態に陥る．このように経済が悪化していく状態がデフレ・スパイラルであり，このような状態にならないように政府が何らかの政策をとることが必要になる．

　好況に伴う物価上昇，すなわちインフレーションにおいては分配面及び生産面に大きな影響を与える．まず分配面について考えてみよう．収入の増加は人によって異なっており，物価騰貴に比例して収入の増えない人は損をする．特に年金・生活保護費などの受給者は所得額が固定的であるため，物価騰貴に弾力的な賃金取得者に比較してインフレーションの弊害が大きい．一方，土地・家屋など相対的に値上がりの激しい資産の購入者はインフレーションによって得をする．また，借金している人は金額や利子は一定であるから，貨幣価値の下落した通貨で返済すれば良いから労せずして得をする．このように分配面で見た場合，インフレーションになると得をする人と損をする人がでてくる．それゆえ，インフレーションは所得分配の不平等をもたらす．

　生産面に及ぼす影響では第1に，インフレーションが進行してくると，賃金引き上げをめぐって労使の対立が激しくなる．大幅な賃金引き上げは，生産性と賃金のバランスを大きく崩し，企業の体質悪化の要因となる．例えば，昭和49年の狂乱物価の時は，労働者の賃金が33％も引き上げられ，企業収入の落ち込みが大きかった．第2に，企業は生産しなくても材料の値上がりなどによって利益をあげることができるので生産に意欲をもたなくなる．また，価格が上がりそうなものは皆が買いたがるので，物資が生産に関係のないところに偏在して資源の最適配分が阻害され企業の生産活動が停滞する．狂乱物価のとき，いわゆる「買占め」や「売り惜しみ」が起こり，商社のモラルが社会的問題になった．第3に，インフレーションのときは，当然のことながら政府はインフレーションを抑制するために強い引き締め政策をとることになる．その結果，経済成長が抑止され失業が発生する可能性がある．このように，生産面で見た場合は，資源の最適配分を妨げ，経済成長が抑止されるという弊害がある．

　経済を安定させる方法として，財政政策と金融政策がある．この場合の財政政

策と金融政策（以下も同じ）は循環的な景気変動への対応策であり，外からのショックを和らげる方法でもある．

　財政政策は，国家財政の歳入や歳出を通じて，総需要を管理して景気を調整する政策のことである．歳入面では税制や国債などが手段となり，歳出面では社会保障や公共投資などが手段となる．不況時には財政支出を増やして需要を作りだし，景気を刺激することが多い．不景気で税収が減少する時に支出を増やせば財政は赤字となる．同じく不況の時に減税して景気を刺激しようとすれば，財政は赤字となる．景気を刺激する政策は支持が得やすいが，好景気を抑制する政策は支持が得にくい．本来，好景気の時に得られる税収（増大）で，不況期に生じた赤字（国債）を返さなければならないが，中々実行できない．発行された国債が累積してしまう重要な原因である．

　金融政策は，金融面から行う景気調整政策である．現在は公開市場操作・金利政策を中心に金融の緩和を行っている．

　財政政策や金融政策のように，当面の状況に対応するものだけが景気政策ではない．経済のグローバル化が進展しており，1国内の景気刺激策はあまり意味を持たないことがある．政府の効率性向上（行政改革）と民間企業の技術革新促進により，不況を克服するという考え方も出てくる．国際経済における競争力を強化して不況を克服するのである．これは，いわば構造的景気対策と呼ぶことができるであろう．

(3) 所得再分配機能

　所得再分配とは，個人が獲得した所得をより公平な配分状況にするため，租税制度や社会保障制度を通じて，所得を移転させることをいう．貧富の差を縮め，社会的に公平と活力をもたらすことを目指して行われる．

　所得再分配は，租税や社会保険料で資金を調達できる政府にしかできない．高所得者により高率の税率を適用する累進所得税制を使用すれば，租税徴収は資金調達機能のみならず，それ自身所得格差を縮める機能を有する．課税できるのは政府だけである．企業や非営利民間組織（NPO・NGO）で部分的に所得再分配を

行っている場合もある．しかし，全国的に統一基準で安定した所得再分配はできない．

所得再分配は，現金を直接に与える方法だけでなく，サービスを提供することによっても行われる．例えば生活保護は現金を給付する生活扶助，教育扶助（学用品費），住宅扶助（アパート等の家賃）等以外に，本人負担無しで医療や介護が受けられる医療扶助や介護扶助がある．このような所得再分配の効果は，当面の貧富の差を縮めることである．その結果，社会的な公平性を担保することになる．これは生存権の保障にもつながる．日本国憲法は第25条に「すべて国民は，健康で文化的な最低限度の生活を営む権利を有する」と定めている．続けて「国は，すべての生活部面について，社会福祉，社会保障及び公衆衛生の向上及び増進に努めなければならない」として，これは国が行うべきものとしている．財政の所得再分配機能は，この要請に応えるものといえる．

所得再分配の長期的な効果として，低所得者にも社会階層の上昇可能性を高めることが挙げられる．貧困は，様々な形で教育を受ける機会を狭める．これにより社会階層の固定化がもたらされかねない．また，貧困による家庭環境の悪化は，育児放棄や児童虐待の原因ともなる．そのような児童は時に健全な発達が阻害され，その将来が困難なものとなることも予想される極端な場合，貧富の差が広がると暴動に発展することもある．社会的な公平性担保や貧困対策という面だけでなく，社会の活力を維持する見地からも，所得再分配は重要なのである．

(4) 発展促進機能

所得再分配が指し示す不均衡は個人間だけではない．国家間・地域間でも所得（水準）の不均衡は問題となる．国家間の所得格差も経済援助等の形で対応されるが，この問題に効果的に対応できる組織は存在しない．地域間の所得格差もかなりあり，日本では地方交付税等で組織的に対応しているが，十分な成果は上がっていないとされている．

表1-3で見られるように日本の一人当たり県民所得額は，トップは東京都の約442万円で，愛知県，静岡県がそれに次いでいる．47位は沖縄県の約204

表1−3 都道府県の一人当たり県民所得

(平成24年度,単位：千円)

1	2	3	4	5	6	7	8	9	10
東京都	愛知県	静岡県	茨城県	滋賀県	富山県	栃木県	広島県	京都府	大阪府
4,423	3,437	3,195	3,137	3,116	3,077	3,008	3,004	2,949	2,939
11	12	13	14	15	16	17	18	19	20
山口県	三重県	神奈川県	群馬県	香川県	石川県	山梨県	千葉県	埼玉県	福井県
2,935	2,932	2,928	2,901	2,863	2,849	2,845	2,844	2,806	2,802
21	22	23	24	25	26	27	28	29	30
福岡県	和歌山県	徳島県	新潟県	岡山県	岐阜県	宮城県	兵庫県	長野県	福島県
2,795	2,738	2,727	2,708	2,705	2,687	2,685	2,637	2,630	2,606
31	32	33	34	35	36	37	38	39	40
岩手県	山形県	大分県	北海道	愛媛県	秋田県	熊本県	青森県	佐賀県	長野県
2,547	2,490	2,489	2,473	2,470	2,450	2,442	2,422	2,419	2,400
41	42	43	44	45	46	47			
奈良県	島根県	鹿児島県	宮崎県	高知県	鳥取県	沖縄県			
2,393	2,363	2,337	2,281	2,252	2,249	2,035			

出所) 内閣府,『1人当たり県民所得』より作成　平均2,972千円　平成27年9月8日アクセス

万円であり，平成24年度まで24年連続で最下位になっている（一人当たり県民所得は平均約297万円）．最高の平成19年の318万円より減少している．リーマンショック後の景気悪化をうけ，地域間格差が徐々に広がってきており最下位の沖縄県の一人当たり県民所得はトップの東京都の46％と半分以下である．これは貧困な地域に富裕な地域との差を埋めたいとの望みを抱かせる．日本の（地方）財政制度は，この格差を埋めるための機能を有している（第6章参照）．

　地方税制は日本全体で基本的には同じ制度となっている．それで，所得水準の差は税収額においては所得格差以上の差を生む．それゆえ，貧困な地域の税負担率は富裕地域に比べて低く，負担面での地域間所得再分配が行われている．反面，貧困な地域の行政支出を自分が徴収する税で賄える割合を小さくするという，地方自治上の問題を引き起こす．

　行政サービスの水準も日本全体で基本的には均一を目指すので，貧困な地域の住民は負担している税よりも多くのサービスを受けられる．貧困な地域は人口密度が相対的に低いので，同じ水準のサービスを提供しようとすれば，より費用がかかることが多く，地域で支出する行政費用の水準（一人当たり支出）で見ればむしろ多くなる．この面でも，地域間の所得再分配が行われている．例えば，人

口当たりの病院のベッド数は，地方圏の方が大都市部よりむしろ多いことがある．しかし，病院に着くまでの時間や費用が多くかかったり，病院の選択肢が狭かったりして，実質的医療サービスの水準への不満が残ることがある．

　非大都市圏（地方圏）と大都市圏の所得格差を埋めるため，道路建設を中心にした社会基盤施設建設が地方圏で推進されてきた．各県毎に飛行場を整備するという事も行われてきた．工場誘致も盛んに行われた．こういった政策も一定の効果はあったが，格差を十分に埋めるには至っていない．財政逼迫もあり，このような建設投資は近年かなり削減されている．

　財政支出による地域経済への所得移転は，それ自身で地域間所得格差を縮めるには至っていない．しかし，止めると貧困地域の経済は大きな打撃を受ける．対策として，近年観光振興が注目され，外国人観光客が増加しているが，地域間格差是正に大きな成果を挙げるには至っていない．

第4節　政府の失敗

　政府の経済活動（財政活動）は，第2節で述べた「市場の失敗」を補正するために行われる．この補正活動は過大になりがちであり，適切な水準に留めるのはかなり難しい．政府のやることに無駄が多くなることを，市場の失敗になぞらえて「政府の失敗」と呼ぶ．

　財政による資源配分機能の中心を成す公共財の供給は，利用者（国民）に対して無料で提供されるのが通常である．すると国民は，より多くの公共財供給を求めるようになる．例えば，山の中の一軒家のためだけに何十キロメートルもの道路を建設することを考えてみよう．その道路が，片側2車線で立派な歩道まで付いているとすれば，その一軒家に住む人は喜ぶであろう．喜ぶ（満足＝効用が大きい）人はいるのであるから，全くの無駄ではない．しかしこれは明らかにやり過ぎ（過剰供給）である．極端な例を出したので「過剰供給」と分かるが，もう少し慎ましい要求なら認められるかもしれない．公共財は適切な供給量よりも多く要求されることが多い．この要求に応えると財政支出が増え，資源の適正配

分に政府が失敗したことになる.

　経済安定機能も，財政規模を長期的に拡大させる方向に働く．景気が良く税収が多くなる時は，不況時に出した国債を償還するなど，債務を返済していかないと政府の債務は累積していく．しかし，企業活動が活発で労働需要が多く企業の収益も良い時は，誰も不満を持たない．税収が増えて財政が豊かになればやりたいことは多い．すると，よほど物価上昇（インフレーション）が激しくない限り，折角入った税収を借金の返済に充てるのは後回しになりがちとなる.

　経済安定機能は景気を調整するのであるが，景気調整の適正な基準点を決めるのは難しい．決めても実行は更に難しい．経済が活発で，就職が容易で企業の収益も良く給料も上がっているなら誰もが喜ぶ．逆は皆嫌う．例えば，21世紀に入ってからの日本経済では好景気になったという実感は中々得られない．適当と思われるところで景気引き締めを行うのは，政治的にも，かなり難しい．実質的に，日本経済の平均的景気状況よりも高いところを基準にして経済運営（景気調整）を行う事になる．赤字が続くだけでなく，歳出の規模が比較的大きいところで安定するという問題も出てくる．この面でも，政府は適正な景気管理，財政規律の維持に失敗したことになる.

　所得再分配も同様に政府の支出を大きくする傾向がある．例えば健康保険の窓口負担を大きくすると，受診率は下がる傾向となる．医療のみを考えると，窓口負担は小さければ小さい程経済的理由で医療を受けられない人が減る．しかしそうするとかなり軽症でも医者に行くことになる.

　1969年当時東京都知事の美濃部氏により，70歳以上の老人医療費（窓口負担）を無料化したことがある．所得が少ない人が多い高齢者に対する福祉サービスとしては画期的なもので非常に高く評価された．これにより高齢者の受診率があがり，働いている人が医院や病院にいっても中々受診できない程であった．窓口負担が無料であっても医療費はどこかで誰かが負担しており，財政的に継続ができなくなり，老人医療費の無料化は廃止された.

　福祉の充実は喜ばれる．いったん提供したサービスの廃止や水準低下は，対象者に大きな苦痛を与える．福祉の切り下げも行われてはいるが，抵抗が大きい.

所得再分配機能も政府支出を大きくする傾向がある．

　発展促進機能も同様である．日本国内で考えると，これは地方圏への投資を意味することが多い．道路建設等交通施設への投資が多く行われる．また，様々な建物（ハコモノと俗称される）の建設が行われる．このような投資は，地域発展の基礎ではあるが建物の維持費の増加によって赤字が発生することもあり，発展そのものを保証はしない．地方圏の人口の少なさや所得水準の相対的低さは，市場の規模を小さくし自律的な経済・産業の発展を困難にしている．かつて地域に所得と雇用をもたらした工場誘致も，新たな誘致どころか途上国への移転や工場閉鎖を心配することが多くなっている．

　地域の経済は中々発展しない．そこで，発展というよりも維持のために，道路でなく道路工事が，美術館でなく美術館工事が望まれることも少なくない．結局，滅多に自動車が通らない道，地元の小学生等が主として使用するコンサート・ホール等が地方圏に目立つことになる．国から地域への所得移転が無くなると，地域経済は大幅に沈滞化する可能性が高い．

　景気調整，所得再分配，地域発展（経済の維持）は，財政支出で支えられている部分が大きい．これらは国民の生活，地域社会に組み込まれており，それを外す際大きな苦痛を伴う．これらへの財政支援はいわば「竹馬の足」であり，切って「身の丈」に合った状態にするべきである．しかし，こういった財政支出はそれで生活している人がおり，財政支出削減は対象領域の人々の負担を増加させる覚悟が必要である．削減できなければ，共倒れとなる．

注

1) 市場の効率性の説明は，紙幅の関係もあり簡略化している．関心のある方は，別途学習して頂きたい．参考書となるものは数多く出ているが，問題形式が良い人は，速水昇『国家試験（公認会計士・不動産鑑定士・公務員一種）のための経済学』（学文社　2003）がある．より基本的なところから学びたい人は，N. グレゴリーマンキュー『マンキュー経済学(1)ミクロ編　第2版』（足立英之他訳，東洋経済新報社，2005）が使いやすいであろう．

第2章
財政民主主義と予算

第1節　財政民主主義

(1) 財政民主主義の目的

　民主主義国家においては，財政は民主的に運営されなければならないという「財政民主主義」を実現するための手段である．そのために，憲法等でさまざまな規定が定められている．現在の国家（の大部分）は，政府の活動に必要な資金を租税として国民の経済活動から無対価・強制で獲得する租税国家（無産国家）である．無対価・強制で国民から資金を徴収することは，等価交換を原則とする市場経済体制と相反する．そこで，納税者が租税負担の承認を行うという「財政民主主義」が求められるのである．そのためには，国民が財政状況を理解・把握し，それを管理できなければならない．

　すべての国民がこの作業に携わるのは不可能である．また，専門的知識も必要である．そこで，選挙で選ばれた国民の代表が集まる議会で，国家財政に関する事項を議決するという考え方が出てくる．現在の日本の財政制度は，国会で予算や租税に関する法律を議決することで，財政民主主義を実現している．

　税の徴収や公共サービスの提供は行政の仕事なので，財政は行政の領域に属する．財政は，国民の負担に直接関わり，国民生活と密接な関係を持つので，その適正な運営は国民の重大な関心事である．それゆえ，財政は国民代表機関である議会の統制のもとに置かなければならない（財政議会主義）．これは，現代の国家における基本原則のひとつになっている．

　財政民主主義の基になる財政議会主義は，既にヨーロッパの中世にその原型を見ることができる．イギリスではマグナ・カルタ（1215年）において，国王は議会の同意なしに課税することができないとされた．その後，税の徴収のみならず支出についても議会の同意を得ることとされた．フランスでも，財政赤字とその対策を巡る対立がフランス革命（1789年）のひとつの動機となった．アメリカにおいても，イギリス本国による一方的課税が独立革命（1776年）の引き金となった．「代表なければ課税なし」のスローガンはこの時唱えられたものである．

　国の財政は，主権者にして納税者である国民のものであり，国民の意思に従っ

て決定され，国民全体の福利・厚生のために運営されなければならない．それが財政民主主義の目的である．この実行手段である財政議会主義は，今まで述べてきたように，歴史的には，課税の制限を通じて行政の乱費を抑制しようとして形成されてきたものであった．しかし，民主主義（制度）が確立された現在，議会（議員）は選挙目当ての支出拡大を志向し，行政が歳出抑制等財政規律の確立を志向する傾向が見える．

(2) 財政民主主義と憲法

　財政民主主義を具体化する財政制度の基礎となるのが憲法である．日本国憲法は第30条で「納税の義務」を第7章に「財政」に関する規定を設けている．日本国憲法の第4章が「国会」，第5章が「内閣」，第6章が「司法」であるから，財政が国家運営の極めて重要な項目と位置づけられていることがわかる．第7章は第83条から第91条の9カ条で構成されている．

　日本国憲法では，第83条で「国の財政を処理する権限は，国会の議決に基いて，これを行使しなければならない」と，財政処理の基本原則が掲げられている．財政は国民代表機関である議会の統制のもとに置かなければならないという財政議会主義を規定したものである．

　財政の収入面について，租税の新設・税率の変更には法の定めを必要とする租税法律主義が，第84条「課税」で定められている．市場経済と矛盾するともいえる，強制的に賦課する租税について，国会の役割が大きい．支出の面についても国会議決主義が第85条で定められている．第86条で「内閣は，毎会計年度の予算を作成し，国会に提出して，その審議を受け議決を経なければならない」．これは，予算の国会議決主義と呼ばれる．

　課税を行う際に必要となる税法等は法律で決めなければならない．法律は作るのであるから，当然に国会の議決が必要である．支出および債務負担についても国会の議決が必要である．それらの結果である歳入と歳出を示す予算についても国会の議決が必要と規定されている．つまり，第83条で財政議会主義を規定し，第84・85条で税収と支出に関する国会の関与を定め，第86条で予算が国会で

審議・議決されるべきことを規定している．憲法は，国の財政行為に関する国会の統制を，三重に定めているのである．但し，第86条に見るように，予算の作成は内閣の仕事であり，国会の仕事はそれを統制することである．続く3カ条は個別具体的内容となっている．予備費（第87条）や皇室費に対する国会の議決（第88条）の定めがある．そして，宗教団体および公共の支配に属さない慈善，教育，博愛の事業への公金支出の禁止が規定されている（第89条）．第89条を根拠として，公共施設を建設する際の地鎮祭の費用を公費から出すことが問題とされた時期があった．大学を含む私立学校への助成は，少ないとの批判はあっても，支出の是非は話題にならなかった．財政は政治と切り離せないのである．

第7章には含まれないが，憲法第60条は，「予算は，さきに衆議院に提出しなければならない」として，衆議院の先議権を定めている．また同条の②で，予算の議決について衆議院が参議院に優先することを定めている．これは，予算については国民に近い衆議院が優先権を持つ例のひとつである．日本においては，予算の議決と内閣総理大臣の選出に，衆議院が優先する以外，衆議院と参議院の選出母体および権能に大きな差はない．

予算を使った結果（決算）の国会への提出（第90条）と，財政状況の国会・国民への報告（第91条）が義務付けられている．予算を使いっぱなしではいけないということである．しかし，決算の提出は義務付けられているが，決算に対する国会の承認は求められておらず，予算よりも軽い扱いになっている．財政状況も報告が義務付けられているだけである．

日本国憲法第7章は，財政・予算を国会の統制のもとに置くことをかなり丹念に規定している．国民主権の原理に基づいて，財政民主主義の確保を図っているものといえる．

第2節　予算の機能と原則

（1）予算の意義

財政は，政府の経済活動であり，それが運営される仕組みを財政制度という．

財政制度は，憲法や各種法律によって形作られている．実行手段は，政府そのものである．財政制度の中心となるのが予算制度で，予算案の編成，その審議と議決，予算の執行，その検査（決算）の全てを含む．予算制度は，毎年作られる予算が軸となる．

予算には政府の収入と支出の全てが示される．政府の活動は予算によって金銭で表現される．第1章で述べたように政府の活動は規制等によるものもあるので，予算だけで政府の行動全てを知ることはできない．しかし，公共財供給・経済安定・所得再分配等はそれに費やされる金額（予算額）を知らなければ理解できない．予算は政府の活動と表裏一体の関係にある．

財政法第1条は「国の予算その他財政の基本」を定めている．財政法の第2条①では，予算における「収入とは，国の各般の需要を充たすための支払いの財源となるべき現金の収納をいい，支出とは，国の各般の需要を充たすための現金の支払いをいう」と規定されている．収入・支出は原則として現金で行われるが収入には借金（国債等）によるものも含まれる．また④では予算における「歳入とは，一会計年度における一切の収入をいい，歳出とは一会計年度における一切の支出をいう」と規定されており，予算は歳入と歳出からできている．予算は，一会計年度における現金による政府の全収入と支出の見積もりを指すものである．

(2) 予算の機能

1. 政治的機能

今まで述べてきたように予算は財政民主主義の軸である．行政が行う政策は予算の金額によって表される．予算無しではどんな政策も実行できない．予算の審議・議決権は，議会が政府の行動を統制する極めて重要な手段である．それゆえ，予算は先ず議会による行政府の「統制機能」を有するといえる．

財政民主主義が実効ある制度となるには，まず，国民が財政状況を理解・把握できなければならない．そのためには，予算編成，予算審議，予算執行，そして決算の内容等の情報を国民に提供しなければならない．予算はこういった情報の中心であり，国民への情報の「公示機能」を有する．「統制機能」と「公示機能」

は，予算の持つ政治的機能といえる．

2．行政機能

予算は政府の各部門において各々の計画（政策）を実行する手段である．すなわち，予算は議会の審議を経過して議決されると，政府はこれに基づいて行政行為を行う権限を与えられたことになる．それゆえ部門毎の予算額は，部門間の資源（資金）配分の調整結果を示す．政府は一箇の巨大な経営体であり，予算は政府全体の管理・調整を行う「管理機能」を有するのであるから，予算は行政機能を持つのである．

3．経済政策機能

予算は，新年度の国民経済の予測を基に，望ましい結果を得るために国家財政のあり方を決めることになる．国民経済の計画・調整機能を果たすのである．第1章で述べた財政の機能の内，経済安定機能を含む経済政策機能を有する．

予算の機能の中心となるのは，国民への財政情報を提供する「公示機能」と議会による財政の「統制機能」である．民主的な財政運営には，「予算が理解されやすい形で公開される」ことと，「議会の予算統制」が不可欠だからである．憲法（第7章）が示す財政運営の基本原則を受けて，財政法は個々の予算原則を明らかにしているので，次に予算原則について検討する．

(3) 予算原則

財政民主主義とは，国会の予算審議を通じて，国民が政府の行動をコントロールすることである．財政民主主義を実効あるものにするには，予算の編成と執行を一定のルールに従って行う必要がある．このルールを予算原則という．財政法はこの予算原則に相当することを定めている．

予算原則は，財政民主主義の要請に沿ったもので，政治的そして行政的機能が主たるものである．それゆえ以下に示す予算原則は，予算の公開性や統一性の確保には十分である．しかし，経済政策的機能の充足，予算の効率性の向上といっ

た機能は不十分である．

　以下では，10の予算原則を掲げ，それを性格別に4つのグループに分け，グループ毎の説明と予算原則毎の説明を行う．予算原則には通し番号をふっている．予算原則の数やまとめ方は論者により多少異なる．

1. 公　開　性
①　公開性の原則
　憲法第91条と財政法第46条に定めるように予算はまず国民の前に公開される必要がある．予算は国民に広く公開され，その内容は全ての国民に知らされなければならない．財政に関する情報が議会や国民に示され，自由な批判の対象となる必要があるからである．

②　明瞭性の原則
　予算の内容は，分かり易いもの（明瞭）である必要がある．国民に明瞭に理解されるようなものでなければならない．ごく一部の専門家にしか分からないものでは，国民の監視の目が届きにくいものになるからである．我が国の歳入予算は主管，部，款，項に分かれており，歳出予算は所管，組織，項に分かれている（財政法第22条）．ここまでが国会の審議対象である．予算は予算参照表の添付が義務付けられており，項はさらに目まで分類される．歳出の項は経費の目的によって計上され，目は主として使途別（俸給・旅費・庁費）にしたがって分類されている．

③　厳密性の原則
　予算は見積もりであるから，予算執行の結果である決算と完全に一致することは望めない．しかし，予算は「見積もり」であるがなるべく正しいもの（厳密）でなければ，国民が政府をコントロールする道具として意味をなさないので，これがかけ離れたものであってはならない．

　これらの3つの予算原則は，併せて機能するのである．

2. 事前性
④ 事前議決・事前承認の原則

予算は会計年度毎に編成し，対象となる会計年度が始まるまでに（編成を終え），議会で承認を受けなければならない（憲法第 86 条）．

新しい会計年度が始まったら，新しい予算が必要である．国会で承認された予算が成立しないまま行政府が財政支出を行うことは，政府の財政行為が議会の管理下にないということであり，財政民主主義に対する重大な違反といえる．それゆえ，新しい会計年度予算執行の「事前に」議会がその予算を承認することが必要なのである．

しかしながら，政治的対立等により，新年度が始まるまでに予算が成立しないこともある．この場合，予算成立まで政府は支出行為ができなくなると，政府（国家）の運営に重要な支障が生じる．そこで正規の予算が成立しない場合に，便宜的な方法が講じられる．現在の日本では「内閣は，必要に応じて，一会計年度のうちの一定期間に係る暫定予算を作成し，これを国会に提出することができる」（財政法第 30 条）とされている．大日本帝国憲法では，第 71 条で「帝国議会において予算を議定せず又は予算成立に至らざるときは政府は前年度の予算を執行すべし」と規定されていた．

現在の規定の方が財政民主主義の理念には適う．しかし暫定予算すら成立しないような政治的対立もありうるとの観点に立つと，大日本国憲法の規定の方が財政の空白を避けるには確実である．行政の機能性と財政民主主義は時に対立するのである．

3. 統一性
⑤ 完全性の原則

完全性の原則について，財政法第 14 条に「歳入歳出は，すべて，これを予算に編入しなければならない」と規定されている．ここから純計主義の禁止も出てくる．これは，収入と支出の差額のみを計上すること（純計主義）を禁止し，収入と支出はすべて予算に計上されなければならないという，「総計予算主義の原

則」を包含する．すなわち，財政を非公開のまま秘密裡に操作する，いわゆる「闇の金庫」の可能性を断とうとするものである．

⑥ **単一性（統一性）の原則**

全ての収入・支出はひとつの予算に計上されるべきという原則である．単一予算主義は予算の通観に便利で，財政の健全性維持に有用である．

⑦ **ノン・アフェクタシオンの原則**

単一性の原則のいわば派生物として，特定の収入と特定の支出を結びつけてはならないという「ノン・アフェクタシオンの原則」がある．特定収入が特定支出に対応する基金が乱立すると議会による包括的統制が困難になるからである．それゆえ，安易な財政操作を許さない統一予算が必要なのである．

しかし，単一性（統一性）の原則については，財政法第 13 条 ② の「国が特定の事業を行う場合，特定の資金を保有してその運用を行う場合その他特定の歳入を以て特定の歳出に充て一般の歳入歳出と区分して経理する必要がある場合に限り，法律を以て，特別会計を設置するものとする」という規定は，この原則の例外を許す形になっている．現在，航空燃料税，石油石炭税，電源開発促進税，たばこ特別税がこれに該当する．しかし，特定の歳入の使途を予め定めることは，その部分に対する議会の統制力を弱めるのである．

この『統一性』の項に挙げた 3 つの予算原則は，「予算は一本であるべし」と述べている．その派生的原則は，抜け道を塞ぐ形になっている．しかしこれらの原則はそのままでは全く守られていない．我が国では，中央政府（国）と地方政府（地方公共団体）が多くの特別会計を有している．これは現在の政府の活動が多岐に渡り，一般会計（地方では，普通会計）一本では経理し切れなくなっているからである．

例えば，国の年金会計では，収入・支出とも多額であり，保険という性質上，保険料収入と保険金支出（年金支払い）は結びつきが強い．また，市町村の企業会計，例えば水道事業は原則として独立採算である．結果として一般会計からの支援等があるとしても，特別会計の収入を，税収を中心とする一般会計（普通会計）の収入と合わせてしまうことは，むしろ予算を不明瞭なものにする可能性が

ある．そこに多くの特別会計を立てる理由が存在する．

特別会計は議会の監視の目が届きにくい政府資金の収支が発生することがある．大規模な事業会計に，本来であれば一般会計に計上されるべき支出を紛れ込ませるといったことがその例となる．特別会計はかなり整理されたが，まだ残っている．存続に妥当な理由を有するものもあり，予算を全く一本化することは極めて困難である．行政の機能性と財政民主主義はここでも対立する可能性が存在するのである．

4．限定性の原則

限定性の原則は予算執行に関する原則で，予算の執行は一定の期間において議決された予算の範囲内で執行しなければならないというものである．ここでは3つの原則に分けているが，3つをひとつの原則に数えることがある．

⑧　超過支出禁止の原則

この原則は，限定性の原則中でも量を限定するものである．すなわち，予算に計上された金額を超える支出を禁止しているのである．きわめて当然の規定である．

⑨　流用禁止の原則

流用禁止の原則は，財政法第32条で目的外使用を禁止している．しかし，項と項の移用は前もって予算総則に掲げ，国会の承認を得た範囲内で財務大臣が承認した場合に限られ認められており，目と目との間の移用は財務大臣の承認を経て認められている（財政法第33条）．これらの限定が行われなければ予算の拘束力は極めて弱いものとなる．

⑩　会計年度独立の原則

それぞれの会計年度の支出は，それぞれの会計年度の収入によって賄われなければならない．また，予算は会計年度ごとに議会で承認を受けなければならない．

会計年度独立の原則は，財政法第12条に「各会計年度における経費は，その年度の歳入を以て，これを支弁しなければならない」と規定されている．この会計年度については，財政法第11条に「国の会計年度は，毎年四月一日に始まり，

翌年三月三十一日に終るものとする」と定められている．憲法第86条で予算の国会議決主義を定めると同時に，毎会計年度の予算を作成し国会に提出しなければならないとしている（財政法第27条）．

会計年度独立の原則は，一会計年度を単位とするので，予算の単年度主義とも呼ばれる．時間の限定を置かなければ，予算の内容は明確にならないので，予算統制の面からは，会計年度独立の原則（単年度主義）は必要である．しかし，予算が対象とする行為が一会計年度で終了するとは限らないので，単年度主義は予算の効率的運営の障害となる．継続費や繰越明許費（財政法第14条の2及び3）等年度を越える支出の規定もあるが，例外規定である．

第3節　予算の内容

財政法第16条は予算の内容について，「予算は，予算総則，歳入歳出予算，継続費，繰越明許費及び国庫債務負担行為とする」と定めている．

1.　予算総則

予算総則は財政法第22条に「予算総則には，歳入歳出予算，継続費，繰越明許費及び国庫債務負担行為に関する総括的規定を設ける外，左の事項に関する規定を設けるものとする」と定められている．この事項は7まであるが，1～4は借り入れに係るものであり，5は国庫債務負担行為に関するもので，他はその他である．全体としては，一般会計の国債発行限度額，特別会計の借入金限度額，国庫債務負担行為の限度額，予算の移用の範囲，等を定めている．

「平成27年度一般会計予算　予算総則」は全部で19条からなり，例えば第1条では，「歳入歳出予算」の表題の下に，「第1条　平成27年度歳入歳出予算は，歳入歳出それぞれ96,341,951百万円とし，『甲号歳入歳出予算』に掲げるとおりとする」とある．また第7条では，「『財政法』第4条第3項の規定による公共事業費の範囲は，次に掲げるとおりとする」として，国会や裁判所，省庁毎に公共事業費の対象となる費用項目が表の形で示されている．財政法第4条第1項

では，公共事業の財源として，公債発行あるいは借入金とすることができるとしている．同条第3項でその公共事業の範囲について毎年度国会の議決を受けることとなっている．そして財政法第22条の2で「第4条第3項の規定による公共事業費の範囲」と規定されており，平成24年度予算総則第7条はこれを受けて作成されたものである．

2. 歳入歳出予算

歳入歳出予算が予算の本体である．予算という時，通常は一般会計の歳入歳出予算を指す．

歳入予算は責任官庁の主管別に分けられ，収入の性質に応じて，部，款，項，目に分けられる．例えば，主管：財務省，部：租税及び印紙収入，款：租税，項：所得税，目：源泉所得税，といった分け方が行われる．

例えば歳出予算については，所管：厚生労働省，組織：厚生労働本省，項：感染症対策費，事項：感染症予防事業等に必要な経費，目（の区分）：予防接種対策費補助金，となっており，財団法人予防接種リサーチセンターに支出されるものである．

このような細かな積算の結果，90兆円を超える歳出予算ができあがっている．このような細目の提示も重要であるが，全ての国民が予算の全てを知り，理解することは不可能である．財政民主主義を貫くには，さまざまな工夫が必要になるのである．歳入歳出予算の詳細については第3章と第4章で述べられている．

3. 継 続 費

継続費は財政法第14条の二において，①「国の工事・製造その他の工事で，その完成に数年度を要するものについては，……国会の議決するところに従い，数年間にわたって支出することができる」，②「国が支出されることの年限は，当該会計年度以降5箇年度以内とする」と規定されている．現在，継続費の制度は，防衛省の警備艦，潜水艦の建設のみに用いられている．なお，第25条では「継続費の区分」，第43条第2項では，「継続費の年割額の継続使用」が規程

されている．なおこの規程は，数年度にわたる継続事業を円滑に遂行するために昭和27年の財政法改正によって設けられた．

4. 繰越明許費

歳出予算のうち，その性質上又は予算成立後の理由に基づき，当該年度内にその支出が終わらない見込みのものについては，国会の議決を経て翌年度に繰り越して使用することができることとする経費である．繰越明許費は，財政法第14条の3，第42条，第43条の3に規定されている．例えば用地取得の関係や技術的困難，事故などから年度内に完成しない場合がこれに該当し，「…予め国会の議決を経て，翌年度に繰り越して使用することができる」（14条の3①）と規定している．

5. 国庫債務負担行為

法律や歳出予算もしくは継続費に基づくもの以外で，国が債務を負担する契約を締結する場合がある．例えば，工事契約，賃貸契約，民間債務保証などである．これらの場合，契約は年度内にする必要があるが，支払いの全部ないし一部は次年度以降になることがある．国庫債務負担行為はそのような場合に適用することができ，財政法第15条，第26条に規定されている．事項ごとにそれが必要な理由と債務負担行為の限度額などを明らかにして国会の議決を経る必要がある．支出することができる年限は原則として5年である．

第4節　予算の種類

財政法第13条第1項は「国の会計を分って一般会計及び特別会計とする」と規定している．しかし昭和24年以降，「公団等の予算及び決算の暫定措置に関する法律」により，政府関係機関予算も国会に提出して，その審議・承認を受けなければならなくなっている．従って国の予算は，この3種類の予算を指す．

1. 一般会計

　一般会計は，国の主要な収入・支出を管理する中心的な予算である．この構成を見れば当該年度予算の概要をつかむことができる．その歳出は社会保障，公共事業，防衛，教育など一般行政に対するものである．しかし，近年国債費の比率が高くなり，財政硬直化が目立ってきている．歳入の中心は租税収入である．こちらも，公債金収入が租税及印紙収入を上回ることがあり，財政逼迫が深刻である．

　予算という場合，通常一般会計を指す．本章で述べてきた予算に関する説明も多くは一般会計予算を念頭に置いている．歳入予算については第3章で，歳出予算については，第4章で詳しく説明する．

2. 特別会計

　本章第2節で説明したように，予算は「単一性の原則」により，ひとつであることが望ましい．また，「ノン・アフェクタシオン（一般金庫制）の原則」がいうように，議会による包括的統制を困難にする，特定の収入と支出の結びつきは望ましくない．しかし今日のように政府の仕事が多様化し，その範囲も拡大してくると，特定の歳入歳出を区分して経理する必要がある分野も生じてくる．これを特別会計という．

　財政法第13条第2項は第1項を受けて，特別会計について「国が特定の事業を行う場合，特定の資金を保有してその運用を行う場合その他特定の歳入を以て特定の歳出に充て一般の歳入と区分して経理する必要がある場合に限り，法律を以て，特別会計を設置するものとする」と規定している．

　特別会計は多い時には50近くあったが平成19年3月に成立した「特別会計に関する法律」（平成19年法律第23号）では，行政改革推進法の中で統廃合が決定されている特別会計についての規定を盛り込み，平成18年度時点で31あった特別会計を平成27年度までに15へ縮減し，5年ごとに既存の特別会計の設置の要否を見直す規定が盛り込まれている．平成23年度において原子力損害賠償支援機構法に基づき，エネルギー対策特別会計において原子力損害賠償支援勘定

表2-1 特別会計一覧

所管	特別会計名
内閣府,総務省,財務省	交付税及び譲与税配布金特別会計
財務省	地震再保険特別会計,国債整理基金特別会計,外国為替資金特別会計
財務省,国土交通省	財政投融資特別会計
文部科学省,経済産業省,環境省	エネルギー対策特別会計
厚生労働省	労働保険特別会計,年金特別会計
農林水産省	食料安定供給特別会計,国有林野事業債務管理特別会計
経済産業省	貿易再保険特別会計,特許特別会計
国土交通省	自動車安全特別会計
国会,裁判所,会計検査院,内閣及び全行政機関	東日本大震災復興特別会計

出所) 財務省 財務総合政策研究所編『財政金融統計月報』「平成27年度予算特集」ワープ 2015年

が新たに設けられた.また,平成24年に東日本大震災からの復興に係る資金の流れの透明化を図るため「東日本大震災復興特別会計」が設けられ,各年度の特別会計国庫債務負担行為を入れて15になる.

3. 政府関係機関予算

　政府関係機関とは,特別の法律によって設立された法人で,全額政府出資であり,予算について国会の議決を必要とするので,政府関係機関予算という.以前政府関係機関は13の公団,6の金庫等,公的金融機関を含む多くの機関が存在した.しかし,民間部門と競合する等の理由で平成19年から統廃合が行われ,平成24年には表2-2のように4機関となっている.これらの機関が国とは異なる独立の組織とされているのは,予算運営に弾力性を持たせ,企業的経営によって能率を上げるためである.しかしこれら事業は公共の利益を目的としており,国の事業に近いものがある.政府関係機関も「単一性の原則」あるいは「ノン・アフェクタシオン(一般金庫制)の原則」の例外といえる.それゆえ,その存在,予算については国会の議決を受け,財政民主主義を逸脱しないような措置が施されているのである.

表2-2 政府関係機関

機関名	設立年	設立目的
沖縄振興開発金融公庫	昭和47年	沖縄における経済の振興及び社会の開発に資する資金供給
株式会社日本政策金融公庫	平成20年	国民一般，中小企業者及び農林水産業者の資金調達を支援
株式会社国際協力銀行	平成24年	我が国及び国際社会の健全な発展に寄与するための資金供給
独立行政法人国際協力機構有償資金協力部門	平成20年	開発途上地域の政府等に対する技術協力の実施，有償・無償の資金供給による国際協力の推進等

出所）財務省主計局・理財局『平成27年度予算及び財政投融資計画の説明』

第5節 予算過程

1．予算編成

内閣は予算案を国会に提出する「予算提案権」を持つ．これは内閣だけが有する権利である．憲法第73条の5は，内閣の仕事として「予算を作成して国会に提出すること」と規定している．また，第86条では「内閣は毎会計年度の予算を作成し，国会に提出して，その審議を受け議決を経なければならない」と規定している．しかし，実際に予算編成の作業を行うのは，財務省の中でも主計局が各省庁からの概算要求を受けてその査定を行う形で歳出予算作成を行い，歳入予算の編成は主税局が行う．

歳入予算案は，主として現行税制その他の規定に基づく収入見積もりと，税制変更や経済変動等に伴う増減収を加味して編成されるので，比較的機械的作業の要素が大きい．それで，予算案編成作業の中では歳出予算案に注目が集まることになる．財務省は予算編成の実務を担当するので，最も強力な役所であり，財務省の中でも歳出を担当する主計局は強力である．

現在の財務省は2001年1月に従来の大蔵省から名前（と機構）を変更したものである．明治2（1869）年から近代官庁としての大蔵省が存在したが，大蔵省の名前は大宝律令（701年）から存在した．主計（寮）および主税（寮）の名も，当時は民部省であるが，律令時代から存在している．

毎年7月下旬に財務大臣が「新年度の概算要求基準」を閣議決定事項として

第2章 財政民主主義と予算

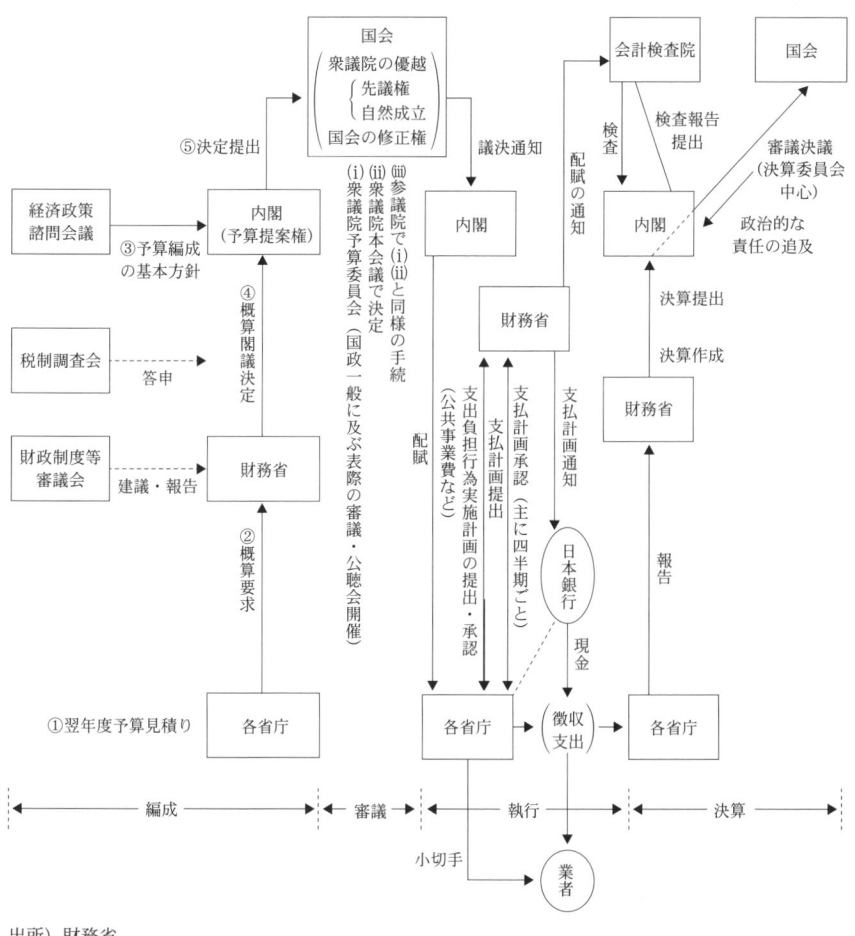

図2-1 予算の編成・執行・決算の概略

出所）財務省

決定する．これは要求できる額を一定の枠に制限するもので，上限という意味からシーリング（天井）と呼ばれている．各省庁はシーリングにそって予算要求を査定し，各省庁での省議を経たのち概算要求書を作成して，8月30日までに財務大臣に提出しなければならない（財政法第17条，予算決算及び会計令第20条）．

財務省に提出された概算要求書は，主計官を補佐している主査，係長が中心に

なって各省庁の担当官から詳細な説明を聞き（ヒアリング），必要な資料の提出を求めて主計官が各省庁の査定案をつくる．これを審査という．こうした審査は秋ごろまで続けられ，予算要求を絞り込んでいく．そして12月に政府が「予算編成の基本方針」を閣議決定し，正式な予算案が決まる前に，各省の大臣，副大臣，政務官の政務三役が協議して懸案事項を決着させ，政府案が閣議決定され（財政法第21条），1月中に国会に提出する運びとなる（財政法第27条）．国会，裁判所，会計検査院の予算については，内閣が予算を通じてこれら機関の独立性を制約しないよう，財政法第18条2項では「国会，裁判所及び会計検査院に係る歳出の概算については，予め衆議院議長，最高裁判所長官及び会計検査院長に対しその決定に関して意見を求めなければならない」と特別な規定が定められている．

2. 予算審議

国会は憲法やその他の法律で定められた手続きに従って予算の審議を行う．予算の審議は他の法律の審議と異なり，憲法第60条第1項により衆議院が先に審議する．これを衆議院の，予算先議権と呼んでいる．予算案が衆議院に提出されると本会議において，首相の施政方針演説，外務大臣の外交演説の後に財務大臣の財政演説が行われる．予算の編成方針，内容，特色，財政政策の基本方針，経済の現状等について説明する．同じ日に参議院でも同様の演説が行われる．その後，衆議院予算委員会での専門的・実質的審議に入る．

予算委員会の審議は，委員会全体と予算分科会に分かれて行われる．委員会では，財務大臣が趣旨説明を行い，財務副大臣が補足説明を行う．国会法の規定により，予算の議決には公聴会を開催することが義務付けられている．公聴会を行うと採決が行えるため各省庁ごとに予算審議を行うため分科会での審議が行われる．最後に委員会で，全閣僚出席のもとで締めくくり質疑等が行われ，採決が行われる．これで，予算委員会での審議は終わり，本会議の審議に移る．本会議でも討論・採決が行われ，予算が衆議院を通過する．

衆議院で議決された予算案は参議院に送付され同様の手続きを経て予算が成立

する．予算委員会の人数は，衆議院50名に対して参議院では45名である．予算の政府案は予め参議院に送られているので，参議院では予備審査を行っている．参議院と衆議院が異なった議決をした場合には両院で選挙された各々10人の委員で組織される両院協議会を開く（国会法第89条）．それでも意見の一致が見られない時は衆議院の議決が国会の議決となる．これを予算議決における衆議院の優越と呼んでいる（憲法第60条第2項）．また衆議院が議決してから30日（国会休会中の期間を除く）以内に参議院が議決しなかった時は，衆議院の議決が国会の議決となる（憲法第60条第2項）．これを自然成立と呼んでいる．このような審議によって成立した予算を「当初予算」という（後述する暫定予算との対比では「当初本予算」と呼ぶ）．

国会において政府案を修正する「提案」を行うためには，本会議において衆議院50名以上，参議院は20名以上の賛成が必要である．

予算は会計年度初日の4月1日から始まるのが原則である．国会の審議が長引くなどの理由で，予算の議決が間に合わないことが予想される場合，政府は暫定予算を作成して国会に提出する（財政法第30条）．これは予算が議決されないことで政府の日常的活動が停止しないようにすることが目的である．暫定予算に計上された金額は，（本）予算が議決されればこれに吸収される．

3. 予算の執行

国会の議決によって予算が成立すると，内閣は，予算の定めるところに従い，各省庁の長にその執行すべき歳入歳出予算を配布する．

その執行すべき歳出予算，国庫債務負担行為，継続費が配布される（財政法第31条第1項）．歳出予算の執行は，支出の原因となる契約の段階（支出負担行為）と小切手の振り出しなどに分けられる．不当，違法などがない適正な予算を執行するために，支出負担行為担当官と支出官の職務は厳格に区分され，その責任の帰属も明確になっている．

各省庁の長は，それぞれの職務を遂行するために，配布された予算の範囲内で支出行為に関する実施計画書（支払い計画書）を作成して財務大臣に提出してそ

の承認を得なければならない（財政法第34条第1項）．財務大臣はこれらの支払い計画書を審査し，国庫金，経済の状況，経費の支出状況を勘案した上でこれを承認する．支払い計画書は，閣議の承認を得た後，関係各省庁，会計検査院，日本銀行に通知されて執行される．この支払いは，原則として，毎四半期ごとに行われる．各省庁の支払いは，日本銀行の政府の預金口座を通じて日本銀行振り出しの小切手で行われるのが原則である．

　予算執行の過程において経費に不足が生じた場合のために予備費の制度が設けられている（憲法第87条，財政法第24条）．この使用は閣議決定によるが，予め閣議決定を行って財務大臣が使用を決定することもできる（財政法第35条第3項）．予備費の使用については，国会の事後承認を必要とする（財政法第36条）．

　予備費の使用では間に合わないような大きな支出の必要や新たな支出が必要な時は補正予算を組むことができる（財政法第29条）．補正予算には，追加予算と修正予算がある．追加予算は災害や経済情勢の変化など予期せぬ事情により編成される予算である．修正予算は法律の改正や新たな契約によって国の義務となる経費に不足が生じる場合編成される予算である．どちらも当初予算と同様，内閣が原案を作り国会に提出され，審議・可決されて成立する．当初予算とこの補正予算を併せて実績予算という．

4. 決　　算

　一会計年度の予算執行が完結すると，各省庁の長は，その担当業務に関する歳入歳出の決算報告書及び国の債務に関する計算書を作って，その予算の翌年度の7月31日までに財務大臣に送付しなければならない（財政法第37条，予算決算及び会計令第20条）．財務大臣はこれに基づき決算書を作成する（財政法第38条）．決算は予算と同じ区分で作成され，これに歳入決済明細書，各省庁の歳出決済報告書，継続費決済報告書，国の債務に関する計算書を添付して，11月30日までに会計検査院に送付しなければならない（財政法第39条）．会計検査院は決算の審査をした後，検査報告書をつけて内閣に回付する．内閣は，決算を検査報告書とともに国会に提出し審議を受ける．

決算の国会提出は，予算審議と異なり衆議院に先に提出する必要はない．決算は両院の決算委員会の審査を経て本会議に報告される．決算は過去に行われた収入支出の計数的記録であり，両院の議決によって予算執行の効力が左右されることはない．決算の審議は事実の批判に過ぎず，予算審議に比べると重要性が低い．

　決算の結果剰余金が生じることがある．これを決算上の剰余金（歳出剰余金）という．通常は剰余金が生じた会計年度の翌年度の歳入に繰り入れられる．財政法第 6 条は歳出剰余金の 2 分の 1 を下らない額を公債の償還財源に充てることを規定している．

　年度末までに歳入不足が予想される場合，補正予算によって対処すべきである．しかし年度末間際あるいは年度経過後に歳入不足が明らかになった場合は，補正予算による対処は不可能である．そこで昭和 52 年度に決算調整資金の制度が設けられた．上述のような歳入不足が生じた場合，同資金から一般会計に財源が組み入れられる．昭和 56，平成 4，平成 5，平成 9，平成 13，平成 20 年度決算において，この資金が使用されている．

参考文献

財務省財務総合政策研究所編『財政金融統計月報』「平成 27 年予算特集」ワープ　2015 年
稲葉馨他編『岩波基本六法 2013』岩波書店　2012 年
大川政三他『(増補改訂版) 日本財政—国の財政と地方財政の連関分析—』創成社
　2001 年
河野一之『新版　予算制度（第二版）』学陽書房　2003 年
西田安範編著『図説　日本の財政（平成 24 年度版）』東洋経済新報社　2012 年
速水昇・小田幹夫編著『公共部門の経済活動と租税』学文社　2007 年
速水昇・和田尚久・水野惠子編著『公共経済と租税』学文社　2010 年

第3章

歳入論

第1節　政府の収入

(1) 一般会計予算

　第1章で説明したように，政府は，資源の最適配分，所得の再分配，経済の安定化などの機能を果たすため多岐にわたる活動を行っている．その際，政府は，これらの機能を果たすために財源を調達する必要がある．政府の予算は，一般会計予算と特別会計，政府関係機関予算の3つがあげられる．特別会計と政府関係機関予算は，第2章第4節で説明をしたので，ここでは一般会計予算の歳入について検討する．財政法第2条第1項において「収入とは，国の各般の需要を充たすため支払の財源となるべき現金の収納」であり，第4項では「歳入とは一会計年度における一切の収入」であると定義されている．歳入予算は，「一会計年度における収入の見積もり」であり，法律の定めによってその収入を得るのであるから，実際の収入が予算を超過する場合や不足することがある．特にバブル経済の崩壊後は，税収入が見積もった以上には伸びず，収入が不足している状態が続いている．現在，我が国における政府の一般会計の歳入は，表3－1のように6項目から構成されている．以下，これらの項目について平成27年度予算を中心に説明する．

1. 租税及び印紙収入

　一般会計における租税及び印紙収入は，「国税収納金整理資金に関する法律」（昭和29年法律第36号）に基づき，国税収納金整理資金から歳入に組み入れられる租税及び印紙収入（現金納付によるもの）と，「印紙をもつてする歳入金納付に関する法律」（昭和23年法律第142号）に基づき，郵便事業株式会社から納付される印紙収入（収入印紙の売りさばきによるもの）からなる．これらの項目については，次節で詳しく説明する．

2. 官業益金及び官業収入

　官業益金は，特別会計の利益金のことをいう．官業収入は，一般会計の事業収

第3章 歳 入 論

表3-1 一般会計歳入予算の推移

区分 年度	租税及び印紙収入 億円	%	専売納付金 億円	%	営業益金及び営業収入 億円	%	政府資産整理収入 億円	%	雑収入 億円	%	公債金 億円	%	前年度剰余金受入 億円	%	歳入合計 億円
昭和30	7,960	70.7	1,143	10.1	138	1.2	83	0.7	498	4.4	—	—	1,443	12.8	11,264
40	30,496	80.8	1,804	4.8	157	0.4	246	0.7	1,699	4.5	1,972	5.2	1,358	3.6	37,731
50	137,527	64.0	3,405	1.6	42	0.0	304	0.1	7,857	3.7	3,472	4.1	12,793	6.0	214,734
60	381,988	70.7	108	0.0	225	0.0	1,631	0.3	25,867	4.8	123,080 (内20,905)	22.8 9.7	7,028	1.3	539,926
平成元	549,218	81.8	95	0.0	225	0.0	3,064	0.5	22,124	3.3	66,385 (内60,050)	9.9 11.1	31,363	4.7	672,478
2	601,059	83.8	111	0.0	224	0.0	1,620	0.2	27,011	3.8	73,120 (内2,085)	10.2 0.3	13,889	1.9	717,035
7	519,308	64.5	163	0.0	224	0.0	2,744	0.3	43,409	5.4	212,470 (内9,689)	26.4 1.4	27,254	3.4	805,572
12	486,590	57.3	154	0.0	235	0.0	3,294	0.4	33,480	3.9	326,100 (内48,069)	38.4 6.0	17	0.0	849,871
17	440,070	51.1	—	—	167	0.0	2,557	0.3	34,612	4.2	343,900 (内243,600)	41.8 27.6	523	0.1	821,829
22	414,867	41.3	—	—	155	0.0	7,852	0.8	98,033	9.8	423,029 (内282,100)	42.1 34.4	61,408	6.1	1,005,345
27	545,250	56.6	—	—	439	0.0	2,887	0.3	46,191	4.8	368,630 (内346,999)	38.3 34.5	22	0.0	963,420

備考） 1. 専売納付金は平成13年度に廃止。
　　　2. 平成22年度までは決算額、平成27年度は当初予算。
　　　3. （ ）は特例公債。
出所）財務省資料

49

入のことをいう．現在，計上されているのは，官業収入として病院収入，診療所収入，平成24年度国有林野特別会計の廃止に伴って平成25年度より一般会計に承継した国有林野事業である．

3. 政府資産整理収入

政府資産整理収入は，国有財産処分収入と回収金等収入から構成されている．国有財産処分収入は，国有財産売払収入のことであり，近年相続税納付の際に急増している物納財産（不動産・有価証券など）の売却が多い．回収金等収入は，特別会計整理収入，貸付金等回収金収入，政府出資回集金収入，事故補償費返還金から構成されている．政府出資回集金収入は，「独立行政法人通則法の一部を改正する法律」の規定により，27法人から受け入れる行政刷新会議による事業仕分けの結果等を踏まえた基金等の見通しに伴う政府回収金等（いわゆる埋蔵金）を使ってしまったので，平成27年度は平成22年度の6,485億円から2,887億円に減少した．

4. 雑 収 入

雑収入は，これまであげた収入以外の収入である．これらは，国有財産利用収入，納付金，諸収入の3つから構成されている．国有財産利用収入は，① 国有財産貸付収入，② 国有財産使用収入，③ 利子収入，④ 配当金収入から構成されているが，このなかで国有地の貸し付けなどの国有財産貸付収入が約88％を占めている．納付金は，① 法科大学院設置者納付金，② 日本銀行納付金，③ 独立行政法人造幣局納付金，④ 独立行政法人日本スポーツ振興センター納付金，⑤ 日本中央競馬納付金，⑥ 特定アルコール譲渡者納付金，⑦ 特定タンカー所有者納付金，⑧ 雑納付金，⑨ 東日本大震災復興雑納付金から構成されている．④ の独立行政法人日本スポーツ振興センター納付金は，スポーツ振興くじの収益の3分の1相当額を見込んだものである．⑤ の日本中央競馬納付金は，中央競馬の勝馬投票券収入の10％相当額を見込んだものである．⑥ の特定アルコール譲渡者納付金は，アルコール事業法（平成12（2000）年度）に基づく納付金を見込ん

だものである．諸収入は，特別会計受入金（外国為替資金特別会計受入金，財政投融資特別会計受入金，年金特別会計受入金，食料安定供給特別会計受入金，社会資本整備特別会計受入金，自動車安全特別会計受入金，特許特別会計受入金），東日本大震災復興関連の４項目，公共事業費負担金，授業料及入学検定料，許可及手数料，受託調査試験及役務収入，懲罰及没収金，弁償及返納金，物品売払収入，電波利用料収入，矯正官署作業収入，文官恩給費特別会計等負担金，附帯工事費負担金，雑入，の17項目から構成されている．

5. 公債金

公債金は，政府の収入不足を補う政府の債務で，債券発行の形態をとるものである．公債金は「財政法」第４条但し書の規定により発行する公債（建設国債）と「公債の発行の特例等に関する法律」により発行する公債（特例国債）の収入である．しかし，特例国債は１年限りの時限立法であり，衆議院・参議院の議決が必要である．特に参議院では与党が過半数割れしている「ねじれ国会」になっているため，赤字国債法案が与野党による政治の駆け引きの材料となり２年連続して成立が大幅に遅れた．特に平成23年度は，８月26日に赤字国債法が成立した後に菅総理が退陣した．また，平成24年度は11月16日に成立したため，９月から地方交付税交付金の配分が遅れ，25の道府県で金融機関から借り入れをしたため11月１日までに5,700万円の金利負担が生じた．このため，与野党が合意して平成25年度から27年度については予算案が成立すれば，赤字国債を自動的に発行できる赤字国債発行法が平成24年11月14日に可決された．

6. 前年度剰余金受入

歳入予算は，あくまでも見積もりにすぎず，決算を行ってみると歳入が歳出を上回っている場合がある．この差額が，剰余金として翌々年度の歳入に計上される．ただし，財政法第６条において，「剰余金のうち，２分の１を下らない金額は，公債又は借入金の償還財源に充てなければならない」と規定されている（国債整理基金特別会計へ繰入）．

(2) 一般会計予算の推移

我が国の一般会計の推移は，表3－1により読みとることができる．昭和40年度に公債金収入が登場し，昭和50年代の前半は，低成長が続いている．しかし，昭和55年度から好況による税収増加に助けられ回復に向かった．その後，平成5年度頃から景気の低迷が続き，租税及び印紙収入の減少が見られるようになった．そして，平成12年度以降，公債依存度が30％を超え，22年度〜25年度は40％後半に増加するといった不健全な状況が続いた．特に，平成20年後半から世界的な金融危機に伴う景気悪化を背景に税収が大幅に減少し，平成22年度は特別会計などの「埋蔵金」に依存して税外収入が過去最大の10兆円を超えた．これは毎年使える財源ではないため財政は依然として厳しい状況にある．今後，公債の累積残高や高齢化による社会保障費の増加が続くことを考えれば，消費税の引き上げだけでは慢性的な赤字財政を克服するのは難しく，根本的な財政改革が必要である．

第2節　租税収入

租税は，対価なしに徴収される収入であり，政府収入の中心となっている．近代国家にとって資金調達手段の中心は租税収入であり，昭和30年代〜40年代の歳入に占める租税の割合は，表3－1に見られるように，70〜80％台であった．しかし，バブル経済崩壊後の不況による税収の落ち込みが続き，平成10年度以降は50〜60％台に下がり，平成22年度から24年度は50％を割り，租税収入よりも国債発行の方が多いという異常な状態になったが，平成26年度の消費税の引き上げもあって平成26・27年度は50％を超えている．

国税収入は，表3－2に見られるように，一般会計税収と特別会計税収に分けられ，間接税は，一般会計税収と特別会計税収の合計になる．直接税と間接税の比率は，平成元年頃は7：3であったが，平成10年度以降は法人税の減少と消費税の増加によって現在は約5：5になっている．ここでは，表3－2の分類により，平成27年度の税項目の内容を中心に説明する．

第3章 歳入論

表3-2 国税収入の構成の累年比較

(単位 億円)

年度	平成2年度 金額	平成2年度 構成比	平成7年度 金額	平成7年度 構成比	平成12年度 金額	平成12年度 構成比	平成17年度 金額	平成17年度 構成比	平成22年度 金額	平成22年度 構成比	平成27年度 金額	平成27年度 構成比
直　接　税	462,971	73.7	363,519	66.1	315,350	60.8	297,689	59.2	232,025	53.1	291,930	50.2
所　得　税	259,955	41.4	195,151	35.5	190,470	36.7	146,830	29.2	129,844	29.7	164,420	28.3
源　泉　分	187,787	29.9	157,259	28.6	161,820	31.2	121,860	24.3	106,770	24.4	137,010	23.6
申　告　分	72,168	11.5	37,891	6.9	28,650	5.5	24,970	5.0	23,073	5.3	27,410	4.7
法　人　税	183,836	29.3	137,354	25.0	108,160	20.8	124,730	24.8	89,677	20.5	109,900	18.9
相　続　税	19,180	3.1	26,903	4.9	16,710	3.2	14,970	3.0	12,504	2.9	17,610	3.0
間　接　税　等	138,088	22.0	155,789	28.3	183,600	35.4	204,809	40.8	182,842	41.8	243,050	41.8
消　費　税	46,227	7.4	57,901	10.5	98,560	19.0	104,680	20.8	100,333	23.0	171,120	29.4
酒　税	19,350	3.1	20,610	3.7	18,600	3.6	16,250	3.2	13,893	3.2	13,080	2.2
た　ば　こ　税	9,959	1.6	10,420	1.9	9,000	1.7	8,620	1.7	9,077	2.1	9,060	1.6
揮　発　油　税	15,055	2.4	18,651	3.4	20,780	4.0	21,730	4.3	27,501	6.3	24,660	4.2
石油ガス税	157	0.0	153	0.0	150	0.0	150	0.0	119	0.0	100	0.0
航空機燃料税	641	0.1	855	0.2	870	0.2	890	0.2	749	0.2	510	0.1
石油石炭税	4,870	0.8	5,131	0.9	4,820	0.9	5,000	1.0	5,019	1.1	6,280	1.1
電源開発促進税									3,492	0.8	3,230	0.6
自動車重量税	6,610	1.1	7,837	1.4	8,320	1.6	7,550	1.5	4,465	1.0	3,740	0.6
関　税	8,252	1.3	9,500	1.7	7,300	1.4	7,790	1.6	7,859	1.8	11,170	1.9
と　ん　税	89	0.0	87	0.0	90	0.0	95	0.0	95	0.0	100	0.0
印　紙　収　入	18,994	3.0	19,413	3.5	15,110	2.9	11,140	2.2	10,240	2.3	10,270	1.8
一般会計税収計 (A)	601,059	95.7	519,308	94.5	498,950	96.1	470,420	93.6	414,867	94.9	545,250	93.8
(交付税及び譲与税配布金)												
消費税 (譲与分)	11,557	1.8	14,475	2.6	─	─	─	─	─	─	─	─
地方揮発油税(旧地方道路税)	3,608	0.6	2,635	0.5	2,965	0.6	3,118	0.6	2,942	0.7	2,638	0.5
石油ガス税 (譲与分)	157	0.0	153	0.0	150	0.0	150	0.0	119	0.0	100	0.0
航空機燃料税 (譲与分)	116	0.0	155	0.0	158	0.0	162	0.0	136	0.0	146	0.0
自動車重量税 (譲与分)	2,203	0.4	2,612	0.5	2,773	0.5	3,775	0.8	3,065	0.7	2,567	0.5
特別とん税	111	0.0	109	0.0	113	0.0	113	0.0	119	0.0	125	0.0
地方法人特別税									14,200	3.2	21,022	3.6
電源開発促進税	2,947	0.5	3,386	0.6	3,699	0.7	3,551	0.7	─	─	─	─
揮発油税 (国債整理基金)	5,011	0.8	5,976	1.1	6,934	1.3	7,408	1.5	─	─	─	─
たばこ特別税					2,716	0.5	2,262	0.5	1,625	0.4	1,401	0.2
東日本大震災復興特別会計												
復興特別所得税											3,436	0.6
特別法人税											4,770	0.8
地方法人税												
特別会計合計 (B)	26,739	4.3	30,322	5.5	20,030	3.9	20,030	6.4	22,206	5.1	36,205	6.2
税収総計 (A) + (B)	627,798	100.0	549,630	100.0	518,980	100	502,498	100	437,074	100	581,455	100.0

注）1. 平成22年度までは決算、27年度は当初予算。
2. 平成元年度は取引所得税456億円、有価証券取引所得税12,331億円、2年度は前記2税合計で7,892億円、7年度も合計5,229億円が含まれている。
3. 平成17年度の消費税（譲与分）は所得譲与分。
4. 税目の（　）は特別会計名を示す。

出所）財務省資料

53

(1) 直 接 税

直接税とは，一般的には法律上の納税義務者と担税者が一致することを立法者が予定している租税をいう．国税のうち直接税にあたるものは，表3－2の分類より所得税，法人税，相続税（贈与税）があげられるので，これらの項目の内容を説明する．

1. 所 得 税
① 所得税の仕組み

所得税は，個人が1年間（1月1日～12月31日）を通じて得た収入にかかる税金である．特に，個人所得に対する課税は，課税ベースが広く各々の個人事情に応じた負担を求めることが出来ることから，税体系において基幹的な地位を占めるべきものと考えられており，表3－2で示されるように租税収入の中で最も多くの収入を上げている．

所得税は，源泉徴収方式と申告納税方式の2つに分かれている．源泉徴収方式は，所得の支払者が所得者に代わって所得金額と税額を計算し，所得を支払うときにその税額を国に納付する制度である．申告納税方式は，納税すべき税額が納税者の申告により国に納付される制度である．これは，不動産所得，事業所得又は山林所得が生ずる業務を営んでいる人で，青色申告者と呼ばれる．青色申告は，所轄税務署長から青色申告の承認を受けた場合に行うことができる．納税者が帳簿をつけ，適切な申告納税を進めるために設けられた制度である．また，青色申告の適用を受けないものは，白色申告者になる．平成25年度では，源泉分（給与）が約4,465万人で，営業や農業者等の申告分が約623万人となっている．所得税法では，所得の発生形態によって10種類に分類しているが，これらの内容については，第8章で説明する．

② 累進課税

所得税は，応能負担の原則の実現を図るため，納税者の個人的事情を考慮した所得控除の規定が設けられている．また，税額の計算に当たっては，課税所得が増加するにつれてその増加部分に順次高い税率を適用するという超過累進税率が

表 3−3 所得税の主な税率改正の推移

	昭和25年		昭和28年		昭和44年		昭和59年		昭和62年		平成元年		平成7年		平成11年		平成19年		平成27年	
	税率%	課税所得階級 万円	税率%	課税所得階級 万円	税率%	課税所得階級 万円	税率%	課税所得階級 万円	税率%	課税所得階級 万円	税率%	課税所得階級 万円	税率%	課税所得階級 万円	税率%	課税所得階級 万円	税率%	課税所得階級 万円	税率%	課税所得階級 万円
					10	30											5	195	5	195
			15				11	50	11	150							10	330	10	330
							12	120	12	200										
			20	2	14	60	14	200												
									16	300	10	300	10	330	10	330				
			25	7			17	300												
					18	100														
	20	5					21	400	20	500										
			30	12	22	150					20	600	20	900	20	900	20	695	20	695
	25	8			26	200	25	600	25	600							23	900	23	900
	30	10			30	250	30	800			30	1,000	30	1,800	30	1,800				
					34	300											33	1,800	33	1,800
	35	12					35	1,000	35	1,000					37	1,800~				
	40	15	40	50	38	400	40	1,200	40	1,200	40	2,000	40	3,000			40	1,800~	40	4,000
	45	20			42	500	45	1,500	45	1,500									45	4,000~
					46	700														
	50	50	50	200	50	1,000	50	2,000	50	3,000	50	2,000~	50	3,000~						
	55	50~	55	300	55	2,000	55	3,000	55	5,000										
			60	500	60	3,000	60	5,000	60	5,000~										
			65	500~	65	4,500	65	8,000												
					70	6,500	70	8,000~												
					75	6,500~														
8			11		16		15		12		5		5		4		6		7	

出所) 財務省資料

採用されており，負担の垂直的公平を図る機能が設けられている．これにより，適正な所得再分配の実現のための有力な政策手段となっている．さらに，超過累進税率は，直接納税者の可処分所得を上下させるため，所得税の減税・増税を通じて総需要のコントロールが可能となるため景気調整機能の手段となっている．

　税率構造は，表3-3に見られるように，昭和28（1953）年度は，最低15％から最高65％の11段階であった．その後，納税者の負担をできるだけ滑らかに増加するように税率の刻みが改正され，昭和44（1969）年度には最低10％から最高75％の16段階に増加していった．しかし，所得分布の不平等度や公平と効率性との政策的判断によって，最高税率の引き下げが行われた．その後，数次にわたる税制改正により税率構造の累進性の緩和が図られ，平成11年度には最低10％から最高37％の4段階に簡素化された．そして，平成19年度から，地方分権を進めるため所得税から地方税（住民税）へ税金が移し変えられた（3兆円の税源移譲）ことによって，所得税率が5％から40％の6段階に変更になった．また，景気回復のための定率減税が，平成19年度から廃止されることになったため，所得税の負担が増加することになった．なお，平成25年度税制改正大綱において，平成27年度から所得税の最高税率を45％に引き上げ，対象を課税所得4,000万円超にすることが決まった．

(iii) 所得税制度の問題点

　我が国の個人所得課税は，基幹税である．しかし，個人所得税には，所得捕捉の困難性という問題がある．例えば，給与所得に対する所得税は，源泉徴収制度により徴収されるのに対し，確定申告により申告納税する自営業者等の場合は，その把握が実際問題として容易ではない．そこで，国民階層の間で所得が必ずしも公平に負担されていない現状を9・6・4（クロヨン）や10・5・3（トーゴーサン）と呼ぶことがある．9・6・4とは，サラリーマンは源泉徴収制度によって9割程度所得を捕捉されているのに対して，申告納税制度に加えてさまざまな租税特別措置を利用できる自営業者は6割，農業者は4割しか所得を捕捉されていないという意味である．10・5・3とは，同様の補足率がサラリーマンは10割，自営業者は5割，医者が3割であるという意味である．このため，給与所得間で

所得税に対する不公平感や重税感が蓄積することになり，包括的課税ベースからの水平的公平を阻害することになる．そこで，「平成22年度税制改正大綱」の第3章では，「所得税の公正性を担保するために，正しい所得把握体制の環境整備が必要不可欠」であるとの認識から，「社会保障・税共通の番号制度の導入を進める」ことが記載され，平成25年5月に社会保障・税番号制度（マイナンバー）法案が可決された．マイナンバーとは，日本に住む一人ひとりに割り振られる12桁の番号で，マイナンバーを使って，税の手続きや年金，医療保険，雇用保険などの社会保障の手続きができ，平成28年1月からマイナンバーの利用が開始された．

2. 法 人 税

　法人税は，法人の企業活動により得られる所得（収益）に対して課される税金をいい，法人の各事業年度の所得に対し原則として比例的に課税される．我が国の法人税は，① 各事業年度の所得に対する法人税，② 連結所得に対する法人税，③ 特定信託の所得に対する法人税，④ 退職年金など積立金に対する法人税，⑤ 清算所得に対する法人税を含む広い概念である．この中で一般的に最も重要なのは，法人が日々行っている事業活動から生まれる所得に対して課税される法人税，すなわち「各事業年度の所得に対する法人税」であり，法人所得税ともいわれている．ここでいう各事業年度とは，法人の定款に定められた営業年度をもとに1年としている場合が多い．法人税法では，法人の形態として内国法人と外国法人とに分けて納税義務を定めている．これについては，第8章で説明する．

　図3－1は，主要諸国間での法人税率（実効税率）の比較をしたものである．

　法人実効税率とは，法人事業税及び地方法人特別税が損金算入されることを調整した上で，法人税，法人住民税，法人事業税（所得割），地方法人特別税の税率（法人事業税及び地方法人特別税については，外形標準課税の対象となる資本金1億円超の法人に適用される税率）を合計したものであり，表3－4のように計算される．なお，平成23年12月改正では，法人税率（国税）を4.5％引き下げた上で法人住民税率（地方税）を維持することにより，法人実効税率は，国税と地方

図 3－1 法人税の実効税率の国際比較（2015 年 4 月現在）

国	地方税	国税	実効税率
日本（標準税率）〔23 年度改正前〕	11.55	27.99	39.54%
日本（24 年度・25 年度）	10.83	26.17	37.00%
日本（26 年度）	10.83	23.79	34.62%
日本（27 年度→28 年度）	8.52	22.81	32.11%→31.33%
アメリカ（カリフォルニア州）	8.84	31.91	40.75%
フランス		33.33	33.33%
ドイツ（全ドイツ平均）	13.83	15.83	29.66%
中国		25.00	25.00%
韓国（ソウル）	2.20	22.00	24.20%
イギリス		20.00	20.00%
シンガポール		17.00	17.00%

日本：法人税率：30.0%（～23 年度），25.5%（24～26 年度），23.9%（27 年度～）
復興特別法人税：法人税額×10%（24・25 年度）
法人住民税（地方法人税を含む）：法人税額×17.3%
法人事業税（地方法人特別税を含む）：7.2%（～26 年度），6.0%（27 年度）4.8%（28 年度～）
アメリカ：連邦法人税率：35% 州法人税率：8.84%
フランス：法人税率：15%
ドイツ：連邦付加税 法人税率×5.5% 営業税率：13.83%
中国：法人税率：25%
韓国：法人税率：22% 地方所得税：2.2%
イギリス：法人税率：20%
シンガポール：法人税率：17%

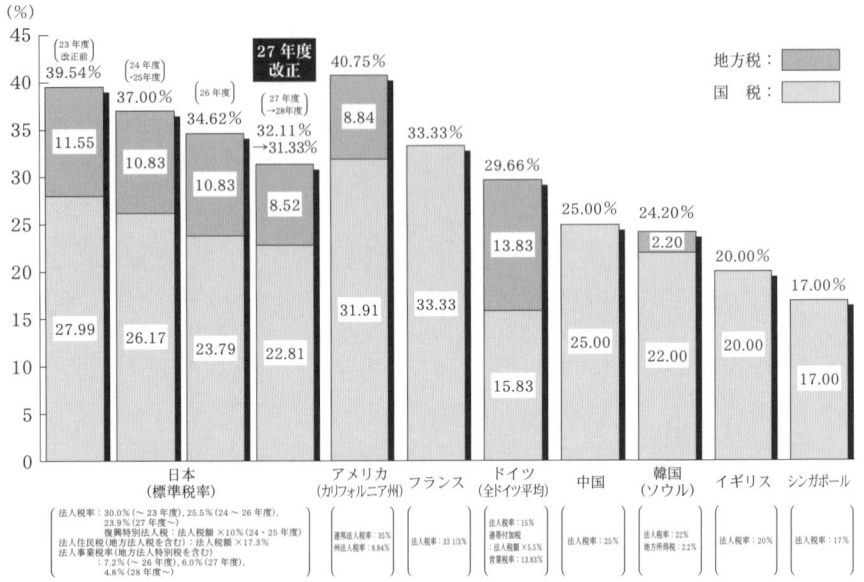

出所）財務省

表 3－4 法人実効税率の計算例

東京都	法人実効税率(外形標準課税適用法人の例)
改正前	$\dfrac{30\% \times (1+20.7\%) + 3.26\% + 2.9\% \times 148\%}{1 + 3.26\% + 2.9\% \times 148\%} = 40.689\% \Rightarrow 40.69\%$ (法人税率)　(住民税率)　(事業税超過税率)(事業税標準税率)(地方法人特別税率) (事業税超過税率)(事業税標準税率)(地方法人特別税率)
平成 23 年 12 月改正	$\dfrac{25.5\% \times (1+20.7\%) + 3.26\% + 2.9\% \times 148\%}{1 + 3.26\% + 2.9\% \times 148\%} = 35.639\% \Rightarrow 35.64\%$
平成 27 年 4 月改正	$\dfrac{23.9\% \times (1+4.4\% + 16.3\%) + 152.6\% \times 1.9\% + 2.26\%}{1 + 152.6\% \times 1.9\% + 2.26\%} = 32.33\%$ (法人税率)　(地方法人税率)　(住民税超過税率)(地方法人特別税率)(事業税標準税率)(事業税超過税率) (地方法人特別税率)(事業税標準税率)(事業税超過税率)

東京都の場合は標準税率ではなく超過税率を使っているが、超過税率を使っている都道府県は多い。表 12－9 参照

注）平成 28 年 4 月 1 日以後の標準法人実効税率は次の式を使う（住民税標準税率＝12.9%で計算すると 31.33%になる）．

$$\dfrac{\text{法人税率} \times (1+\text{地方法人税率}+\text{住民税標準税率}) + \text{地方法人特別税率} \times \text{事業税標準税率} + \text{事業税標準税率}}{1+\text{地方法人税率} \times \text{事業税標準税率} + \text{事業標準税率}}$$

出所）財務省

税を合わせて5.05％（東京都）下がり，平成22年後の40.69％（東京都）が平成24年度に35.64％となった．5.05％の内訳は，法人税分が4.18％，法人住民税分（東京都）が0.87％である．なお，平成24年度以降の2年間は法人税額の10％の復興特別法人税が課された．また図3－1と表3－4に見られるように平成27年4月に法人税が改正されたが，これについては第10章で説明する．

　法人税の国際比較をする場合には，国税と地方税を合わせた実効税率で比較する必要がある．高い実効税率は，企業の活力を奪い企業が法人税の低い国に移動するといった産業の空洞化を助長する要因になると考えられている．このため，我が国では，平成23年度税制改正において，法人税率を他の先進諸国並みの35％程度に引き下げた．しかし，最近ではヨーロッパを中心に法人税率をさらに引き下げる動きが広がっている．ドイツは平成20年に38.9％から29％台になり，フランスも今後3年間で20％台への引き下げを検討している．他のアジア諸国では，インドネシア28％，台湾・ベトナム・マレーシアが25％，シンガポールが18％，香港16.5％となっており，実効税率は20％台が主流になってきている．各国が法人税率の引き下げに動いているのは，グローバル化の進展で企業が税負担の軽い国に拠点を移す傾向が広がっているためである．このことから，政府は日本企業の国際競争力向上や海外企業誘致のため，20％台を目標に今後も実効税率を段階的に引き下げていく方針を打ち出している．

3．地方法人特別税・地方法人特別譲与税

　地方法人特別税は，国税であり，法人事業税と合わせて申告・納付をし，都道府県が国に払い込むことになっている．都道府県から国に払い込まれた地方法人特別税の税収は，地方法人特別譲与税として都道府県に譲与される．なお，各法人の法人事業税と地方法人特別税とを合わせた税負担は従来と変わっていない．

　この地方法人特別税及び地方法人特別譲与税は，平成20年度地方税制改正に伴い，地域間の財政力格差の縮小を目的として，消費税を含む税体系の抜本的改革が行われるまでの暫定的措置として，法人事業税の一部を分離し創設された．その経緯は，地域経済の格差の要因があげられる．つまり，大企業が多い都市部

では，法人住民税・法人事業税の税収が多いことに対し，大企業が少ない地方では，法人住民税・法人事業税の税収が少ないという格差である．

4．相続税・贈与税

相続税や贈与税は，偶発的な原因による財産の不労所得に担税力を見出して負担を求めるということと，累進税率を適用することにより富の過度の集中を抑制し所得の再分配機能に留意し，適正・公平な課税を目指すという社会的な機能の意義もある．

相続税は，相続，遺贈（遺言による贈与）又は死因贈与（贈与者の死亡により効力を生じる贈与）により財産を取得したものに対して，その財産の取得時における時価を課税価格として課される税であるが，死亡者数に対する課税件数の割合が4％程度と少なく，国民の大半は非課税となっている．このことから課税対象を拡大するために，平成25年度税制改正では，平成27年度より，相続財産のうち6億円を超える部分に新たに55％の最高税率を設定し，現在の6段階から8段階となった．この結果相続税の最高税率は世界で最も高くなった．尚，オーストラリア・カナダ・シンガポール・スウェーデン等のように相続税が無い国もあり，日本の富裕層が国境を越え永住する人が増加している．また，基礎控除は現行から4割縮小の3,000万円＋600万円×法定相続人となった．なお，現行の相続税の仕組みや計算の仕方は，第9章で説明する．

贈与税は，原則として，個人間における贈与により取得したすべての財産を課税の対象として賦課される税である．また，それ以外にも実質的に本来の贈与と同様の経済的利益を伴うものについては，贈与があったものとみなして課税される場合がある．贈与税は，相続課税の存在を前提に，生前贈与による相続課税の回避を防止するという意味で，相続課税を補完するという役割を果たしている．

贈与税率は，平成15年1月1日から遺産額に応じて，最高税率が70％から10％の13段階の超過累進税率から50％から10％の6段階になり，平成27年1月1日より10％〜55％の8段階となった．平成25年度税制改正では，これまで子への贈与が対象だったが，孫まで対象を広げ，制度を利用できる贈与側の人

の年齢も従来の65歳から60歳に引き下げる．また，祖父母から孫への教育資金について上限1,500万円をめどに非課税とする制度を設ける方針を盛り込んだ．現在の贈与税の仕組みや計算の仕方は，第9章で説明する．

5. 地価税

地価税は，地価税法（平成3年法律第69号）に基づき，一定の土地等を有する個人及び法人を納税義務者として課される税金である．

バブル経済の時期に地価が急騰したことから，土地の保有コストに対する意識を高めることと，土地の有効利用を促進して地価の高騰を抑えるという土地対策上の要請から，平成3年の土地税制改革において地価税が創設され，平成4年1月1日から実施された．地価税の税収は，平成4年度の決算において5,201億円，平成5年度において6,053億円となったものの，その後，長期にわたる地価の下落や土地取引の不調などの状況から，平成10年度の課税時期から臨時的措置として当分の間地価税の課税が停止されている．当初，地価税の廃止も検討されていたが，地価の再騰貴の予防手段としての意義と再び新税を作るのに時間がかかるということから停止という形をとった．

(2) 間接税

間接税とは，法律上の納税義務者が税を財やサービスに上乗せすることによりその税金を負担せず，最終的な購入者が担税者となることを立法者が予定している租税をいう．従来，我が国の間接税は，個人消費が基本となっており，個人の財やサービスの特性に応じて課税方法が定められていた．しかし，平成元年度に物品税が廃止されるとともに，財やサービス全般に広く薄く課税される消費税が創設され，間接税体系が大きく変化した．表3-2の分類により，間接税の項目の内容について説明する．

1. 消費税

消費税は，事業者に負担を求めるのではなく，税金分は事業者の販売する商品

やサービスの価格に含めて次々と転売され，最終的には商品を購入しサービスの提供を受ける消費者に負担を求める税である．この際，税が生産や流通の各段階で二重，三重に賦課されることがないように，売り上げに係る消費税額から仕入に係る消費税額を控除し，税が累積しないような仕組みになっている．これらについては，第11章で説明する．

消費税は，昭和63年12月に竹下内閣の税制改革において「高齢化社会を展望し，時代の流れを踏まえた公平，中立，簡素を基本理念とし，社会共通の便益を賄うための負担はできるだけ国民が広く分かち合うことが望ましい」（政府税調）という観点から国会で成立した．そして，平成元年4月から消費税3％という形で実施された．以後，消費税は，さまざまな問題を抱えつつも国民生活の中に定着してきたが，平成6年11月に税制改革関連法案が成立し，平成9年4月1日から5％，平成26年4月1日から8％に引き上げられ，平成29年4月1日から10％になる予定である．

消費税は，国税収入の約3割を占めるが，平成26年度予算より社会保障・税一体改革により，消費税率引上げによる増収分を含む消費税収（国・地方，現行

図3－2 消費税の使途

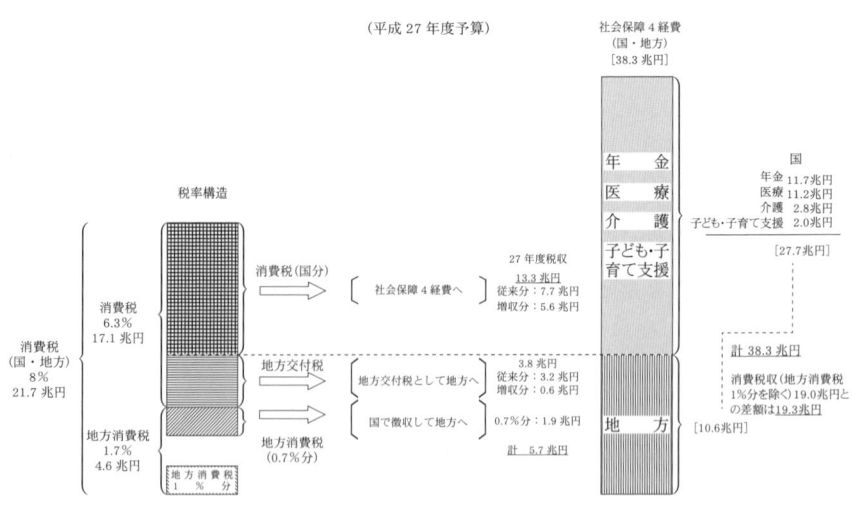

（平成27年度予算）

出所）財務省

第3章 歳入論

図3-3 付加価値税の国際比較

(2015年1月現在)

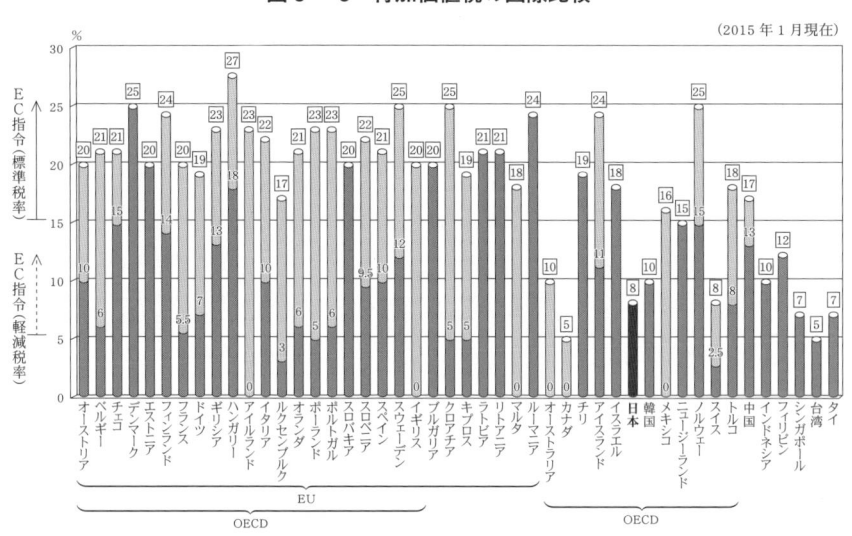

注）1. 日本の消費税率8％のうち、1.7％相当は地方消費税（地方税）である。
　　2. カナダにおいては、連邦の財貨・サービス税（付加価値税）の他に、ほとんどの州で州の付加価値税等が課される（例：オンタリオ州8％）。
　　3. アメリカは、州、郡、市により小売売上税が課されている（例：ニューヨーク州及びニューヨーク市の合計8.875％）。
　　4. 上記中、■が食料品に係る適用税率である。なお、軽減税率が適用される食料品の範囲は各国ごとに異なり、食料品によっては上記以外の取扱いとなる場合がある（中国、韓国、インドネシアは、一部の食料品について非課税となる場合あり）。
　　5. EC指令においては、ゼロ税率及び5％未満の軽減税率は否定する考え方が採られている。
出所）江島一彦『図説 日本の税制（平成27年度版）』財経詳報社 2015年

表3-5 付加価値税における非課税税率構造の国際比較（2015年1月現在）

		日本	イギリス	ドイツ	フランス
非課税		土地の譲渡・賃貸、住宅の賃貸、金融・保険、医療、教育、福祉等	土地の譲渡・賃貸、建物の譲渡・賃貸、金融・保険、医療、教育、郵便、福祉等	不動産取引、不動産賃貸、金融・保険、医療、教育、郵便等	不動産取引、不動産賃貸、金融・保険、医療、教育、郵便等
税率	標準税率	8％（地方消費税を含む）	20％	19％	20％
	ゼロ税率	なし	食料品、水道水、新聞、雑誌、書籍、国内旅客輸送、医薬品、住宅の建築、障害者用機器等	なし	なし
	軽減税率	なし	家庭用燃料及び電力等…5％	食料品、水道水、新聞、雑誌、書籍、旅客輸送、宿泊施設の利用等…7％	旅客輸送、肥料、宿泊施設の利用、外食サービス等…10％　書籍、食料品等…5.5％　新聞、雑誌、医薬品等…2.1％
	割増税率	なし	なし	なし	なし

出所）財務省

の地方消費税を除く）は，全て社会保障財源化された．しかし，平成27年度の消費税が社会保障4経費に配分されるのは27.7兆円であるので，10.6兆円不足していることになる．消費税は平成29年4月1日に10％に上る予定であるが，これでも社会保障4経費を全額賄うことはできない．

　消費税は低所得者層には不利に働くので，低所得者層の税負担を和らげるために，平成25年度税制改正大綱では「消費税率の10％引き上げ時に，軽減税率制度を導入することを目指す」と明記され，平成26年12月に酒類と外食を除く生鮮食品と加工食品を8％にすることで自民・公明の両党が合意した．なお，図3-3において付加価値税の国際比較，表3-5で付加価値税における非課税と税率構造の国際比較が表されている．

2. 酒　　税

　酒税は，酒類の消費に着目して負担を求める間接税である．その税率は，数量による従量課税方式を採用している．酒類は，最も代表的な嗜好品であるため，各国において古くから高い税負担が求められてきた．我が国で初めて酒に税をかけたのは，室町時代の足利義満といわれている．明治元年（1868）には，酒税が「酒造法」として制定され酒造石数により税金が徴収されていた．酒税は，明治・大正・昭和初期には間接税収入の第1位を占めていた（明治32（1899）年度には租税収入構成比の中で1位になった）が，現在では国税収入の2％台となっている．

　酒税の課税対象は，アルコール分を1度以上含んでいる飲料である．平成18年度の税制改正では，酒税の分類を従来の10種類から，酒類をその製法や原材料・アルコール度数等により，①発泡性酒類（ビールや発泡酒等），②醸造酒類（清酒やワインなどの果実酒等），③蒸留酒類（焼酎やウイスキー等），④混成酒類（リキュールやみりん等）の4種類に分けられた．税率は，酒類，品目，アルコール度数に応じて1kℓ当たりいくらという重量税になっている．例えば，発泡酒は，麦芽比率が50％以上（ビール）の場合は1kℓ当たり22万円，麦芽比率が25～50％未満の場合は1kℓ当たり17万8,125円，麦芽比率が25％未

満の場合は13万4,250円,その他の発泡性酒類の場合は1kℓ当たり8万円の税率となっている.つまり,ビール350mℓ(希望小売価格が218円)当たりの税額は77円で,消費税17.4円を足すと94.4円となり,税負担率は43.3%になる.清酒は,1kℓ当たり12万円の税率,果実酒は,1kℓ当たり8万円の税率で計算すると,清酒1.8ℓ当たりの税額は216円,ワイン720mℓ当たりの税額は57.6円である.ドイツやイタリアは,ワインの酒税は無税であり,フランスのビールは,1kℓにつきアルコール1度毎に2.8度以下は3.6ユーロ(486円)2.8度超7.2ユーロ(972円)なので,日本の酒税は高いといえる(1ユーロ=135円).

3.たばこ税

たばこ税は,紙巻たばこ等の製造たばこに対して課される税金をいい,たばこの納税義務者は,製造たばこの製造者及び製造たばこの保税地域からの引取者である.昭和30(1955)年頃たばこは,専売納付金として政府収入の約10%を占めていたが,昭和60(1985)年に日本専売公社から日本たばこ産業株式会社(JT)に民営化されたのに伴い,「たばこ消費税」として創設された.その後,平成元年度の消費税の導入に伴い「たばこ税」に改められた.たばこの納税義務者は,製造たばこの製造者及び製造たばこの保税地域からの引取者である.

たばこの価格には,国たばこ税,地方たばこ税,たばこ特別税,消費税の4種類の税金が含まれている.平成22年10月1日から税率は,1,000本につき国税3,552円から5,302円,地方税4,372円(道府県税1,074円,市町村税3,298円)から6,122円(道府県税860円,市町村税5,262円),たばこ特別税820円と合計7,924円から1万2,244円に引き上げられた.これを1箱430円とした場合,国たばこ税106.04円(24.66%),地方たばこ税122.44円(28.47%),たばこ特別税16.40円(3.81%),消費税31.85円(7.40%)となり,たばこの税負担の合計は276.73円(64.34%)になる.我が国の商品のなかでは6割超という最も重い税負担率となっているが,イギリスのたばこは1箱(20本)1,379円で税率が74.3%,フランスは1箱877円で税率は81.4%,アメリカ(ニューヨーク市)は,1箱当たり1,270円で税率が62.1%となっている(1ドル=100円).

たばこ税については，国民の健康の観点から，たばこの消費を抑制するために，将来に向けて税率を引き上げていく方向にある．また，平成17年7月より「喫煙は，あなたにとって肺がんの原因の一つとなります．医学的統計によると，喫煙者は肺がんにより死亡する危険性が非喫煙者に比べて約2倍から4倍高くなります」「妊娠中の喫煙は，胎児の発育障害や早産の原因の一つとなります」「喫煙は，あなたにとって脳卒中の危険性を高めます」等のように健康への危険性を具体的に示すことが義務づけられた．

4. 関　　税

関税は，一般に輸入品に課せられる税金として定義されている．関税には，国の財政収入を主たる目的とする財政関税と国内産業の保護を主な目的とする保護関税がある．過去においては，関税は，国の財源として重要な地位を占めていた時期もあったが，現在ほとんどの国の関税は保護関税になっている．納税義務者は，原則として輸入業者である．課税の仕組みは，輸入貨物の価格を標準とする従価税方式，輸入貨物の数量を標準とする従量税方式，さらにその双方を併用する従価従量併用税方式，いずれか高い方又は低い方を選択する従価従量選択税方式がある．課税価格は，その貨物の輸入取引における実際の取引価格を基礎として運賃，保険料を加算した金額で，必ずしも送り状に記載された価格が基準になるとは限らない．現在，具体的な課税価格の決定は，WTO（World Trade Organization：世界貿易機関）の評価協定に基づく国際的なルールに従って行われており，開発途上国に対する支援として優遇関税率（特恵税率）が適用されている．平成27年10月に環太平洋経済連携協定（TPP，参加国：日本・ベトナム・マレーシア・シンガポール・ブルネイ・オーストラリア・ニュージーランド・チリ・ペルー・メキシコ・アメリカ・カナダの12ヵ国）が大筋合意し，世界最大の自由貿易圏（世界のGDPの約4割）が誕生する．TPPが発効すれば，日本が輸入する工業製品の99.9％，農産品の81％の関税が最終的に撤廃される．

5. 印 紙 税

　印紙税は，流通取引に関連して作成された文書に対して課される税金である．例えば，不動産の譲渡契約書等の各種契約書の領収書，預金通帳，約束手形，為替手形，株券，社債券等の経済取引に伴い作成される文書である．納税者は，課税文書の作成者である．印紙税の納付は，印紙を貼りつけることによって行われるが，納税方法の簡素化のため現金納付することもできる．税率は，課税文書の種類に応じて定められており，文書に記載された金額の多寡による階級別定額税率によるものや，文書1通ごとの定額税率などによるものがある．例えば，預金通帳は1通につき200円の定額税率であり，不動産の譲渡契約書では記載金額が1万円以下のものは非課税，10万円以下のものは200円，50万円以下は400円，50億円を超えるものは60万円というように，12の階級定額税率となっている．

(3) 道路特定財源の廃止と自動車課税

　道路特定財源は，戦後の日本の経済成長を促すための道路整備費の財源確保を目的として，昭和28（1953）年に制定された「道路整備費の財源等に関する臨時措置法」によって，翌年の29年に揮発油税が道路整備のための特定財源として徴収されるようになった．さらに昭和30年には地方道路譲与税，昭和31年には軽油取引税（地方税）が創設された．昭和33年には「道路整備費の財源等に関する臨時措置法」を廃止し，「道路整備緊急措置法」を制定し，「道路整備特別会計」を設置した．そして，昭和41年には石油ガス税・石油ガス譲与税，昭和43年自動車取得税（地方税），昭和46年には自動車重量税・自動車重量譲与税を創設した．昭和48年に起こった第1次オイルショックによって，石油の世界的な供給が減少する中で，揮発油税の税収が減り道路整備の財源が減るということから，昭和48年には石油ガス税・石油ガス譲与税以外の税に対して，本則の税率に加え上乗せの税率（いわゆる暫定税率）が適用され，30年以上に亘って続いた．

　しかし，我が国の道路はほぼ整備され，道路特定財源を使わなくてもその他の

無駄を排除すれば，道路は作ることができるということから，平成21年度には「地方税等の一部を改正する法律」，「道路整備事業に係わる国の財政上の特例に関する法律等の一部を改正する法律」（道路改正法）が公布・施行され，道路整備の目的に使途が制限された税源は，国税においても地方税においても廃止され，道路特定財源は一般財源化されたことに伴い，地方道路税が地方揮発油税に改められた．

1．揮発油税及び地方揮発油税

揮発油税及び地方揮発油税は，揮発油すなわち自動車用ガソリンに課税されるものである．納税義務者は，揮発油の製造者及び揮発油を保税地域から引き取る者であり，税率は1kℓにつき揮発油税4万8,600円，地方揮発油税5,200円，合わせて5万3,800円の従量税になっている（地方への譲与の基準は第6章地方譲与税参照）．これを1ℓ当たり130円とした場合，揮発油税48.6円，地方揮発油税5.2円，消費税6.5円となり，税金の合計は60.3円になり，税負担は46.38％となる．

2．石油ガス税

石油ガス税は，自動車用に使用される石油ガス（LPG）に対して課される税金である．税収の2分の1は国の一般財源で，残りの2分の1は都道府県及び指定都市の一般財源として譲与される．納税義務者は，石油ガスを自動車の石油容器に充填する者（石油ガススタンドの経営者等）及び自動車の容器に充填された石油ガスを保税地域から引き取る者であり，税率は石油ガス1kg当たり17円50銭の従量税である．

3．自動車重量税

自動車重量税は，道路運送車両法による車検を受ける自動車と，同法による使用の届出をする軽自動車に課される税金である．税率は，車検の有効期間や自動車の重量等によって定められている．例えば，2年自家用車の場合電気自動車，

プラグインハイブリッド自動車，ハイブリッド自動車，天然ガス自動車などのエコカーは車両重量 0.5t ごとに年 2,500 円，13 年未満の自家用車は同 4,100 円，18 年経過自動車は同 6,300 円などとなっている．ただし，エコカーの新車の場合，平成 24 年 5 月 1 日から 29 年 4 月 30 日までの間は最初の車検に限り免税となっており，2 回目の車検の車は，50％の減税税率が適用される．また，一定の排ガス性能・燃料性能を備えた自動車（平成 21 年度排出ガス規制に適合するなど）については，同期間 75％と 50％の軽減税率が適用される．

(4) とん税及び特別とん税

とん税及び特別とん税は，日本の港に入港する外国の船に対して課される税金である．税率は，港への入港ごとに純トン数 1 トン当たりとん税 16 円，特別とん税 20 円が徴収される．特別とん税は，国が徴収するが地方譲与税として全額港湾所在地の地方自治体の財源として譲渡され，使途に制限がない．納税義務者は，船長又は運航者であり，海難その他やむを得ない理由による入港の場合は非課税となる．

(5) 特定財源税

第 2 章の予算原則で説明したように，予算は，特定の歳入を特定の歳出項目に結び付けることを禁止している．しかし，我が国の場合税収の一部又は全部が，特定の財政支出に向けられるものがあり，これらの税目を特定財源税と呼んでいるので，これらについて説明していくことにする．

1. 航空機燃料税

航空機燃料税は，航空機に積み込まれる航空機燃料に対して課される税金である．形式的には，税収の 9 分の 7 が国の一般財源であるが，空港整備特別会計法に基づき国の空港整備費に充てられ，残りの 9 分の 2 は，空港関係市町村及び空港関係都道府県の空港対策費として譲与される．納税義務者は，航空会社の経営者又は航空機の使用者であり，税率は，1kℓ 当たり 2 万 6,000 円（平成 23

年度から28年度は1万8,000円）の従量税になっている．ただし，沖縄路線航空機は1万3,000円/kℓ（ただし平成23年度から平成28年度は9,000円）．特定離島路線航空機は1万9,500円/kℓ（ただし平成23年度から平成28年度は1万3,500円）である．

2．石油石炭税

石油石炭税は，原油の採取場から移出する原油，ガス状炭化水素又は石炭及び保税地域から引き取る原油もしくは石油製品，ガス状炭化水素又は石炭に対して課される税金である．従来，石油税と呼ばれていたが，平成15年度税制改正において，平成15年1月1日より「石油石炭税」に改称され，10月1日以降新たに石炭に対しても課税されるようになった．形式的に国の一般財源であるが，税収は燃料安定供給対策及びエネルギー需給構造高度化対策に充てられる．なお，平成24年10月1日より「地球温暖化対策のための課税の特例」として，二酸

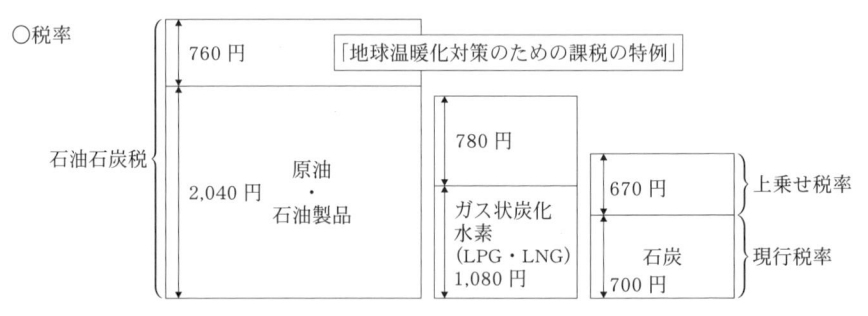

表3－6　地球温暖化対策のための課税の特例

○税率

石油石炭税：
- 原油・石油製品：2,040円（うち760円が「地球温暖化対策のための課税の特例」上乗せ税率）
- ガス状炭化水素（LPG・LNG）：1,080円（うち780円が上乗せ税率）
- 石炭：700円（うち670円が上乗せ税率）

現行税率／上乗せ税率

○段階的実施

課税物件	～平成24年9月30日	平成24年10月1日～	平成26年4月1日～	平成28年4月1日～
原油・石油製品 [1kℓにつき]	(2,040円)	＋250円 (2,290円)	＋250円 (2,540円)	＋260円 (2,800円)
ガス状炭化水素 [1tにつき]	(1,080円)	＋260円 (1,340円)	＋260円 (1,600円)	＋260円 (1,860円)
石炭 [1tにつき]	(700円)	＋220円 (920円)	＋220円 (1,140円)	＋230円 (1,370円)

注）（　）は石油石炭税の税率．
出所）財務省

化炭素排出量に応じた税率が段階的に上乗せされることとなった．平成 28 年 4 月から適用される引き上げ後の税率は，原油及び輸入石油製品は 1kℓ 当たり 2,800 円，天然ガス及び石油ガス等は 1t 当たり 1,860 円，石炭は 1t 当たり 1,370 円の従量税率となっている．

3. 電源開発促進税

電源開発促進税は，一般電気事業者（いわゆる電気会社）が需要に応じて供給した電気及び一般電気事業者が自ら使用した電気（これらを販売電気という）に課される税金である．税収は，電源立地対策及び電源利用対策及び原子力安全規制対策に充てられる．納税義務者は，一般電気事業者であり，税率は，販売電気 1,000kw 時当たり 375 円である．

4. たばこ特別税

たばこ特別税は，「一般会計における債務の承継等に伴い必要な財源の確保に係る特別措置に関する法律」（平成 10 年法律第 137 号）に基づき，製造たばこに対して課される税金である．従来，旧国鉄の長期債務，国有林野の累積債務問題が，大きな懸案となっていた．昭和 62（1987）年 4 月の国鉄清算事業団発足の時点において残り総額約 25 兆 5,000 億円であった債務が，平成 10（1998）年度期首において約 27 兆 8,000 億円に増加することが見込まれ，国有林野事業の債務が約 3 兆 8,000 億円に達した．さらに，今後の収入の増加が見込まれないという極めて深刻な財務状態となっていた．そこで，政府は，旧国鉄の長期債務，国有林野の累積債務の抜本的解決に取り組むことになった．平成 9（1997）年 12 月に「国鉄長期債務のための具体的方策及び国有林野の抜本的改革について」が閣議決定された．その内訳は，旧国鉄の有利子債務の利払費については，① 資金運用部資金・簡易生命特別会計からの借入金，引受債の繰上償還により金利負担を軽減した上で，② 郵便貯金特別会計からの特別繰入れ，③ たばこ特別税の財源を充てることにした．国有林野累積債務については，返済不能債務の利払費については，繰上償還により金利負担を軽減した上で，一般会計国債費（農林水

産省予算の負担により確保)とたばこ特別税により手当てすることにした.これによって平成 10 年 12 月 1 日より,1,000 本当たり 820 円のたばこ特別税が創設された.納税義務者については,たばこ税と同様である.

参考文献

速水昇・小田幹夫編著『公共部門の経済活動と租税』学文社　2007 年
速水昇・和田尚久・水野惠子編『公共経済と租税』学文社　2010 年
青木一郎・和田佐英子・奥村正郎編著『政府の経済活動と租税法』学文社　2013 年
江島一彦編著『図解　日本の税制(平成 27 年度版)』財経詳報社　2015 年
財務省主計局『租税及び印紙収入の説明(平成 27 年度)』2015 年 1 月
財務省主計局・理財局『平成 27 年度予算及び財政投融資計画の説明』2015 年 1 月
財務省財務総合政策研究所編『財政金融統計月報』「平成 27 年度予算特集」ワープ
　　2015 年
財務省ホームページ (http://www.mof.go.jp/)

第4章
歳出論

第1節　歳出の意義

(1) 歳出の定義

　政府は，第1章で説明したように，資源の最適配分，所得の再分配，経済の安定化等の機能を果たしている．これらの機能を果たすために，中央政府（国）と地方政府（自治体）は，密接に関係しながらさまざまな活動を行っている．これらの政府部門の活動を行うために，当然のことながら多くの資金を支出している．政府の支出は一会計年度を単位として行われるので，歳出と呼ぶ．法的には，歳出は財政法第2条第1項において「支出とは，国の各般の需要を満たすための現金の支払い」であり，第4項において「歳出とは一会計年度における一切の支出をいう」と規定されている．

　歳出も歳入と同様予算によって管理されるが，両者の予算との関係は異なる部分がある．歳入の中心を占める税収は，法によって定められた税制が実際の社会・経済に適用され，その時々の経済状況により，税収は予算とかなり異ならざるを得ない．例えば2008年（平成20年）のいわゆるリーマンショックによって生じた世界不況は，その時期，規模等を事前に把握するのは不可能である．それゆえ，歳入は決算が予算から増減しても止むを得ない部分があるが，歳出はそうはいかない．

　歳出は，政府の意思によりその実行を定めることができる．それで，歳出は予算に定められた金額の範囲内で支出することが財政法第31，34条で義務づけられている．また，予算原則として，第2章で説明したように，予算の各項目によって定められている目的以外の使用は禁止されている（財政法第32条）．これらは個別性の原則といわれるものであり，このような規定がなければ，予算を編成する意義は失われるといっても過言ではない．

　反面，予定しない支出が必要となる場合，補正予算を組んで追加の支出を行うことがある．先に挙げたリーマンショックによる不況に対処するために多額の追加支出を行うための補正予算が組まれた．また，東日本大震災の時にはその復旧のために補正予算が組まれた．歳出は，政府の行動そのものでもあるため，予算

による規律が厳しく保たれねばならないが，同時に必要が生じれば機動的に対応することが求められるのである．

(2) 歳出と政策

　政府あるいは政権が標榜する政策の真剣さは，政権の言葉よりも，歳出額の変化に良く表される．それゆえ最近の選挙では，「マニフェスト」と称して，今までの「公約」ではなく，歳出額や給付額を，ある程度時期を示して発表することが増えているので，約束を守ったか否か国民一般に分かり易くなる．例えば，2012 年の選挙で民主党が大敗したのは，「マニフェスト」の実行に乏しかったからといわれている

　中央政府（国）の歳出は，その時々の国民全般の必要を満たすことを目的として行われる．時代により，国民の必要は変わる．1972（昭和 47）年までの高度成長期では，産業・生活の基盤となる社会資本の整備が重要であった．道路建設等が重要な歳出項目になるのである．また，経済成長が続き日本が先進国化していけば，独自の技術開発が課題となってくる．IT 関連の技術開発への補助・支援が歳出項目となってくる．

　1973（昭和 48）年に起きた第一次オイルショックは，4 倍にものぼる原油価格の大幅高騰により，世界的に大幅な物価高騰と失業の増大というスタグフレーションをもたらした．この時期から政府による財政赤字を伴う景気刺激策が行われている．

　1980 年代後半に生じたいわゆるバブル経済は，継続的金利の低下による土地や株式等の資産価格の継続的高騰が，金利低下の効果を越えて続いたのがその中身であった．地価の急激な高騰に対する政府の引き締め政策が契機となってバブル経済は崩壊した．すなわち，実勢価格を越えた資産価格が元に戻ったのであるが，その過程で長期的で深刻な不況をもたらした．この対策としての金融政策・財政政策は，非常に低水準の金利と膨大な財政赤字蓄積をもたらし，現在に至る重大な問題となっている．

　現在の日本は，少子化と長寿化により，大変な高齢化社会になっている．高齢

化は，本章で扱う「社会保障関係費」の大幅増大をもたらした．高齢者向けの年金・高齢者医療の支出は大幅に増えたが，少子化対策関係の支出は制約されていた．そこで平成18 (2006) 年に児童手当が小学校3年から小学校6年まで引き上げられ，平成20年から中学3年まで引き上げられたことは，まさに歳出は，国家政策の傾向を表しているのである．

国の政策実行に必要な経費を新たに借金に頼らず税収などの基本的な歳入でどの程度賄えるかを示す指標をプライマリーバランス（基礎的財政収支）と呼んでおり，財政の健全化を示している．これは，歳入から新規国債発行の借金を除き，歳出から新規国債発行の借金を除き，歳出からは借金の返済や利払い費の国債費を差し引いて計算する（これは国債費マイナス国債の新規発行に等しい）．黒字化すれば債務残高の削減につながるが，赤字ならば債務残高は増加する．政府は国際公約として，平成32年度までに国と地方の基礎的財政収支を黒字化すると公約したが，内閣府の「経済財政の中期試算」（平成25年8月）では消費税率が10％まで引き上げられても，基礎的財政収支の黒字化達成は困難であるとの試算を示している．このことから，無駄な歳出の見直しが行われているが，歳出の削減は景気を悪化させる要因ともなるので，歳出の削減は難しい状況にある．

(3) 歳出の分類

平成27年度の日本における一般会計歳出の当初予算は，約96兆円である．家計（個人）や企業といった他の経済主体に比べて，1年間の収支の規模は，正に桁違いに大きい．当然内容も多様であり，複雑多岐にわたる内容を有する．歳出予算について，その公示機能を十分に発揮し，明瞭の原則に沿うためには，歳出を性格が共通する幾つかのグループに分類して示して，分かり易くする必要がある．現在，日本国家の歳出予算は，(1) 主要経費別，(2) 目的別，(3) 所管別の3つに分類されているので，これらについて説明する．

1. 主要経費別分類

主要経費別分類は，一般会計の歳出を重要施策別に分類したものである．その

年度の各施策への財政資金の配分状況を示している．新聞やテレビで報道される歳出予算は，通常は主要経費別分類によっている．この分類は，歳出の対象となる個人や企業の関心に沿ったものといえる．

　主要経費別歳出予算の推移は，表 4 − 1 に示す通りである．予算の各々の項目については，次節以降で説明する．予算項目毎の説明には，平成 27（2015）年度の当初予算を使用している．

2. 目的別分類

　目的別分類は，国民経済から徴収した財政資金を，いかなる目的で国民経済に還流させるかを示したものである．平成 27 年度の目的別分類は，① 国家機関費，② 地方財政費，③ 防衛関係費，④ 国土保全及び開発費，⑤ 産業経済費，⑥ 教育文化費，⑦ 社会保障関係費，⑧ 恩給費，⑨ 国債費，⑩ 予備費，⑪ その他の 11 項目から構成されている．主要経費別との類似性が高いので，各項目の説明は省略するが，国家機関費の計上が特徴的である．国家機関費は，① 皇室費，② 国会費，③ 選挙費，④ 司法，警察及び消防費，⑤ 外交費，⑥ 一般行政費，⑦ 徴税費，⑧ 貨幣製造費の 8 項目から構成されている．

3. 所管別分類

　所管別分類は，一般会計歳出の執行者（省庁等）別に分類したものである．平成 27 年度の所管別分類は，① 皇室費，② 国会，③ 裁判所，④ 会計検査院，⑤ 内閣，⑥ 内閣府，⑦ 総務省，⑧ 法務省，⑨ 外務省，⑩ 財務省，⑪ 文部科学省，⑫ 厚生労働省，⑬ 農林水産省，⑭ 経済産業省，⑮ 国土交通省，⑯ 環境省，⑰ 防衛省の 17 項目である．①〜④ は，一般の行政組織以外の機関である．⑤ 以降が内閣の下にある一般の行政機関である．歳出予算額が多いのは，地方交付税を所管する総務省，国債を所管する財務省，そして社会保障を所管する厚生労働省である．所管別分類は，歳出予算を出す（管理する）側からの分類である．

表4-1 主要経費別歳出予算（当初予算）

(億円)

主要経費別分類	平成7年度	構成比%	平成12年度	構成比%	平成17年度	構成比%	平成22年度	構成比%	平成27年度	構成比%	平成年度	構成比%
社会保障関係費	139,244	19.6	167,666	19.7	203,808	24.8	282,489	29.6	315,297	32.7		
文教及び科学振興費	60,765	8.6	65,222	7.7	57,235	7.0	60,513	6.3	53,613	5.6		
国債費	132,213	18.6	219,653	25.8	184,422	22.4	195,439	20.5	234,507	24.3		
恩給関係費	17,266	2.4	14,256	1.7	10,693	1.3	7,093	0.7	3,932	0.4		
地方交付税交付金	132,154	18.6	140,163	16.5	145,709	17.7	184,071	19.3	154,169	16.0		
地方特例交付金	—	—	9,140	1.1	15,180	1.8	3,832	0.4	1,189	0.1		
防衛関係費	47,236	6.7	49,358	5.8	48,564	5.9	46,696	4.9	49,801	5.2		
公共事業関係費	92,398	13.0	94,307	11.1	75,310	9.2	58,027	6.1	59,711	6.2		
経済協力費	10,351	1.5	9,842	1.2	7,404	0.9	7,457	0.8	5,064	0.5		
中小企業対策費	1,857	0.3	1,943	0.2	1,730	0.2	8,301	0.9	1,856	0.2		
エネルギー対策費	6,819	1.0	6,351	0.7	4,954	0.6	8,453	0.9	8,985	0.9		
食料安定供給関係費	2,723	0.4	2,239	0.3	6,755	0.8	11,218	1.2	10,417	1.1		
産業特別会計繰入等	12,817	1.8	1,595	0.2	710	0.1	—	—	—	—		
その他事項経費	50,534	7.1	59,634	7.0	52,167	6.3	72,348	7.6	61,379	6.4		
予備費	3,500	0.5	3,500	0.4	3,500	0.4	3,500	0.4	3,500	0.4		
合　計	709,871	100.0	849,871	100.0	821,829	100.0	953,123	100.0	963,420	100.0		

出所）財務省 財務総合政策研究所編『財政金融統計月報』各年度予算特集号
備考）平成12年度の合計は公共事業等予備費5,000億円を含む。
　　　平成22年度の合計は平成20年度決算不足補てん繰戻7,181億円を含むので、この年度のみ決算。

第2節　経常的歳出

　経常的歳出とは，主要経費別に分類した一般会計歳出の中で，中央政府（国）の活動とは直接には関わらない使途に充てられる支出で，国債費，地方交付税交付金，地方特例交付金の3つの項目である．かつては，「産業投資特別会計への繰入」が含まれていたが，「産業投資特別会計社会資本整備勘定」の廃止によって，平成20年度以降この経費は計上されていない．これは，廃止された歳出項目であり，主要経費別の項目に出入りがある例となっている．

　国債費，地方交付税交付金，地方特例交付金の3つの支出額合計は，平成27年度当初予算で一般会計歳出額の40％を超えている．景気対策等のために，今後とも国債への依存に頼らざるを得ないので，その元利払いである国債費も増大し，経常的歳出の比率は上昇傾向が続くであろう．歳出中，使途が決まっている経費の比率が高くなっていくことを，「財政の硬直化」という．政府がその政策遂行に使用できる資金が相対的に少なくなっていくことは，大きな問題である．以下，国債費，地方交付税交付金，地方特例交付金の3つの項目について説明する．

(1) 国　債　費

　国債費は国の借金（国債等）返済等のための費用で，社会保障関係費に次いで2番目に大きな割合を占める費用である．公債残高は，図4－1で見られるように平成27年度末で約807兆円にもおよぶ．また，表4－2に見られるように対GDP比でみても先進諸国の中で飛びぬけて大きい．

　借金の返済は，元本の返済と利子の支払いが必要であり，国債の残高が大きければ利子も多額となり，元本返済の負担も大きくなる．国債費は，(1) 債務償還，(2) 利子及割引料，(3) 国債事務取扱費，の3項目から構成され，その全てが「国債整理基金特別会計」に繰り入れられる．

図4－1　公債残高の累積

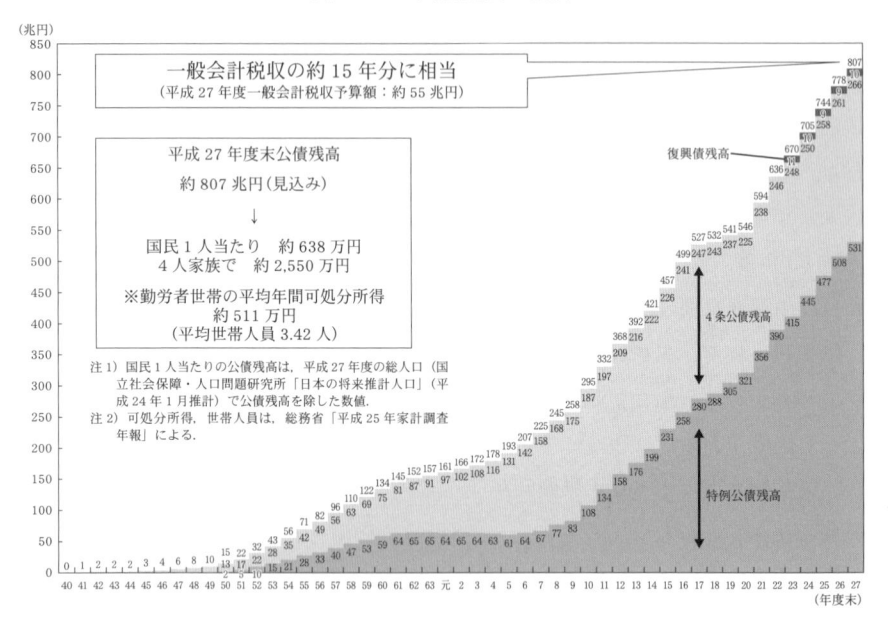

(兆円) 平成27年度末公債残高 約807兆円（見込み）
→ 国民1人当たり 約638万円
4人家族で 約2,550万円
※勤労者世帯の平均年間可処分所得 約511万円（平均世帯人員 3.42人）

一般会計税収の約15年分に相当
（平成27年度一般会計税収予算額：約55兆円）

注1）国民1人当たりの公債残高は，平成27年度の総人口（国立社会保障・人口問題研究所「日本の将来推計人口」（平成24年1月推計））で公債残高を除した数値。
注2）可処分所得，世帯人員は，総務省「平成25年家計調査年報」による。

注）1．公債残高は各年度の3月末現在額。ただし，平成26年度末は補正後予算案に基づく見込み，平成27年度末は予算に基づく見込み。
　　2．特例公債残高は，国鉄長期債務，国有林野累積債務等の一般会計承継による借換国債，臨時特別公債，減税特例公債及び年金特例公債を含む。
　　3．東日本大震災からの復興のために実施する施策に必要な財源として発行される復興債（平成23年度は一般会計において，平成24年度以降は東日本大震災復興特別会計において負担）を公債残高に含めている（平成23年度末：10.7兆円，平成24年度末：10.3兆円，平成25年度末：9.0兆円，平成26年度末：9.4兆円，平成27年度末：10.3兆円）。
　　4．平成27年度末の翌年度借換のための前倒債限度額を除いた見込額は775兆円程度。
出所）財務省

表4－2　債務残高の国際比較（対GDP比，％）

暦年	2008	2009	2010	2011	2012	2013	2014	2015
日　　本	171.1	188.7	193.3	209.5	216.5	224.2	230.0	233.8
米　　国	78.1	92.5	101.8	107.7	110.5	109.2	109.7	110.1
英　　国	55.2	69.0	77.9	92.3	95.7	93.3	95.9	97.6
ド イ ツ	67.9	75.3	84.0	83.4	86.1	81.4	79.0	75.8
フランス	81.6	93.2	96.9	100.8	110.5	110.4	114.1	117.4
イタリア	114.6	127.2	125.9	119.4	137.0	144.0	146.9	149.2
カ ナ ダ	74.7	87.4	89.5	93.1	95.5	92.9	93.9	94.3

出所）財務省財務総合政策研究所編『財政金融統計月報』757号

1. 債務償還費

　債務償還費は，国債費の中で約55％の経費となっており，借金（国債）の返済という性格を有している．この経費は1.公債等償還，2.借入金償還から構成されており，公債等償還は① 定率繰入分，② 発行差減額繰入分，③ 社会資本整備事業会計受入金等相当額繰入分，④ 減税特例公債償還分，⑤ 年金特例公債償還分，⑥ 予算繰り入れ分から構成されている．2.借入金償還は，① 定率繰入分と，② 予算繰入分から構成されている．

　これらの内，最も額が大きいのは，公債等償還に含まれる ① 定率繰入分で，債務償還費の約90％を占めている．定率繰入というのは，前年度首（前の年度の最初）の公債の100分の1.6に相当する額のことである．国債は60年償還ルールが適用されている．例えば10年債の場合は，10年で償還するが，この内訳は6分の1を現金で，6分の5を借換債で償還することになっている．すなわち，60年のうちの1年分（1÷60＝0.016）を，定率繰入として計上しているのである．

　割引国債は，利子に相当する額を国債の額面から差し引いて発行される．例えば額面100円の国債を99円で発行し，償還時（償還期間は3～5年）に100円を受け取るのである．この割引国債の額面との差額の償還期間1年当たりに相当する額が ② 発行差減額繰入分である．性格としては利子であるが，償還時までに額面の不足分を繰り入れておく形である．

　③ 社会資本整備事業会計受入金等相当額繰入分は，日本電信電話株式会社の株式売却に関わる同会計からの受入れ額相当額である．⑤ 年金特例公債償却分は，平成24・25年度における基礎年金の国庫負担の追加に伴う費用の財源に充てるために発行された年金特例国債の償還額である．

　なお，財政法第6条では，「各会計年度で決算時に余剰が生じた場合，その半分以上を剰余金が生じた年度の翌々年度までに，公債等の償還財源に充てなければならない」と規定されている．

2. 利子及割引料

　利子及割引料はその名の通り利子の支払いに必要な経費であり，国債費の約44.8％を占めている．この費用は，(1) 公債利子等，(2) 年金特例公債利子，(3) 借入金利子，(4) 財務省証券利子から構成されているが，借入金や短期の財務省証券による部分は約4％で大部分が公債の利払いである．利子及割引料は10兆1,151億円で平成27年度一般会計予算の10.5％を占めている．一般会計予算の1割が利払いに充てられるということは，あらかじめ使途が決まっている部分が大きいということで，債務償還費と合わせて，財政の硬直化の大きな要因となっていることを示している．

3. 国債事務取扱費

　国債事務取扱費は，国債の事務処理に必要な手数料及び事務費であり，平成27年度は320億円が計上されており，国債費に占める割合は約0.13％と少ない．

(2) 地方交付税交付金

　地方交付税交付金は，地方公共団体間の財政力の格差を是正し，地方公共団体に一定水準の行政を保障するために，「交付税及び譲与税配布金特別会計」を通じて地方公共団体に交付される財政補給金である．それぞれの地方公共団体が受け取るべき交付税額は「基準財政需要額」から「基準財政収入」を差し引いた額として定義される「交付基準額」に基づいて決定される．「基準財政需要額」は地方交付税法第11条によって規定されており，測定単位×単位費用×補正係数の式より求められている．測定単位・単位費用は地方交付税法第12条により規定されており，測定単位は道路，橋梁，港湾等については面積，社会福祉費，衛生費等については人口である．補正係数は地方交付税法第13条に規定されており，人口密度，寒冷，積雪，離島等を考慮して割増あるいは割減している．「基準財政収入」は地方交付税法第14条によって規定されており，地方の標準的な税収入と地方譲与税の合計である．ただし，交付基準額がマイナスになるような豊かな自治体には交付されない．このような地方公共団体を不交付団体という．平成

27年度の不交付団体は，都道府県では東京のみで，市町村は59団体である．平成元年度の193，平成19年度の142，20年度の141，から見ると大幅に減少している．

　財源は地方交付税法第6条に基づいて，平成27年度から，所得税と法人税の33.1%，酒税の50%（たばこ税は地方たばこ税がある事から交付税の対象として外し，地方税の無い酒税を32%から引き上げ），消費税が10%になった場合は，消費税の22.3%（平成29年4月以降19.5%）を地方交付税となる見通しである．この他に，地方交付税法附則第4条の2における加算額がある．地方交付税交付金制度では，地方に交付する資金を確保するために，国税の一定割合を交付税特別会計に繰り入れ，そこから一定の基準によって地方公共団体に資金を配分する．このため，国家財政の観点からすると，税収のかなりの部分が予め差し引かれてしまうことになる．国家財政が逼迫すると，交付税交付金の減額が主張されることがある．憲法第92条に規定している地方自治の本旨は，時に大きな圧力を受けるのである．

(3) 地方特例交付金

　地方特例交付金は，「地方特例交付金等の地方財政の特別措置に関する法律」に基づいて平成11年に設けられた．設立当初の目的は，地方税の恒久減税に伴う減収の一部を補填することであった．平成27年度は，個人住民税における住宅借入金等特別税額控除による減収額を補填するため，交付税及び譲与税配布金特別会計を通じて地方公共団体に交付する経費である．

　このように国の政策変更等により，地方財政に影響がでる場合，この地方特例交付金を通じて財源が補填される．平成27年度のこの経費の額は，1,189億円であり，大きな調整効果は持たないといえる．

第3節　一般歳出

　一般歳出とは，主要経費別に分類した一般会計歳出から，経常的歳出を差し引

いたもので，中央政府（国）の活動に関わる使途に充てられる支出である．平成27年度予算では一般会計歳出の約60%になる．一般歳出は，一般会計歳出から経常的歳出3項目を除いたもので，予算において一般歳出や経常的歳出という分類がある訳ではない．一般歳出は，社会保障関係費，文教及び科学振興費，恩給関係費，防衛関係費，公共事業関係費，経済協力費，中小企業対策費，エネルギー対策費，食料安定供給関係費，その他事項経費，予備費で構成されている．以下，これらの歳出項目について説明する．

(1) 社会保障関係費

日本国憲法第25条で「すべて国民は健康で文化的な最低限度の生活を営む権利を有する」と定められており，国民の生存権を保障している．社会保障関係費はこの権利の保障に関わる経費である．社会保障関係費は，一般会計歳出の中でも，国債費と共に最も大きい比率を占めており，昭和49（1974）年以来一般歳出では最も大きな比率を占めている．この経費は，(1) 年金医療介護保険給付費，(2) 生活保護費，(3) 社会福祉費，(4) 保健衛生対策費，(5) 雇用労災対策費の5項目から構成されている．

1. 年金医療介護保険給付費

平成21年度から社会保険費から年金医療介護保険給付費に名称が変更になった．社会保険は原則として加入者の負担によって給付が行われる．しかし，その一定割合を国が負担することになっており，この金額が極めて多額になっているのが現状である．この経費は，① 医療保険給付諸費，② 基礎年金拠出金等年金特別会計へ繰入，③ 介護保険制度運営推進費，④ 国家公務員共済連合会等助成費，⑤ 農業経営支援対策費の5項目から構成されているが，① 〜 ③ の項目で全体の99.7%を占めている．

この中で ① 医療保険給付諸費は10の項目から構成されており，後期高齢者医療6項目と国民健康保険関係4項目から構成されている．後期高齢者とは75歳以上の老人のことをいい，平成20年に国民健康保険から後期高齢者医療制度

に移管された．移管当時で対象者は1,300万人を越えていたが，平成26年には1,590万人となり今後も増加する見込みである．② 基礎年金拠出金等年金特別会計へ繰入は年金特別会計へ繰入と基礎年金拠出金等特別会計へ繰入の2項目から構成されているが，94％が基礎年金拠出金等特別会計へ繰入である．基礎年金拠出金等特別会計へ繰入は，厚生年金（サラリーマンが対象）と国民年金（自営業者が中心）の基礎年金への国庫負担金（2分の1）である．所属する保険により年金額の受領可能額が大きく異なるため，基礎的部分について国が負担金を支出しているのである．③ 介護保険制度運営推進費は6項目から構成されているが，介護給付費等負担金と介護給付費財政調整交付金の2項目で介護保険制度運営推進費の約83％を占めている．④ 国家公務員共済連合会等助成費と ⑤ 農業経営支援対策費の2項目は合計でも約3％と少ない．

年金医療介護保険給付費の支出対象は，国民年金・国民健康保険と後期高齢者を含む高齢者医療である．ここに，日本の社会保険制度の問題点がよく表れている．高齢化により，自己負担額の比率が下がると同時に慢性の医療対象者が増大する．そのため国の支援が必要になっている．国民健康保険への支援も必要である．平成25年度の国民医療費は40.6兆円になっており，人口一人当たり医療費を見ると，平均で31.4万円だが，65歳未満が17.8万円に対し，65歳以上は72.5万円，75歳以上は93.1万円にもなっており，高齢者の医療費が高いことが財政を深刻なものにしている．

2. 生活保護費

生活保護費とは，生活困窮者に対して，必要最低限度の生活を保障すると共に，その自立を助けるために支出される．生活保護費は，① 保護費，② 保護施設事務費，③ 中国残留邦人等に対する生活支援給付金等，④ 指導監査職員設置費の4項目から構成されている．保護施設事務費は，救護施設や更生施設などの各種保護施設の運営費に対する補助である．

① 保護費は，「生活保護法」に基づくもので，生活保護費の98.6％を占めている．生活保護対象者の認定は国の基準に基づいて地方公共団体が行う．この経費

は，ⅰ.生活扶助，ⅱ.住宅扶助，ⅲ.教育扶助，ⅳ.介護扶助，ⅴ.医療扶助，ⅵ.その他の6項目で構成される．

ⅰ.生活扶助費は生活保護法第12条において規定されており，第1類（主に個人として必要なお金）と第2類（主として世帯として必要なお金）に分類され，第1類は年齢によって，第2類は世帯人員別で金額が異なっている．所在地別では生活様式，物価の違い等による生活水準の差に対応して全国の市区町村を6区画の級地（1級地―1から3級地の2）に分類している．例えば，平成27年度の場合東京23区（1級地―1）に住む30歳代の夫婦と3歳の子供の場合，第1類の合計は8万9,210円，第2類は5万9,170円で合計14万8,390円となっている．

ⅱ.住宅扶助は生活保護法第12条において規定されており，被保護世帯が借家・借間住まいをしている場合の家賃や，被保護者が居住している家屋が風雨などで損壊した場合の補修費等である．住宅扶助で一番高いのは東京都の5万3,700円で，一番低いのは大分県の2万7,500円と約2倍の差がある．

ⅲ.教育扶助は生活保護法第13条において規定されており，義務教育に伴って必要な学用品，通学用品，給食費その他義務教育に伴って必要なものを支給する．平成25年度において給食費や学用品代を補助する就学援助制度の支給対象になった小・中学生は約151万人に上り，全児童生徒に占める対象者の割合は15.42％である．

ⅳ.介護扶助は生活保護法第15条の2に規定されており，被保護者が介護保険の認定を受けて介護サービスを利用している時は，自己負担の1割が介護扶助費として支給される．

ⅴ.医療扶助は生活保護法第15条によって規定されており，生活保護費の46％を占める最大の項目になっている．生活保護受給者の通院や入院にかかる費用は全額公費負担となる．また，医療機関までの交通費も給付の対象で，タクシーの利用も認められる．

ⅵ.その他の扶助として，出産扶助（生活保護法第16条），生業扶助（生活保護法第17条），葬祭扶助（生活保護法第18条）がある．

生活保護の対象者は平成8年度は約88万人だったのが，平成18年度には約180万人になり，平成20年のリーマンショック以降急増し，平成27年9月において216.5万人，162.9万世帯と過去最多を更新しており，約半分が65歳以上の高齢者である．医療扶助では，試算によれば30〜39歳の世帯で生活保護一人当たりの医療費（外来）は年間12.7万円で，一般の人の2.7倍に達している．財務省では個人への負担を求めていないことが過剰診療に繋がっていると分析している．そこで，価格が安い後発医薬品の使用を義務付けたり，過剰受診を抑制するために財務省では医療費の一部負担を提言している．また，生活保護費は国が4分の3，地方が4分の1を負担しており，保護費の増加は国だけでなく地方自治体の財政も圧迫している．特に受給者が一番多い大阪市では平成27年度の予算に占める生活保護費の割合が10年前の10％から17％へと増加しており，市の財政を圧迫している．これはデフレで物価が下落したにもかかわらず，生活扶助費は下がらなかったことにも原因があるので，平成25年1月27日厚生労働省は平成25年度から3年かけて生活扶助を740億円削減すると発表した．この結果，高齢者（1級地-1　65歳）の生活保護基準は平成24年度の80,820円から平成27年度に79,790円に減額されたとはいえ，満額の老齢年金の65,000円よりも高く，医療・介護の自己負担が無いことから，不公平感が強く，制度見直しの論議が行われている。

3. 社会福祉費

　社会福祉費は，何らかの理由で文化的生活が困難な社会的弱者のために支出されるもので，34項目から構成されているが，次の3項目で約70％を占めている．最大の支出項目は，障害保健福祉費で，約31％を占めている．この経費は，i. 地域生活支援事業費補助費，ii. 特別障害者手当等給付費負担金，iii. 障害者自立支援給付費負担金，iv. 障害者入所給付費等負担金，v. 障害児入所医療費等負担金，vi. 障害者医療負担金，vii. 特別児童扶養手当給付費．viii. その他の8項目から構成されている．この中で障害者自立支援給付費負担金が約63％を占めている．2番目は，子ども・子育て支援年金特別会計へ繰り入れで，約26％を占

めている．この経費は年収 860 万円未満の世帯で，3 歳未満の児童 1 人につき月額 15,000 円，3 歳以上小学校終了までの児童は第 1 子・第 2 子 1 人につき月額 10,000 円，第 3 子以降 1 人につき 15,000 円，小学校終了後中学終了まで 10,000 円を支給するものである．なお，860 万円以上の世帯は，1 人につき 5,000 円となっている．3 番目は，子供のための教育・保育給付で，約 13％を占めている．この経費は消費税増収分等を活用して，子ども・子育て支援新制度における教育・保育の量及び質の充実を図るものである．他の支出項目も，国が直接に行う事業のための支出は少なく，地方公共団体を中心として，他者の事業への支援を行うものが多い．

4．保健衛生対策費

保健衛生対策費は病気対策の経費で 29 項目と社会保障の中で最も多くの項目から構成されている．国が設立するものを含む各種医療機関への支出や，原爆被害者等援護対策費，感染症対策費，病気予防や健康増進に関わる事業，ドクターヘリ事業，BSE 対策の食肉衛生検査所等の整備費，臓器移植対策事業の拡大，エイズ発症予防・エイズ拠点病院整備の推進，血液製剤によるヒト免疫不全ウイルス（HIV）感染者の調査研究，児童救急電話相談事業，救命救急センターの整備，乳がんの検診を推進するためのマンモグラフィの緊急整備，国立ハンセン病療養所費等の経費が含まれている．

5．雇用労災対策費

平成 21 年度から失業対策費から雇用労災対策費に名称が変更になった．雇用労災対策費は，① 労働者災害補償保険給付費労働保険特別会計へ繰入，② 職務上年金給付費年金特別会計へ繰入，③ 高齢者雇用安定・促進費，④ 失業等給付費等労働保険特別会計へ繰入（雇用保険国庫負担金），⑤ 就職支援費等労働保険特別会計へ繰入，⑥ 職業能力開発強化費，⑦ 若年者等職業能力開発支援費，⑧ 障害者等職業能力開発支援費，⑨ 船員雇用促進対策事業費の 9 項目から構成されている．この内約 78％は，④ 失業等給付費等労働保険特別会計へ繰入である．

表4-3 失業時の給付日数

定年退職や自己都合で離職した場合

被保険者期間	1年以上10年未満	10年以上20年未満	20年以上
全年齢共通	90日	120日	150日

倒産等で離職せざるを得なくなった場合

離職時の年齢 \ 被雇用者期間（日）	1年未満	1年以上5年未満	5年以上10年未満	10年以上20年未満	20年以上
30歳未満	90	90	120	180	―
30歳以上35歳未満	90	90	180	210	240
35歳以上45歳未満	90	90	180	240	270
45歳以上60歳未満	90	180	240	270	330
60歳以上65歳未満	90	150	180	210	240

出所）厚生労働省

　平成27年度は雇用保険制度の給付費の財源は13.75％が国庫負担（本則25％），残りは労使の保険料（従業員の賃金の1.35％）で賄っている．1日当たりの失業給付の金額は，離職前にもらっていた給与の平均日額の5～8割が目安だが，上限がある（30歳未満で賃金日額上限額は1万2,790円，基本手当日額上限額は6,395円）．また，離職時の年齢が高く，また，表4-3のように雇用（保険の支払い）期間が長いほど給付日数が多くなる．③ 高齢者雇用安定・促進費は，シルバー人材センター事業の円滑な運営，十分な技能・経験を有しない求職者等を対象とする試行雇用事業などの経費である．

(2) 文教及び科学振興費

　文教及び科学振興費は，教育と科学振興のための経費であり，一般会計歳出予算の一般歳出では3番目に大きな割合を占めているが，OECDの統計では，平成24年ではGDPに占める教育に対する財政支出は3.5％とOECD31カ国の中で最下位になっている．これで最下位は6年連続となった．しかし，日本はGDPが高く，少子化もあって，小中学校への1人当り財政支出はOECD平均よりも高く12位になっている．

文教予算は，教育の質的向上を目指した改革等の推進を図る事を目的としているが，そのほとんどが補助金や他会計への繰入などのかたちで一般会計の外に出ていく．この経費は，(1) 義務教育国庫負担金，(2) 科学技術振興費，(3) 文教施設費，(4) 教育振興助成金，(5) 育英事業費の5項目から構成されているが，殆どは負担金，補助金等として他会計に繰り出される．

1. 義務教育国庫負担金

　義務教育国庫負担金は，「義務教育費国庫負担法」に基づいて義務教育を行う公立の教育機関の教職員の給与の一部を国が負担するものである．平成17年に三位一体改革の一部として，国の負担割合は2分の1から3分の1になったが文教及び科学振興費の約3割を占めている．しかし，少子化に伴う教職員定員の自然減により減少化傾向にある．

2. 科学技術振興費

　科学技術振興費は日本の発展の基礎となる科学技術の振興を図るために支出される経費で，約25％を占めている．その主な研究対象は，① グリーンイノベーションの推進，② ライフイノベーションの推進，③ 基礎研究及び人材育成の強化，④ ナノテクノロジー・材料分野の研究開発研究環境の整備等の4つである．その他，各種研究について研究者等が競争的に研究資金を獲得する競争的資金が確保されている．また，産学官連携推進経費，地域科学技術振興経費等が，この費用として計上されている．

3. 文教施設費

　文教施設費は，「義務教育諸学校等の施設費の国庫負担等に関する法律」に基づいて，公立学校の施設整備費を国が一部負担するために支出される経費で，この費用のほとんどは文部科学省が所管する公立学校施設整備費が占める．少子化の影響により，新規に学校の校舎を建設する必要が少なくなっており，公立学校施設整備費の内約8割が校舎の耐震化の費用になっている．

4. 教育振興助成金

　教育振興助成金は，地方公共団体や民間が行う教育活動に国が助成するもので，文教及び科学振興費の中で最も経費が多く約43％を占めている．これは，① 生涯学習振興費，② 初等中等教育等振興費，③ 高等教育振興費，④ 独立行政法人大学評価・学位授与機構運営費，⑤ 独立行政法人国立高等専門学校機構運営費，⑥ 独立行政法人国立大学財務・経営センター運営費，⑦ 独立行政法人国立高等専門学校機構施設整備費，⑧ 私立学校振興費，⑨ 国立大学法人施設整備費，⑩ 国立大学法人船舶建造費，⑪ 国立大学法人運営費，⑫ スポーツ振興費，⑬ 独立行政法人日本スポーツ振興センター運営費，⑭ 独立行政法人日本スポーツ振興センター施設整備費の14項目で構成されている．

　① 生涯学習振興費は，生涯を通じた学習機会を拡大するための放送大学の費用，放課後子供教室等の地域の教育力向上の経費が中心である．② 初等中等教育等振興費は，義務教育で使用する教科書の無償給与の費用等が含まれる．⑧ 私立学校振興費（5,532億円）は私立大学経常費への補助金であるが，⑪ 国立大学法人運営費は1兆0,945億円が計上されており，⑥ ⑨ ⑩も国立大学の補助金であることから，大学数や学生数は圧倒的に多い私立大学との補助金の配分のあり方が批判されている．⑫ スポーツ振興費は，ⅰ．子供の体力の向上，ⅱ．生涯スポーツ社会の実現，ⅲ．国際競技力の向上の3項目から構成される．各々は全国民を対象にする大事業であるが，予算額はささやかである．特に，ⅲ．の中にはオリンピック委員会の費用も含まれており，こういった項目の予算額の規模は，スポーツ振興に対する国の熱意の水準を如実に表しているといえよう．④ から ⑦ 及び ⑬ ⑭は独立行政法人の運営費と施設整備費である．これら独立行政法人は，文部科学省と関係の深い外郭団体であり，文部科学省官僚の天下り先になっていることが多い．

5. 育英事業費

　育英事業費は，経済的理由により学校に行くのが難しい学生や生徒に学資の一部を国が貸すための経費である．学資の貸与は無利子の場合と利子を払う場合が

ある．この経費は，① 育英資金貸付金，② 育英資金利子補給金，③ 育英資金返還免除等補助金，④ 独立行政法人日本学生支援機構運営費交付金の4項目から構成される．

奨学金は，貸与した学資の返還を受けて，それが次代の学生等への奨学資金になる．貸与人数を増やすための資金の増強が ① 育英資金貸付金であり，無利子部分に対する利子補給が ② 育英資金利子補給金である．一定の条件を満たした者は返還が免除される．また，返還しない者も一部いる．このような部分への補給が ③ 育英資金返還免除等補助金である．平成17年度から高校生向けの貸与事業が都道府県に移管されたが，これらの業務を行っている機構への運営資金が，④ 独立行政法人日本学生支援機構運営費交付金である．

(3) 恩給関係費

恩給とは，国家公務員に対する年金のことである．日本の恩給制度は，明治8 (1875) 年に傷痍軍人及び軍人の遺族を扶助する制度として発足し，明治17 (1884) 年に軍人以外の公務員（文官）に対する恩給が開始され，その後大正12 (1923) 年に恩給制度が一本化された．そして，昭和33 (1958) 年に「国家公務員共済組合法」が制定され，恩給から共済組合に制度が変更された．

恩給関係費は，① 文官等恩給費（国会議員互助年金，文官等恩給費，文化功労章年金），② 旧軍人遺族等恩給費，③ 恩給支給事務費，④ 遺族及び留守家族等援護費の4項目から構成されている．この経費は，古い制度の後始末をしているものである．恩給関係費は昭和33年以前に国と雇用関係又は雇用類似関係にあった軍人及びその遺族が主な支給対象になっている．しかし，終戦時少年兵の人は2015年で86歳になり，文官恩給者も1万人台となっており，② と ④ で約97％を占めているので，今後は減少していく．

(4) 防衛関係費

防衛関係費は，一般歳出の中で4番目に大きい割合を占めており，憲法第9条との関係から政治的論争の多い経費である．平成元年度に防衛関係費の対

表4-4 防衛関係費の内訳と推移

(単位：億円)

区　　分	平成元年度	2年度	7年度	12年度	22年度	27年度
人件・糧食費	16,136	16,680	20,714	22,034	21,018	21,121
歳出化経費	14,682	15,829	16,760	17,810	17,738	18,260
一般物件費	8,381	9,761	9,761	9,373	9,261	10,420
内 SACO	—	—	—	140	198	46
合　　計	39,198	47,236	47,236	49,358	48,016	49,801
対 GDP	1.006	0.959	0.959	0.975	0.937	0.988

出所）財務省資料

GDP比が1.006％と1％を超えていたが，平成2年度以降1％の枠内に収めるようにしている．また，平成19年1月に防衛庁が防衛省に格上げされ，英語名も「Japan Defense Agency」から「Ministry of Defense」に変わり，内閣府を通じて行っていた閣議への議案提案や財務大臣への予算要求も防衛大臣が直接出来るようになった．主要経費別では，防衛本庁，防衛施設庁，安全保障会議から構成されているが，通常表4-4のように人件・糧食費，歳出化経費，一般物件費の3分類と平成8年度から設けられたSACO関連事業に分けられることが多い．

人件費・糧食費は，防衛関係費の約42％を占めている．これは，自衛隊員の給与や営内居住している隊員の食料や訓練事の食費等の経費で，約98％は人件費である．歳出化経費は，当該年度以前に発注・契約（2～5年の複数年度契約）された案件についてその年度に支払う経費で約37％を占めており，この2つの義務的経費で全体の約80％を占めている．一般物件費は当年度に契約及び支払を行うものと，当年度に契約して数年にわたり支払を行うものについての前金がある．したがって，防衛関係費の全体像を中・長期にわたって把握するには，各年度の契約ベースの予算に着目する必要がある．

一般物件費は平成17年度より主要装備品等（旧正面装備）とその他物件費（旧後方装備）に分類されており，主要装備品等は陸・海・空の各自衛隊が戦闘正面において使用される戦車，戦闘機，護衛艦等購入の経費である．これ以外の経費がその他物件費であるが，この範囲は広く，① 油購入費・修理費等の自衛隊の維持・訓練費，② 日米特別協定に基づく在日米軍駐留経費負担（いわゆる思い

やり予算と呼ばれるもので，米軍に対する基地従業員の労務費，光熱水料費等，訓練移転費の負担の経費），③ 在沖縄海兵隊のグアム移転などの米軍再編関係費，④ 補償経費（土地の借料など），⑤ 災害派遣，⑥ 研究開発・施設整備等から構成されている．この中で，平成 27 年度予算では ② が 3,785 億円，③ が 1,426 億円の経費になっている．

以上のように，防衛関係費は人件・糧食費，歳出化経費，一般物件費の契約部分は固定費としての性格が強く，予算編成においては自由裁量の余地がほとんどなく，予算がほぼ自動的に決まってしまうという特徴がある．

このほかに，東日本大震災からの復旧・復興に係る経費として 1,136 億円があり，これを加えた額は 4 兆 8,273 億円となる．

SACO 関連事業は，沖縄県に所在する在日米軍の施設・区域の整理・統合・縮小を図ることを目的として平成 8 年度に設置された「沖縄に関する特別行動委員会（Special Action Committee on Okinawa）」に関する経費である．これは「土地の返還」「訓練及び運用の方法の調整」「騒音軽減イニシアティブの実施」「日米地位協定の運用の改善」の 4 つの柱から構成されており，具体的には返還地に所在する米軍施設の移設，県道 104 号線超え実弾射撃訓練の移転先演習場における安全管理施設の整備費，那覇港湾施設の返還に係る移設調査費等である．しかし，国土面積のわずか約 0.6％に過ぎない狭い沖縄県に，在日米軍専用施設面積の約 75％の米軍基地があり，米軍約 4 万人のうち 68％が沖縄県に駐留していることから，沖縄県に基地が集中しているという批判は消えない．このことから普天間飛行場の移設，嘉手納飛行場以南の土地の返還，嘉手納飛行場等所在米軍機の本土及びグアム等への移設などが取り組まれているが，一向に進展が見えないのが現実である．

(5) 公共事業関係費

公共事業関係費は，社会資本整備を行うための経費である．社会資本の多くは公共財であり，民間では適切な供給が困難な財であるが，平成 14 年度の公共事業関係費は「わが国の公共事業投資の規模が欧米諸国に比べて非常に高いこと等

を考えれば，投資規模についても見直しが必要」とされた「今後の経済財政運営及び経済社会の構造に関する基本方針」に従い，公共事業関係費が前年度より10％削減された．その後平成16年度から5年間で約15％削減が行われた．さらに「公共事業構造改善プログラム」（平成20年5月）において，平成24年度までの5年間で平成19年度と比べて総合コストを15％改善するとの目標が掲げられ，その達成の取り組みが行われている．このようなことから，平成10年度の公共事業関係費は14兆8,555億円（実績）であったが，27年度は5兆9,711億円となり約4割に減少した．また，事業採択後一定期間経過後で未着工の事業などを対象とした「再評価システム」により，平成16年度から23年度にかけて30以上の事業が中止された．

なお，平成24年度予算から，震災復興事業の経理を明確化するために東日本大震災特別会計に災害復旧などの公共事業関係費が計上されている．

公共事業関係費は，① 治山治水事業費，② 道路整備事業費，③ 港湾航空鉄道等整備事業費，④ 住宅都市環境整備事業費，⑤ 公園水道廃棄物処理等施設整備費，⑥ 農林水産基盤整備事業費，⑦ 社会資本総合整備事業費，⑧ 推進費等，⑨ 災害復旧等事業費の9項目で構成されている．なお，平成22年度に各々の事業内容を反映させて，⑤ は下水道水道廃棄物処理等施設整備費から，⑥ は農業農村整備事業費から名称が変更になった．⑦ 社会資本総合整備事業費は，地方自治体の活性化のために平成22年度に新しく創設された項目で，公共事業費の約4割を占めている．これは活力創出，水の安全・安心，市街地整備及び地域住宅支援の政策目的を実現するため，地方公共団体等が行う社会資本の総合的な整備を支援するものである．これらの経費の多くは，地方公共団体への資金移転を行うもので，実際の社会資本整備はこれに地方負担が加わったものである．それ以外に，地方公共団体が単独で（国の資金を得ないで）行うものもある．⑧ 推進費等は，災害対策及び公共交通の安全対策のために緊急に実施する事業の推進を図るもので，当初予算で見込めない事業の必要性が生じた場合に各省庁に移し変えるものである．

大きく変化したのが道路整備事業である．平成20年度まで道路整備のために

揮発油税と石油ガス税の収入が充てられていた（道路整備特定財源）が，日本の道路はほぼ整備されたことから，平成21年に揮発油税や石油ガス税が一般財源化された．これにより，一般会計に計上されるのは，一般会計から社会資本整備事業特別会計へ繰入れる道路整備事業費財源と沖縄総合事務局及び北海道開発局一般会計で支出される道路整備関係の工事費である．

（6）経済協力費

　経済協力費とは，開発途上国の経済的・社会的発展，あるいは福祉の向上に貢献する事を目的とした資金の流れで，政府開発援助（ODA：Official Development Assistance）予算を中心に行われているので，ここではODA予算に焦点をおいて概説する．ODAについては，経済協力開発機構（OECD：Organization for Economic Cooperation and Development）の定めた基準があって，① 供与主体が政府又は政府の実施機関であること，② 供与条件が商業ベースと比較して比較的緩やかなものであること，という2つの要件が満たされる必要がある．我が国のODAは，「政府開発援助大綱」の基本理念としては，① 開発途上国における飢餓と貧困を看過できないとの人道的見地，② 開発途上国の安定と発展が世界全体の平和と繁栄にとって不可欠という意味での国際社会の相互依存関係の認識，③ 先進国と開発途上国が共同で取り組むべき課題としての環境保全，④ 開発途上国の離陸に向けての自助努力支援の4つの指針を挙げている．また，2000年に2015年を目標として8つの目標を掲げて設定された「国際ミレニアム宣言」によって，第1の目標である発展途上国の貧困層が47％から14％に減り，第2の目標である初等教育を受ける割合もアジアやアフリカで改善した．しかし，4番目の乳幼児の死亡率や5番目の妊婦の健康状態の改善が目標値に達しなかった．このため，2015年9月に2030年までに貧困や飢餓の撲滅，健康な生活の確保と福祉の推進（小児保健，妊産婦保険など）など17の目標と169の具体策が「持続可能な開発目標（SDGs）」として国連サミットで採択された．

　ODAには様々なタイプがあるが，これを分類すれば二国間援助と国際機関への出資・拠出に大別される．二国間援助は援助の内容や形態のちがいに応じて，

援助資金を無償で供与する無償資金協力,援助資金を融資する政府貸付等(有償資金協力),開発途上国の人材育成と技術向上を目的にした技術協力の3つに分けられる.

無償資金協力とは,対象国に返済の義務を課さずに資金を供与するもので,開発途上国のなかでも比較的所得水準の低い国を対象としている.医療・保健,学校・病院等の建設といった基礎的生活分野への援助,貧困削減等の取り組みへの支援,経済発展に必要な道路・橋梁・港湾の建設等のインフラ整備への支援,食糧援助,自然災害被災民の救済,難民援助にかかる人道支援等,多岐にわたる支援を実施している.

政府貸付等(有償資金協力)とは,開発途上国に対して経済発展等を目的として,低利(0.01～1.70%)の長期(15～40年)資金を貸し付けるもので,道路・下水道・電気などの社会的インフラ整備が約6割を占め,教育,保健医療等の社会インフラが3割弱を占めており,我が国のODAを代表する援助形態となっている.

技術協力とは,開発途上国の人材育成及び我が国と開発途上国との相互理解・親善を深めることを目的に,国際協力事業団(JICA)を中心に青年海外協力隊の派遣,外国人留学生受け入れ,専門化の派遣,機材の供与等である.

国際機関への出資・拠出は,国際連合分担金,国際食料農業機関分担金,ユネスコ分担金,国連人口基金拠出金,国連環境基金拠出金,赤十字国際委員会拠出金等である.

ODAの下部組織である開発援助委員会(DAC:Development Assistance Committee)加盟国(日本,アメリカ,フランス,ドイツ,イギリス,イタリア,カナダ,オランダ,スウェーデン,オーストラリア,デンマーク,ノルウェー,ベルギー,フィンランド,スイス,オーストリア,ニュージーランド,アイルランド,スペイン,ポルトガル,ルクセンブルグ,ギリシャ,韓国,チェコ,アイスランド,ポーランド,スロベニア,スロバキアの28カ国とEUの1機関)の中で我が国は,援助額が平成3年度以降10年連続で世界1位になっていたが,平成13年度以降我が国の厳しい財政事情や国民のODAの効果・効率性に対する

厳しい見方により縮減したが，なお世界第2位（平成19年度はドイツに次いで3位）の地位にある．このように，我が国の援助はすでに量的には十分な水準になっており，開発途上国の実状を十分踏まえたきめ細かい援助を行い，質的向上を図っていくことが強く求められている．

(7) 中小企業対策費

　中小企業対策費は，中小企業の資金調達の円滑化，中小企業の創業・経営改革に向けた自助努力の推進，経営基盤の強化のための諸施策を実施するための支出である．この中で中小企業の資金調達の円滑化のために株式会社日本政策金融公庫に対する出資金・補給金・補助金が約50％を占めている．中小企業の経営革新・創業促進については，ものづくり基盤技術を担う中小企業の研究開発，中小企業の事業再生に向けた取り組み，地域資源を活用したふるさと名物の開発・販売開拓等に対して約16％の経費を計上している．この他に中小企業事業環境整備費，経営安定・取引適正化費等の項目がある．

(8) エネルギー対策費

　エネルギー対策費は，エネルギーの長期安定供給，原子力利用，エネルギー需給対策，電源開発促進等のための経費である．この支出は，① 独立行政法人日本原子力研究開発機構運営費交付金，② エネルギー対策特別会計エネルギー需給勘定へ繰入，③ エネルギー対策特別会計電源開発促進勘定へ繰入，④ 国際原子力機関分担金，⑤ 原子力安全確保費の5項目から構成されているが，すべてが他会計，他機関への繰入である．② エネルギー対策特別会計エネルギー需給勘定へ繰入は，石油石炭税を財源として石油，可燃性天然ガス及び石炭の安定的かつ低廉な供給の確保を図ることのために使われる．③ エネルギー対策特別会計電源開発促進勘定へ繰入は，電源開発促進税を財源として，発電用施設の設置及び運転の円滑化を図るために使われている．

(9) 食料安定供給関係費

　食料安定供給関係費は，平成11年の「食料・農業・農村基本法」の基本理念として掲げられている食料の安定供給に関わる経費で，13項目から構成される．この中で農業経営対策費が最大の項目（約60％）となっている．これは，農業経営の安定及び国内生産力の確保等を図り，経営所得安定対策，農業共済事業を実施するための費用である．

　他の大きな項目として国産農畜産物競争力強化対策費等，食料安全保障確率対策費等，農業経営対策費が挙げられるが，この3項目で全体の約82％になる．国産農畜産物競争力強化対策費等は，国産農畜産物の生産コスト低減，品質改善，安定的な供給等を図るための支出である．食料安全保障確率対策費等は米の適正かつ円滑な流通を確保するための措置並びに政府による主要食糧の買い入れ等に必要な経費である．農業経営対策費は，農業経営の安定及び国内生産力の確保等を図り，経営所得安定対策，農業共済事業等を実施するための費用である．

(10) その他事項経費

　その他事項経費は，これまで見てきた主要経費別分類に該当しない経費がここに計上されている．しかし，以下の経費項目を見ても分かる通り，主要経費に分類しても良い項目も含まれている．主要項目のうち主なものとして次の8項目が挙げられている．① 沖縄関係経費，② 北方対策費，③ 青少年対策費，④ 独立行政法人平和祈念事業特別基金事業運営費，⑤ 文化関係費，⑥ 農村振興費等，⑦ 林業振興費，⑧ 鉄道建設及運輸施設整備等助成費，⑨ 高速道路の無償化に関する社会実験経費等である．

(11) 予備費

　財政法第24条は「予見し難い予算の不足に充てるために，内閣は，予備費として相当と認める金額を歳入歳出予算に計上することができる」と規定されているもので，平成に入ってから平成3年度に1,500億円が計上されている以外は，すべての年度の当初予算で3,500億円が計上されている．

参考文献

財務省財務総合政策研究所編『財政金融統計月報』「平成27年予算特集」ワープ　2015年
速水昇・小田幹雄編著『公共部門の経済活動と租税』学文社　2007年
財務省主計局・理財局『平成27年度予算及び財政投融資の説明』平成27年
財務省『ファイナンス』　2015年4月, 5月
速水昇・和田尚久・水野惠子編『公共経済と租税』学文社　2010年
青木一郎・和田佐英子・奥村正郎編著『政府の経済活動と租税法』学文社　2013年
財務省主計局『我が国の財政事情』2015年
財務省ホームページ（http://www.mof.go.jp/）
大矢俊雄編『図説　日本の財政（平成27年度版）』東洋経済新報社, 2015年

第5章
財政政策

第1節　景気変動と景気対策

　景気とは，その時々の経済の活発さを表す言葉である．景気が過熱するとインフレーションになり，景気が悪化するとデフレーションになる．我が国では，第二次大戦終戦直後の昭和21（1946）年には300％超のインフレ率を記録している．昭和48（1973）年から昭和49（1974）年，および昭和54（1979）年の2回にわたるオイルショックでは石油・同関連品の需給等による一時的に急激なインフレーションが発生，その様は「狂乱物価」とまでいわれた．また，昭和61（1986）年12月から平成3（1991）年2月までの51カ月間に，供給に制限のある土地投機に支えられたバブル経済が進んだ結果，資産インフレが急激に進行した．このときには東京都の山手線内側の土地価格でアメリカ全土が買えるという算出結果となるほど日本の土地価格は高騰し，日経平均株価は平成元（1989）年12月のピーク時には高値3万8,915円を付けるなど，資産価格インフレーションが起こった．

　このような状態から脱出するために，大蔵省（現財務省）銀行局からの通達として平成2（1990）年3月末に総量規制が出された．これは不動産向け融資の伸び率を総貸出の伸び率以下に抑えることが義務づけられたものである．これによって，土地を担保にした融資の拡大を抑えようというものになり，地価高騰は本格的に抑えられることになり，これがバブル崩壊の引き金になってしまったといわれている．バブル景気は1990（平成2年）年頃から後退し始め，バブル経済も崩壊した．それによって消費や雇用に悪影響を及ぼし，デフレーションになった．そのような状況から平成2（1990）年から平成22（2010）年初頭までの経済は「失われた20年」と呼ばれるようになった．

　経済活動を行う主体は，家計・企業・政府の3つに分けられるが，景気の調整は政府の役割である．政府が安定的景気を達成するために経済を調整する．国の財政の歳入と歳出を通じて，国全体の総需要を管理して景気に影響を与え，景気を調整する政策を財政政策という．

　インフレーションに対する政府の対応として需要抑制・供給拡大が挙げられる．

具体的な政策としては，需要抑制策として政府支出削減，増税，行政改革，民営化，「小さな政府」への取り組み，金融引き締めが挙げられ，供給拡大策として政府支出増加，減税，公共投資，投資減税，規制緩和，競争促進，非効率部門の淘汰，労働市場の自由化，イノベーション重視，貿易自由化を行うことが必要である．

デフレーションに対する政府の対応として，需要刺激・供給抑制が挙げられる．具体的な政策としては，需要刺激策として，公的雇用，供給抑制策として雇用の確保，企業の合併・統合，社会的規制の強化，労働者保護，社会の安定重視，貿易管理が挙げられる．需要刺激策としては，平成 21 年度に実行された定額給付金の支給や冷蔵庫，エアコン，テレビに対してエコポイントを付けたり，エコカーに対して，自動車重量税や自動車取得税の減税や補助金を付けたことはよく知られている．

第2節　均衡国民所得の決定

(1) 均衡国民所得

政府は経済を安定させる目的で景気政策を行う．このとき国民所得 (GDP) がどのような形で決定されるかという理論を 45 度線分析によって説明する．

国の経済活動は，生産面，分配面，支出面の 3 方面から見ることができる．生産面は，その国で 1 年間に生産された生産額総計から中間生産物（原材料等）を差し引いたもので，国内総生産 (GDP) の規模となる．生産された国民所得は，その生産活動に加わった各種の生産要素に雇用者所得（賃金，俸給等）や営業余剰（利子・配当・賃貸料等）などで分配される．それゆえ，所得の受け取り面すなわち分配面から見た GDP と一致する．分配された国民所得は，経済全体で生産された財・サービスを家計，企業，政府，海外のいずれかの経済主体が購入するので，支出面すなわち総需要と一致する．すなわち，生産面，分配面，支出面の各々の額が一致するので，国民所得の三面等価の原則と呼ばれる．

閉鎖経済を想定した場合，総支出は財・サービスへの需要の結果であり，総需

図 5 − 1　均衡国民所得

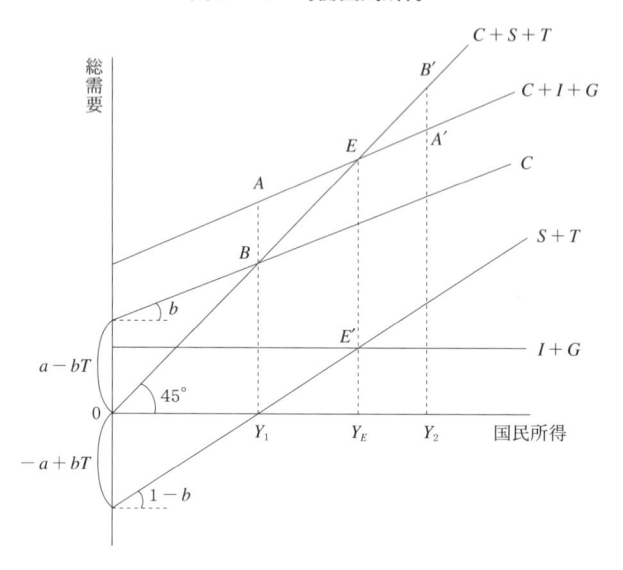

要でもある．総需要は，家計の消費財（C）の需要と企業の投資財（I）の需要と政府支出（G）の合計として表せるので，「総需要＝消費（C）＋投資（I）＋政府支出（G）」という関係が成り立つ．一方総供給は，国民所得を分配した結果として定義されている．すなわち，分配された国民所得は結局のところ，消費財（C）を購入し，租税（T）として政府に収め，残りを貯蓄（S）するというように処分されるので「総供給＝消費（C）＋貯蓄（S）＋租税（T）」という関係が成り立つ．この消費がどのように決まるかについての最もオーソドックスな理論が，ケインズ型消費関数である．消費者が自分のために使える所得（可処分所得）は，国民所得（Y）から租税（T）を引いた額となる．すると，消費支出（C）は，可処分所得の一定割合 $b(Y-T)$ に，所得が無くても消費される基礎的消費（a）を足したものとなる．

　このケインズ型消費関数は，$C=a+b(Y-T)$ の式で表される．ここでの b は限界消費性向で，所得の変化分（ΔY）に対する消費の変化分（ΔC）の割合であるので，$b=\dfrac{\Delta C}{\Delta Y}$ となり，図 5 − 1 の C 線の勾配を表す．

$Y = C + S + T$ の式を貯蓄と租税の式に直すと，$S + T = Y - C$ となり，この式にケインズ型消費関数の式を代入して整理すると，$S + T = (1-b)Y - a + bT$ となる．$1-b$ は限界貯蓄性向で，所得の変化分（ΔY）に対する貯蓄の変化分（ΔS）の割合であるので，$b = \dfrac{\Delta S}{\Delta Y}$ となる．この式より，図5-1のように切片が $-a + bT$，勾配が $1-b$ の $S+T$ 線を描くことができる．総供給 $= C + S + T$ より C 線と $S+T$ 線を足すと，勾配は限界消費性向 $b +$ 限界貯蓄性向 $(1-b) = 1$ となるので，総供給線は45度線になる．

投資（I）は国民所得に依存しない独立投資で，政府支出（G）は一定と考えると，図5-1のように $I+G$ 線は横軸に平行に描くことができ，総需要は，これに C 線を加えた $C+I+G$ 線で描かれる．45度線と $C+I+G$ 線の交点 E 及び，$S+T$ 線と $I+G$ 線の交点 E' が，総需要＝総供給となる点である．この時の国民所得の値 Y_E が均衡国民所得の水準になる．仮に，国民所得がこの均衡国民所得よりも小さく，Y_1 の水準にあったとすれば，総需要＞総供給（A＞B）となる．この場合はモノ不足であり，企業は生産拡大に乗り出す．反対に，例えば国民所得が Y_2 の水準であれば総需要＜総供給（A'＜B'）であり，生産過剰なので売れ残りが生じるので，企業は生産縮小を行うであろう．結果として，総需要と総供給に一致し，均衡国民所得は Y_E となる．

(2) インフレギャップとデフレギャップ

生産物市場では需要と供給が一致しても，労働市場では需要と供給が一致しない場合がある．図5-2において，Y_1 の国民所得は完全雇用水準（Y_E）よりも低い水準で決定されている．Y_1 の所得水準では，現行の賃金で働きたいと思う人で雇用されていない人がおり，「非自発的失業」が発生している．この Y_1 と Y_E の差（$E-A$）をデフレーション・ギャップ（デフレ・ギャップ）と呼ぶ．この差が大きい程不況（失業）が深刻である．

反対に，Y_2 の国民所得は完全雇用水準 Y_E を上回っている水準で決定されている．この場合，労働力が全て雇用されており，生産能力の限界（ボトルネック）に達しているので，実質国民所得は Y_E 以上に増えることはできない．従って Y_2 は名

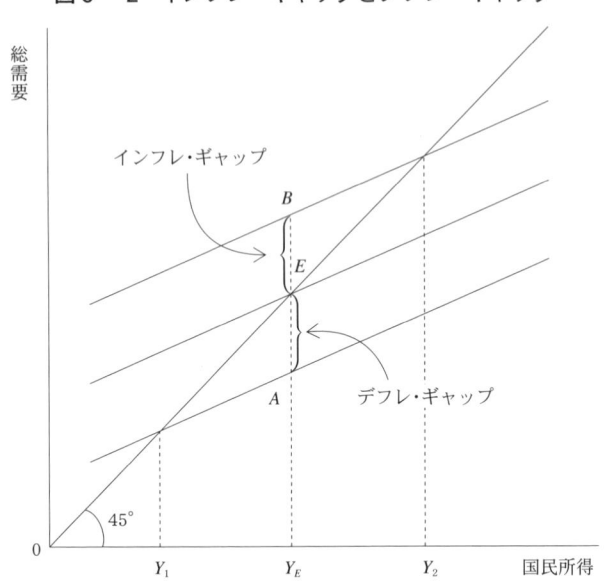

図5-2 インフレ・ギャップとデフレ・ギャップ

目国民所得であり，Y_E との差は物価騰貴（インフレーション）によって調整されている．この Y_2 と Y_E の総需要の差（$B-E$）をインフレーション・ギャップ（インフレ・ギャップ）と呼ぶ．

第1章でも説明したように，インフレーションは所得分配の不平等をもたらし，資源の最適配分を阻害する等の弊害があり，デフレーションは非自発的失業の発生，国内総生産の減少等の弊害がある．そこで，政府は財政政策等により総需要を調整し，インフレ・ギャップ，デフレ・ギャップの歪みを正す必要がある．

(3) 乗数効果

不景気の時に，政府はなぜ国債を発行して借金をしてまでも公共投資を行うのかを考えてみよう．いま単純化のために「限界消費性向」を0.8とし，公共投資として1,000億円のダム建設を行うとする．第1期にダム建設会社に1,000億円の所得が生み出される．しかし，ダムを作るためには，セメント産業，鉄鋼産業，

機械産業，電機産業などさまざまな企業に注文がいく．すなわち第2期には，1,000億円×0.8＝800億円がこれらの産業の新しい所得となって表れてくる．さらに，第3期には，800億円×0.8＝640億円はかならずどこかの経済主体に分配されて誰かの所得になる．このような循環のプロセスが続くと，

$$1,000 \text{億円} \times 0.8 + 1,000 \text{億円} \times 0.8^2 + 1,000 \text{億円} \times 0.8^3 \cdots\cdots$$
$$= 1,000 \text{億円} \times \frac{1}{1-0.8} = 5,000 \text{億円}$$

となる．すなわち，1,000億円の公共投資を行うことによって，5倍の国民所得が生まれることになる．

この式より，$\dfrac{1}{1-\text{限界消費性向}} = \dfrac{1}{\text{限界貯蓄性向}}$ を乗数と呼んでいる．

同様に，1,000億円の公共投資が行われた場合には，どのくらいの貯蓄が行われるかも考えてみよう．

限界消費性向＋限界貯蓄性向＝1より限界貯蓄性向が0.2になるので，第1期は1,000億円×0.2＝200億円が貯蓄される．第2期は800億円×0.2＝160億円が貯蓄される．さらに，第3期には640億円×0.2＝128億円が貯蓄される．このような循環のプロセスが続くと，

$$0.2 \times (1,000 \text{億円} \times 0.8 + 1,000 \text{億円} \times 0.8^2 + 1,000 \text{億円} \times 0.8^3 \cdots\cdots)$$
$$= 0.2 \times 5,000 \text{億円} = 1,000 \text{億円}$$

となる．すなわち，投資の増加額と貯蓄の増加額が一致することから，投資＝貯蓄という国民所得の均衡条件が生まれてくる．

第3節　総需要管理政策

続いて，政府支出，租税の変化が国民所得に与える影響を，数式モデルを用いて考えよう．最初に，それを導出した際の前提条件を再び念頭に置いて求め，そこから，政府支出乗数，租税乗数，均衡予算乗数を求めよう．

まず，閉鎖経済における政府支出を考慮した場合の国内の総需要を，次のよう

に仮定しよう.

$$総需要 (Y) = C + I + G \qquad 〔1式〕$$

また租税収入 (T) は一定であると仮定し，消費はケインズ型消費関数を考えているので，

$$C = a + b(Y - T) \qquad 〔2式〕$$

という関係がなりたっているときに，政府支出 G が ΔG だけ増えたなら，国民所得 (Y) はどれだけ増えるかを考えてみよう.

まず，〔1式〕の $Y = C + I + G$ の C に，$C = a + b(Y - T)$ を代入すると，
$Y = a + b(Y - T) + I + G$
$Y = a + bY - bT + I + G$ となるので，これを Y で整理すると，
$Y - bY = a - bT + I + G$
$Y(1 - b) = a - bT + I + G$ となるので，両辺を $1 - b$ で割ると，

$$Y = \frac{1}{1-b}(a - bT + I + G) \qquad 〔3式〕$$

となる．これを閉鎖経済の均衡国民所得の条件式という．

この時，政府支出 G が ΔG だけ増加したときの国民所得を Y' とする

$$Y' = \frac{1}{1-b}(a - bT + I + G + \Delta G) \qquad 〔4式〕$$

となる．
国民所得の増加分 ($Y' - Y$) すなわち ΔY は〔4式〕から〔3式〕を引くことによって求められるので，

$$Y' - Y = \frac{a - bT + I + G + \Delta G - a + bT - I - G}{1 - b}$$

より $\Delta Y = \frac{1}{1-b} \Delta G$ 〔5式〕が求められる．すなわち政府支出の変化分 ΔG と国民所得の変化分 ΔY の間には $\frac{1}{1-b}$ という「政府支出乗数」が成り立つ.

一方，政府支出を一定として，租税収入が ΔT 変化した場合の国民所得を Y'' とすれば，

$$Y'' = \frac{1}{1-b}\{a - b(T + \Delta T) + I + G\} \qquad \text{〔6 式〕}$$

となり，国民所得の変化分は〔6 式〕から〔3 式〕を引くことによって求められるので，

$$Y'' - Y = \frac{a - bT - b\Delta T + I + G - a + bT - I - G}{1 - b}$$

$$\Delta Y = -\frac{b}{1-b}\Delta T \qquad \text{〔7 式〕}$$

が求められる．

すなわち，租税の変化分 ΔT と国民所得の変化分 ΔY との間には $-\dfrac{b}{1-b}$ という乗数公式が成り立ち，これを「租税乗数」と呼んでいる．

ではさらに，次のようなケースを考えよう．現在の我が国のように，国債残高が増加している中で，赤字財政に対する批判が高まる状況において，政府支出を増加させるための財源としては，国債を発行して財源を集めるのではなく，増税をして財源を集めなければならない場合もあろう．その場合の国民所得への影響はいかなるものであろうか．

すでに説明したように，政府が支出を増加することによって，$\dfrac{1}{1-b}$ 倍の国民所得の増加が見られる．そして，この時に，政府支出の増加分だけ増税を行ったならば $\dfrac{b}{1-b}$ の国民所得が減少する．したがって予算を均衡したまま，政府支出を増加させた場合（つまり $\Delta G = \Delta T$）の国民所得に与える効果は，

$$\Delta Y = \frac{1}{1-b}\Delta G - \frac{b}{1-b}\Delta T = \left(\frac{1-b}{1-b}\right)\Delta G = \Delta G \quad (\text{または } \Delta T)$$

となる．すなわち，政府支出の増加を増税で賄った場合の，国民所得の増加は，政府支出の増税額の 1 となり．この結果を均衡予算乗数と呼んでいる．

第4節　開放経済における財政政策の効果

ここでは，貿易を考慮した開放経済での乗数効果を考えよう．貿易を考えた場合，総需要は，国内消費（C），国内投資（I），政府支出（G），輸出（X），輸入

(M) からなる.

前節と同様の前提条件の下では，国民経済における総需要と総供給（Y）が一致する水準に国民所得が決定されるので，

$$Y = C + I + G + X - M \qquad 〔1式〕$$

となる．また，消費は，前節と同様にケインズ型消費関数を考えており

$$C = a + b(Y - T) \qquad 〔2式〕$$

となる．また，輸出は，政府支出と同様に，国民所得から独立であると考え，輸入は消費と同様に，国民所得と無関係に決定される部分（独立輸入）と国民所得の増加関数となる部分からなると考えよう．すなわち，

$$M = M_0 + mY \qquad 〔3式〕$$

となる．ここで，M_0 は独立輸入で，日本人が最低限生きていくために必要な輸入で，m は限界輸入性向で，国民所得の増加関数であるので $\dfrac{\Delta M}{\Delta Y}$ となる．そこで，〔2式〕〔3式〕を〔1式〕に代入して整理すると，

$$\begin{aligned} Y &= a + bY - bT + I + G + X - M_0 - mY \\ &= \frac{1}{1 - b + m}(a - bT + I + G + X - M_0) \end{aligned} \qquad 〔4式〕$$

となる．これを開放経済の均衡国民所得の条件式という．

いま，内需拡大策のために政府支出を ΔG 増加すれば国民所得 Y_1 は，

$$Y_1 = \frac{1}{1 - b + m}(a - bT + I + G + \Delta G + X - M_0) \qquad 〔5式〕$$

国民所得の増加分 ΔY は〔5式〕式から〔4式〕を引くことによって求められるので，$Y_1 - Y = \dfrac{a - bT + I + G + \Delta G + X - M_0 - a + bT - I - G - X + M_0}{1 - b + m}$

$\Delta Y = \dfrac{1}{1 - b + m} \Delta G$ となる．すなわち，政府支出の増加分 ΔG と国民所得の増加分 ΔY の間には $\dfrac{1}{1 - b + m}$ という「乗数公式」が成り立ち，これを「政府支出乗数」と呼んでいる．

一方，政府支出を一定として租税が ΔT 変化した場合の国民所得を Y_2 とすれば，

$$Y_2 = \frac{1}{1-b+m}\{a - b(T+\Delta T) + I + G + X - M_0\} \quad [6\text{式}]$$

となり，国民所得の変化分 ΔY は〔6 式〕から〔4 式〕を引くことによって求められるので，

$$Y_2 - Y = \frac{a - bT - b\Delta T + I + G + X - M_0 - a + bT - I - G - X + M_0}{1-b+m}$$

$\Delta Y = -\dfrac{b}{1-b+m}\Delta T$ となる．すなわち，租税の変化分 ΔT と国民所得の変化分 ΔY の間には $\dfrac{b}{1-b+m}$ という乗数公式が成り立ち，これを「租税乗数」と呼んでいる．

いま輸出 X に自発的変化が見られ，その増加分を ΔX とすれば国民所得 Y_3 は，

$$Y_3 = \frac{1}{1-b+m}(a - bT + I + G + X + \Delta X - M_0) \quad [7\text{式}]$$

となり，国民所得の増加分 ΔY は〔7 式〕から〔4 式〕を引くことによって求められるので，$Y_3 - Y = \dfrac{a - bT + I + G + X + \Delta X - M_0 - a + bT - I - G - X + M_0}{1-b+m}$

$\Delta Y = \dfrac{1}{1-b+m}\Delta X$ となる．すなわち，輸出の増加分 ΔX と国民所得の増加分 ΔY の間には，$\dfrac{1}{1-b+m}$ という「乗数公式」が成り立ち，これを「外国貿易乗数」と呼んでいる．

このように，政府支出が増加しても輸出が増加しても国民所得は（1 − 限界消費性向 ＋ 限界輸入性向）の逆数倍だけ増加し，国民所得に与える影響は同じである．しかし，国民所得に与える影響は同じであっても，貿易収支に与える影響は大いに違ってくる．

いま，輸出が増加した場合について考えてみよう．貿易収支（B）は輸出（X）− 輸入（M）であるから貿易収支の変化分（ΔB）を表すと，$\Delta B = \Delta X - \Delta M$ となる．輸入は〔3 式〕の $M = M_0 + mY$ より，M_0 は一定であるので $\Delta M_0 = 0$ より，輸入の誘発的増加は $\Delta M = m\Delta Y$ となる．右辺の ΔY に外国貿易乗数の公式を代入す

ると，$\Delta M = \dfrac{m}{1-b+m}\Delta X$ となり，貿易収支（ΔB）は，

$$\Delta X - \Delta M = \Delta X - \dfrac{m}{1-b+m}\Delta X = \left(1 - \dfrac{m}{1-b+m}\right)\Delta X$$

$$\therefore \Delta B = \dfrac{1-b}{1-b+m}\Delta X \text{ の大きさだけ黒字になる．}$$

　一方，政府支出が増加し輸出が一定の場合を考えてみよう．政府支出が増加すれば国民所得が増加する．輸入は国民所得の増加関数であるから，それに伴う輸入増加は $\Delta M = m\Delta Y$ であり，右辺の ΔY に政府支出乗数の公式を代入すると，$\Delta M = \dfrac{m}{1-b+m}\Delta G$ となる．この場合輸出は一定であるので $\Delta X = 0$ となり，貿易収支（ΔB）は，$\Delta X - \Delta M = 0 - \dfrac{m}{1-b+m}\Delta G$

$$\therefore \Delta B = -\dfrac{m}{1-b+m}\Delta G \text{ の大きさだけ赤字になる．}$$

第5節　自動安定化装置（ビルト・イン・スタビライザー）

　政府の裁量による財政支出額や税額，税率の操作が，所得水準の変化と，その安定化にどのような影響を及ぼし得るかという問題意識の下，所得水準の安定化を目的に発動される裁量的な財政政策とは異なる財政政策の理論として，ビルト・イン・スタビライザーの理論がある．これは，現代の財政収支それ自体が所得水準の変動により影響を受けて景気変動を自動的に安定化させる機能を持つという考え方の上に成り立っている．

　財政収支の基本的な性格として，次のような傾向を指摘することができる．すなわち，景気上昇期に，収入面では，所得税などの税収全体の増加が目立ち，支出面では失業手当などの移転支出が減少し黒字の方向へ向かう傾向となる．これに対して，景気下降期には，所得税をはじめとした，税収入全体が減少し，一方の支出面では，失業手当などの移転支出が増加し，赤字の方向へと向かう．

　この時，経済の安定化へ向けて，次のような機能が発揮される．所得税は累進税であり，極めて強い安定化機能を発揮する．累進税率は，景気上昇期に，所得

が増える人が多くなると，それに応じて，適用される税率自体が増加し，逆に景気下降期に，所得が減少する人が増える状況に際し，その所得の減少に応じて，適用される税率自体が低下する仕組みである．一方で，支出面における，失業手当は，景気上昇期には減少し，景気下降期には，増加して失業者の救済へと当てられる．このように景気を財政収支を通じて自動的に安定させることをビルト・イン・スタビライザーという．

ただし，安定化機能が効果を発揮するためには，次のような条件を備えていなければならない．第1に租税依存度の高い大規模予算が組まれていること，第2に所得弾力性の高い租税の収入構造と源泉徴税制度が行われていること，第3に社会保障などの移転支出が相当高い比重を占める予算制度であることである．そして，これらを満足させる具体的要素としては，所得税，法人税，失業保険制度があげられる．つまり，所得税は累進税であり，法人税は法人所得が景気に反応し，失業保険制度は就業時に保険料を納付して失業時に給付を受けるという制度的性格のために，自動安定化装置としての作用をもつと考えられたのである．

しかし，自動安定化装置が重要な意義を持つことは認めなければならないが，同時にこれだけに依存しようとする財政政策には限界があることも合わせて考えなければならない．第1に，安定化装置の効果を強めようとする措置は，安定化のためには望ましいけれども，経済成長を阻害するかもしれない．というのは，自動安定化装置の中心は租税構造であり，その安定効果を高めるには課税水準の引き上げと，所得変化に対する税収額変化の感受性を高めることが必要である．しかし，これらの措置は投資意欲を阻害させる．第2は自動安定化効果はつねに望ましい方向に作用するとは限らない．つまり，不況から回復過程において，所得上昇の一部が税収の増加となり可処分所得の減少を導き，景気の上昇は抑制されがちとなる．したがって，この欠陥を補うためになんらかの補完措置を取らなければならない．第3に，失業率や物価水準が一定レベルに達したとしても，それが一時的要因に基づくものであるかどうかによって対策が異なるべきであり，民間支出水準に一定の変化をもたらすことが望ましいとしても，そのためにとるべき適切な措置はその時の具体的状態に応じて同一ではないということである．

例えば，所得税の減税に重点が置かれる場合もあれば，法人税の引き下げが優先的に考慮される場合もあるからである．第4に深刻な不況，激しいインフレーションに対して，自動安定化装置のみでは対抗することはできず，裁量的財政政策に頼らざるをえない．このようなことから，自動安定化装置は完全に経済変動を吸収するものではなく，裁量的財政政策を補完するものであるといえる．

第6節　財政政策と IS・LM 分析

　これまでの議論は，財政支出を増加させた時に，最終的にその乗数倍の国民所得が増加するというものであり，利子率は一定であると仮定してきた．しかし，利子率の変動を考えた場合，利子率の変動が投資活動に影響を与えることから，さらに，利子率の変動が国民所得に影響を与える状況を考慮していく必要がある．すなわち，利子率が異なれば投資支出も異なることとなり，投資，消費，政府支出の合計である総需要も変化し，結果的に国民所得も変化することになる．

　このような理由から，以下では利子率が国民所得の決定に与える影響を，IS 曲線と LM 曲線を用いて示していくことにする．IS 曲線とは，生産物市場において投資（I）と貯蓄（S）が等しくなるような利子率（i）国民所得の組み合わせを表す曲線である．ケインズの投資の限界効率理論によると，投資（I）は利子（i）の減少関数であるので，投資曲線は右下がりに描くことができる．また，貯蓄（S）は国民所得（Y）の増加関数である．結局 IS 曲線は $I(i) = S(Y)$ という条件

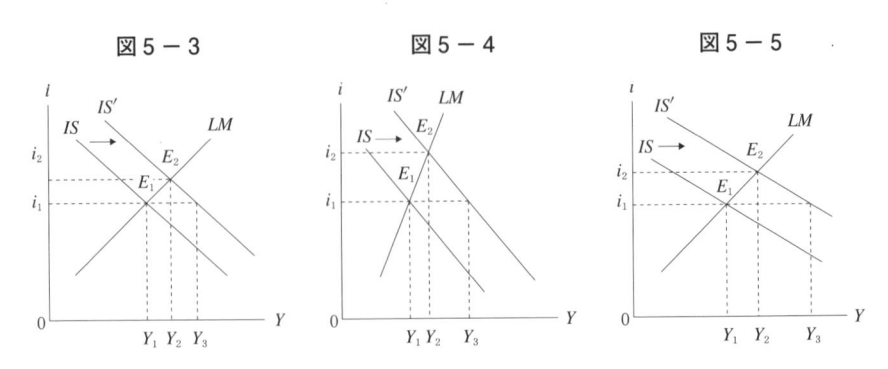

図5－3　　　　　　　図5－4　　　　　　　図5－5

図5－6

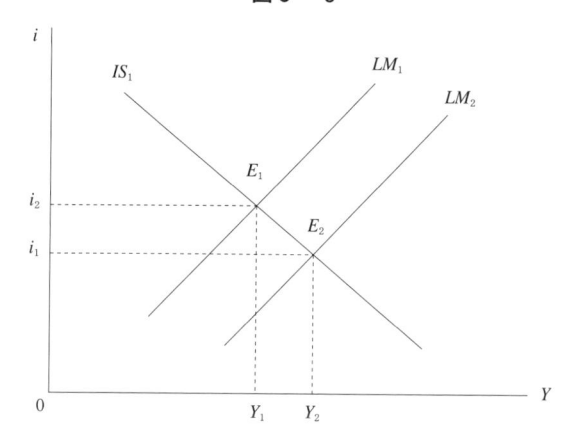

を満たすiとYの組み合わせの軌跡である．当初一定の利子率のもとで，$I=S$が成立していたとしよう．もしここで利子率が低下したとすれば，仮定よりIは増加する．この新しい状況の下で再び$I=S$を成立させるためには，Sも増加しなければならない．仮定よりこれは，国民所得が増加することを意味する．こうして，低い利子率には大きな国民所得が対応することになって，IS曲線は右下がりに導けるのである．

　LM曲線とは，貨幣市場において，貨幣の需要（L）と貨幣の供給（M）が等しくなるような利子率（i）と国民所得の組み合わせを表す曲線である．貨幣需要は取引需要と資産需要の合計として表される．取引動機における需要は家計ならば消費財を購入するために貨幣を手元に保有しようとする動機で，国民所得（Y）に依存し，国民所得の増加関数である．これに対して資産需要における需要は，ケインズの流動性選好説によって利子率（i）に依存し，利子率の減少関数である．貨幣需要の合計をL，貨幣需要をL_1，資産需要をL_2とすれば，$L=L_1(Y)+L_2(i)$となる．いま貨幣市場が均衡している状態で利子率（i）が上昇したとする．そうすると貨幣の資産需要が減少するので，マネーサプライ一定の下では取引需要がその分増加する．つまり，利子率（i）が上昇すると国民所得（Y）も増加しなければならないので，LM曲線は右上がりになる．このことから，右下がりのIS

曲線と右上がりのLM曲線の交点で利子率と国民所得が決まるのである．

　$IS・LM$分析の枠組みからいえば，IS曲線シフトは，財政政策によってとらえることができる．今，市中消化によって国債を発行し，その財源を財政支出にあてる場合について考えてみよう．経済は図5－3のE_1点で均衡しているとする．この時，政府支出をΔG増加した時，IS曲線は，右方向にシフトするが，国債を市中消化で発行する場合は，マネーサプライは変化しないので，LM曲線はシフトしない．この時，利子率が一定ならば，生産物市場には，乗数効果が働くことによって，国民所得はY_3まで上昇するはずである．しかしながら，この場合，貨幣市場では超過需要が発生している．これは，国民所得の上昇に伴い，貨幣の取引需要が増加したことによる．このため，貨幣市場では利子率が上昇し，投機的需要が減少するかたちで需給が均衡するように調整される一方，この利子率の上昇は，財市場の投資を減少させる．これによって均衡点はE_2となり，国民所得はY_2の水準まで押し戻される．このように，政府支出の増加によって，利子率が上昇し，民間の投資を減少させることをクラウディング・アウトと呼ぶ．このクラウディング・アウトの大きさはIS曲線，LM曲線の傾きに依存して決まる．図5－4のように，LM曲線の傾きが急なほど，つまり，貨幣需要の利子弾力性が大きいほどクラウディング・アウトは大きくなる．また，図5－5のように，IS曲線の傾きが緩やかなほど，つまり，投資の利子弾力性が大きいほど，クラウディング・アウトの効果は大きくなる．

　$IS・LM$分析の枠組みからいえば，LM曲線のシフトは，金融政策によるマネーサプライの変動によってとらえることができる．今，経済が，図5－6のE_1点で均衡しているとする．この時，金融緩和政策によって，マネーサプライを増加させると，LM曲線は，LM_1からLM_2へシフトする．すなわち，マネーサプライの増加は図5－6のように利子率をi_2からi_1に低下させ，国民所得は，Y_1からY_2に増加するので金融政策は有効である．

　これまでは，$IS・LM$曲線の一般的なケースについて示してきたので，バブル経済崩壊後の日本の状態を，$IS・LM$曲線を使って説明してみよう．図5－3において，前述と同様に不況から脱出するために政府支出を増加させると，IS曲

図 5-7

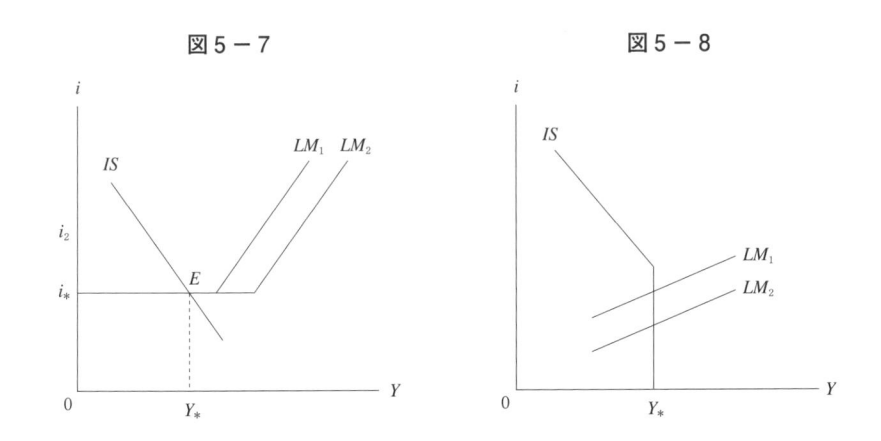

図 5-8

線は IS から IS′ へシフトする．こうして均衡点は E_2，均衡国民所得は Y_2 に増大し，不況状態から抜け出せるはずである．ところが，バブル経済崩壊とともに，人々の手持ちの債券，株，そして土地などの資産価値が低下したために，以前よりも消費支出が減少する．これは，資産価値の下落が消費支出を減少させるように作用するからであり，逆富効果といわれる現象である．これによって，IS 曲線は，IS′ から IS へと，左下方向へシフトするので，せっかくの支出増大による効果は弱められてしまうのである．

いま，経済が，誰もが利子率が下限に達していると判断するときは，債券を購入する人はいなくなり，貨幣の形で資産を保有しようとする．この場合「貨幣需要の利子弾力性」は無限大となり，貨幣需要曲線は利子率の下限水準で水平になる．この水平部分を「流動性のわな」と呼んでいる．したがって，所得が増加しても，貨幣市場の均衡を維持する利子率は変化しないから，流動性のわながあるところでは LM 曲線は水平となる．いま，図 5-7 において経済が流動性のわなに陥っており，そのために LM 曲線の水平部分で IS 曲線と E 点で交差し，国民所得 Y_* となっている．この時金融緩和政策によって LM 曲線を LM_1 から LM_2 にシフトさせても，LM 曲線の右端部分が右方にシフトするだけであり，金融政策は無効である．

日本銀行が包括的な金融緩和を導入したのは平成 22 年 10 月である．当時ア

メリカでも積極的な金融緩和が行われるという見方が強まったこともあって，為替相場では急激な円高が進んだことから，日本銀行は円高措置とデフレ脱却から追加的金融緩和に踏み切った．内容は ① 無担保コール（オーバーナイト物）を 0 〜 0.1％に引き下げる実質ゼロ金利政策の実施, ② 消費者物価指数が 1％程度に高まるまでゼロ金利政策を続けるという時間軸効果の導入, ③ 5 兆円の資産の買い取り枠を新設するとともに，既存の固定金利オペ枠 30 兆円と合わせた 35 兆円の「資産買入れ等の基金」の創設の 3 点である．特に，資産買入れについては，購入対象資産に ETF（投資信託），REIT（不動産投資信託）が含まれており，間接的であれ株式，不動産といったリスク資産を中央銀行が購入するというのは極めて異例の政策で，こうしたリスク資産の購入は，信用緩和と呼ばれている．その後資産買い入れ等の基金は，平成 23 年 4 月 27 日に 70 兆円，12 月 20 日に 101 兆円に増額したが，いまだ流動性トラップの状態にあるといえる．

　10 年以上もデフレの状態が続いている理由としては，図 5 − 8 に見られるように不況が深刻化している場合，例え市場利子率が下落して借入コストが低下しても，将来に対する景気の見通しがつかないため，企業は投資を差し控えているからである．このような場合投資は利子率の変化に対して全く反応しないから，利子率に対して投資は非弾力的となることがある．この場合，図 5 − 8 のように IS 曲線は垂直になるため，金融緩和策を行い，LM 曲線を LM_1 から LM_2 にシフトさせても国民所得水準は Y_* と変化しないので，金融政策は無力となっている．また，第 3 章でも説明したように，公共投資はここ 10 年で 3 分の 1 に減っており，税収入が少ないため，大量の国債を経常経費への支出に充てているので，IS 曲線は右へシフトしない状況が続いている．

　そこで平成 24 年の選挙で大勝した自民党総裁の安倍首相は，3 年半ぶりに経済財政諮問会議を復活させ，大胆な金融政策，機動的な財政政策，民間投資を喚起する成長戦略の 3 つを基本方針にかかげ（これを 3 本の矢と表現），デフレ脱却と雇用の拡大を喚起している．個別の政策としては，2％のインフレ目標，円高の是正，政策金利のマイナス化，無制限の量的緩和，大規模な公共投資（国土強靱化），日本銀行の買いオペレーションによる建設国債の引き取り，日本銀行

法改正などが挙げられる．このような政策はアベノミクスと呼ばれている．特に日本銀行法第 2 条は，「日本銀行は，通貨及び金融の調節を行うに当たっては，物価の安定を図ることを通じて国民経済の健全な発展に資することをもって，その理念とする」と定めているが，雇用の拡大については何も触れていないので，安倍首相は日銀に雇用の拡大に努めるべきであるとの認識を示している．また，公共事業を中心とした防災対策では，自民党が 10 年間で 200 兆円規模の投資を目指す「国土強靱（きょうじん）化基本法案」をまとめており，政府投資の拡大を実現することによって IS 曲線が右にシフトし雇用を増加させ，景気を拡大することができるとしている．

参考文献

中谷巌『入門マクロ経済学（第 5 版）』日本評論社　2007 年
林栄夫『ビルト・イン・スタビライザー』至誠堂　1960 年
速水昇『経済学』学文社　2003 年
速水昇編著『政府の役割と租税』学文社　2006 年
速水昇・小田幹雄編著『公共部門の経済活動と租税』学文社　2007 年
速水昇・和田尚久・水野惠子編著『公共経済と租税』学文社　2010 年
青木一郎『財政学（改訂版)』学文社　2011 年

第6章
地方財政

第1節　国の経済活動と地方政府の経済活動

(1) 地方分権時代の地方政府

　地方政府（地方公共団体：都道府県・市町村）は中央政府（国）と共に政府部門を形成している．都道府県・市町村が国と最も違うのは，地方公共団体は同じような団体が他にもあるということである．地方分権時代は，同じような団体そのものが競争しあうという時代のことである．また，中央政府という上級団体を有している団体が主権を持つの時代のことである．

　地方公共団体の仕事（行政事務）は従来，国の指揮命令の下にある部分が多かった．地方分権改革は何度か試みられたが大きな変化は起こらなかった．しかし，今日の地方分権改革は，行政権限の大幅な委譲，大胆な財源改革を含んでいる．

　地方分権の本格化は，個性ある地域運営を可能にする．地域の個性を反映する多様な地方行政が生じる期待が持たれている．しかし，地方自治の貫徹は，地域衰退のリスクを含んでいる．地域の裁量権が大きくなれば，その結果に対する責任も重くなるのである．

(2) 国民経済と財政活動（国と地方）

　地方財政とは，制度上は，個々の地方公共団体（地方自治体）の財政の総称である．国民経済全体に占める地方政府の経済活動つまり地方財政の割合はかなり大きい．

　図6－1を見ると明らかなように，一般政府は中央政府（一般会計，特別会計，事業団等），地方政府（普通会計，公営企業会計，公社等）と社会保障基金（年金，医療，福祉）に分けられる．その中で地方財政の占める割合は，国内総生産の11.7％を占め，中央政府である国（4.8％）の約2.5倍になっている．国民経済は，4分の3を占める民間経済活動と残りの約4分の1を占める政府の経済活動に分けられる．政府部門における支出ベースでは，地方財政の役割は国家財政よりはるかに大きい．

第6章　地方財政

図6−1　国内総生産と地方財政

(平成25年度決算)

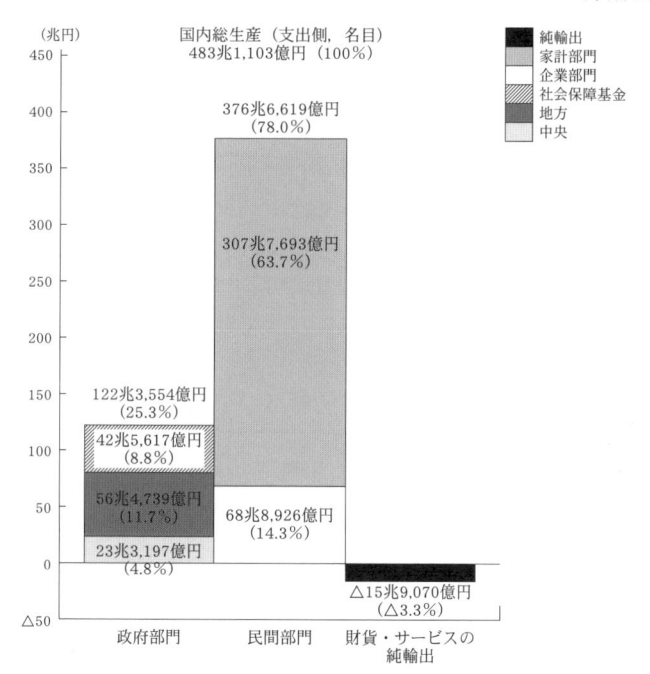

国内総生産（支出側，名目）483兆1,103億円（100%）

凡例：純輸出／家計部門／企業部門／社会保障基金／地方／中央

政府部門：
- 122兆3,554億円（25.3%）
- 42兆5,617億円（8.8%）
- 56兆4,739億円（11.7%）
- 23兆3,197億円（4.8%）

民間部門：
- 376兆6,619億円（78.0%）
- 307兆7,693億円（63.7%）
- 68兆8,926億円（14.3%）

財貨・サービスの純輸出：
- △15兆9,070億円（△3.3%）

注）「国民経済計算（内閣府経済社会総合研究所調べ）」による数値及びそれを基に総務省において算出した数値である．
出所）総務省『地方財政白書（平成27年版）』

（3）国と地方との行政事務配分

　財政支出の背景には行政サービス（行政事務）がある．これは国と地方公共団体の間で配分される．その際，行政事務の執行をどのように配分するか決めなければならない．

　現在の日本における行政事務の分担をまとめたものが，表6−1である．外交，防衛のような国家主権に関わる事務は当然に国が担当している．通貨の発行も国家経済に関わる重要事項であるから，現在では当然に国家の行政事務分担になっている．

　公共資本，教育，福祉，産業に関わる事務は，その影響の範囲によって，担当

123

表6−1　国と地方の行政事務の分担

国と地方との行政事務の分担

分野		公共資本	教育	福祉	その他
国		○高速自動車道 ○国道 ○一級河川	○大学 ○私学助成（大学）	○社会保険 ○医師等免許 ○医薬品許可免許	○防衛 ○外交 ○通貨
地方	都道府県	○国道（国管理以外） ○都道府県道 ○一級河川(国管理以外) ○二級河川 ○港湾 ○公営住宅 ○市街化区域，調整区域決定	○高等学校・特別支援学校 ○小・中学校教員の給与・人事 ○私学助成（幼～高） ○公立大学（特定の県）	○生活保護（町村の区域） ○児童福祉 ○保健所	○警察 ○職業訓練
	市町村	○都市計画等（用途地域，都市施設） ○市町村道 ○準用河川 ○港湾 ○公営住宅 ○下水道	○小・中学校 ○幼稚園	○生活保護（市の区域） ○児童福祉 ○国民健康保険 ○介護保険 ○上水道 ○ごみ・し尿処理 ○保健所（特定の市）	○戸籍 ○住民基本台帳 ○消防

出所）総務省「地方財政制度」（国と地方との行政事務の分担）平成27年度

が分かれている．道路，港湾，河川に関わる公共資本（社会基盤施設）は，延長距離・面積・人口等の大きさにより担当が決まっている．教育は，通学距離が拡大するに従って担当する政府の範囲も大きくなる．他も同様である．行政サービスは一番身近な政府である市町村が提供し，それでもできない場合は都道府県が，都道府県でも対応できないものは国が対応することになっている．

図6−2は，平成25年度の国と地方の歳出予算を最終支出ベースで見たものである．歳出ベース全体で見ると，地方が全体の約60％を担い，国が全体の約40％を担っていることがわかる．

防衛費，恩給，年金のような国の事務であるものは，当然のことながら国の支出が100％となる．また，社会保障関係費の不足等を賄っている公債費は，国の比率が62％となっている．

それ以外の国民生活に直接かかわっている支出の多くが，地方公共団体によって行われている．その負担割合は，多少の差はあるが地方が4分の3程度支出

図6-2 国の歳出と地方公共団体の歳出

(平成25年度決算)

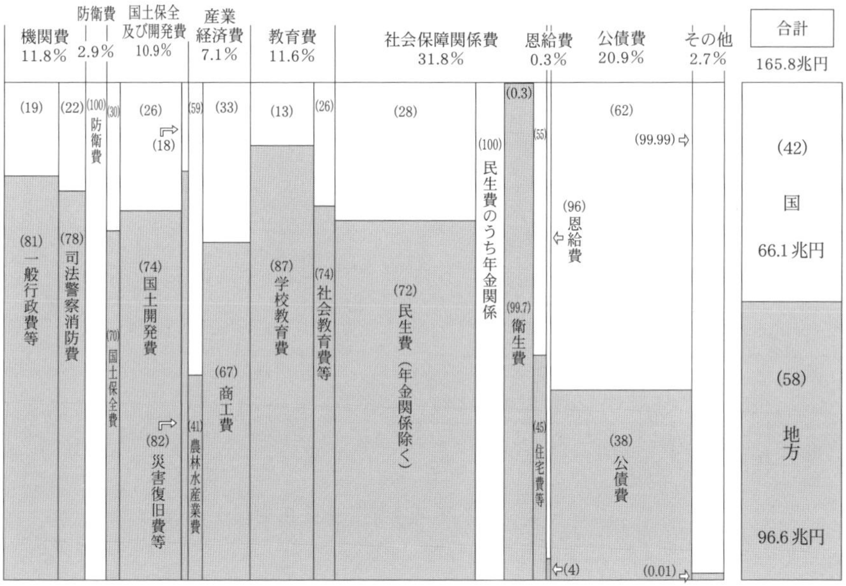

| 機関費 11.8% | 防衛費 2.9% | 国土保全及び開発費 10.9% | 産業経済費 7.1% | 教育費 11.6% | 社会保障関係費 31.8% | 恩給費 0.3% | 公債費 20.9% | その他 2.7% | 合計 165.8兆円 |

（図中の数値）
- 機関費：(19)国(81)地方、内訳 一般行政費等(81)、司法警察消防費(78)〔(22)国〕
- 防衛費：(100)防衛費〔(100)国〕
- 国土保全及び開発費：(26)国(74)地方、国土開発費(74)、国土保全費(70)、災害復旧費等(82)〔(18)〕
- 産業経済費：(59)国(41)地方、商工費(67)、農林水産業費(41)
- 教育費：(13)国(87)地方、学校教育費(87)、社会教育費等(74)〔(26)〕
- 社会保障関係費：(28)国(72)地方、民生費（年金関係除く）(72)、民生費のうち年金関係(100)〔(0.3)〕、衛生費(99.7)〔(55)〕、住宅費等(45)〔(4)〕
- 恩給費：恩給費(96)
- 公債費：(62)国(38)地方、公債費(99.99)〔(0.01)〕
- 合計：国 66.1兆円 (42)、地方 96.6兆円 (58)

注）（ ）内の数値は，目的別経費に占める国・地方の割合．
　計数は精査中である，異動する場合がある．
出所）総務省　平成27年度

しているものが多い．地方が住民に身近なサービスを主として提供していることが分かる．

(4) 国と地方の経費負担区分と財源配分

　国と地方の支出は図6-2のように分担されており，これは表6-1で示した行政事務分担とそれを背景にした経費負担区分によるものである．

　しかし，これを賄う税源は国に偏り，平成25年度決算では国の税収は全体の約60％を占めている．しかし，最終の支出ベースにおいての国と地方との割合と，国民が租税として負担する国・地方の負担割合は逆転している．これは，図6-3に見られるように国から地方への地方交付税・国庫支出金等の資金移転によっ

図6-3 国と地方の経費負担区分と財源配分

(平成25年度決算)

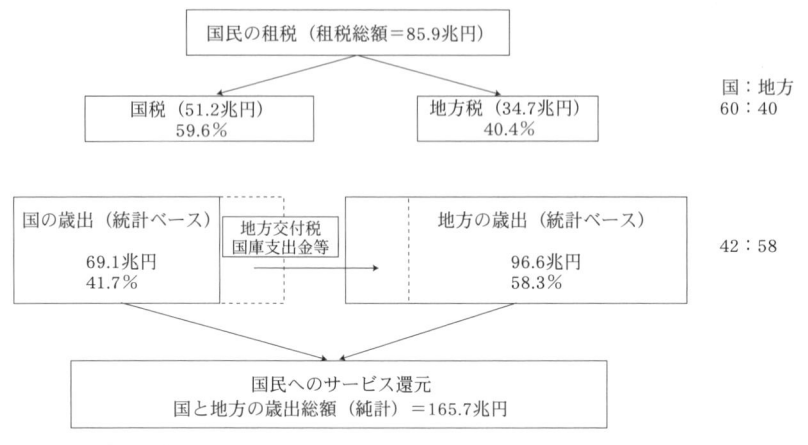

```
           国民の租税（租税総額＝85.9兆円）
          ↙                              ↘
  国税（51.2兆円）              地方税（34.7兆円）         国：地方
     59.6%                        40.4%              60：40

  国の歳出（統計ベース）   地方交付税    地方の歳出（統計ベース）
     69.1兆円            国庫支出金等      96.6兆円          42：58
     41.7%              ────→           58.3%
          ↘                              ↙
            国民へのサービス還元
       国と地方の歳出総額（純計）＝165.7兆円
```

出所）総務省　平成27年度

図6-4 平成25年度地方歳入の内訳

(平成25年度決算)

(億円)

地方税	地方譲与税 地方特例交付金 地方交付税	国庫支出金	地方債	その他
353,743 (35.0%)	202,798 (20.1%)	164,470 (16.3%)	122,849 (12.2%)	167,138 (16.4%)

←──────────── 地方歳入101兆0,998億円 ────────────→

注）国庫支出金には，国有提供施設等所在市町村助成交付金を含み，交通安全対策特別交付金は除く．
出所）総務省　平成27年度

て実現している．

　その一方でこうした負担割合の乖離が，地域住民の受益と負担の意識を益々乖離させる．図6-4に示したように，地方歳入の3分の1を少し超える程度が，住民が直接負担する地方税である．その他歳入の大部分が，国からの移転収入で

ある地方譲与税，地方特例交付金，地方交付金，国庫支出金であったり，地方債であれば，受益と負担の関係が実感されるはずもない．

こうした受益と負担の乖離が，歳出増を強く望みつつ負担を嫌がり，自分たちだけは負担増を免れられるという意識を助長する形になっている．地方分権を確立していくためには，国と地方との役割を見直すだけでなく，地方の自主財源の拡充や，国と地方の税財源の配分のあり方を見直すことが必要になっている．そのためには，国と地方との制度的枠組みを理解する必要がある．そこで，次節では，基本的な国と地方との財政関係を見ていく．

第2節　国と地方との財政関係

(1) 地方財政計画

図6-5は，国の予算と地方財政計画との関係を明らかにしたものである．左側の2列は，国の一般会計予算を表した図である．この左側の列が歳入予算で，税収の内，交付税交付金の原資となる4つの国税収入額が示されている．右側の列が歳出予算で，地方交付税として繰り出される金額が示されている．真ん中が交付税及び譲与税配布金特別会計である．右側の2列が地方財政計画である．国から地方への財政移転の一連の流れがここから見えてくる．この左側の列が歳入予算で，国から受け入れる歳入の種類と額が分かる．この右側の列が歳出予算である．

地方財政計画とは，国家財政と国民経済等の整合性を確保するために，国が毎年度予算を編成するときに翌年度の地方団体の歳入・歳出総額の見込み額に関する書類として作られるものである（地方交付税法第7条）．これを作成することによって，国の予算に盛られた施策を具体化し，地方財政との調整を可能にするのである．

地方財政計画は，国が地方団体に対し標準的な行政水準を確保するための地方財源を保障するだけではなく，地方団体の毎年度の財政運営の指針になるものである．この計画は，国が地方に保障する「標準的な行政水準」を明らかにするも

図6-5 国の予算と地方財政計画

国の予算と地方財政計画（通常収支分）との関係（平成27年度当初）

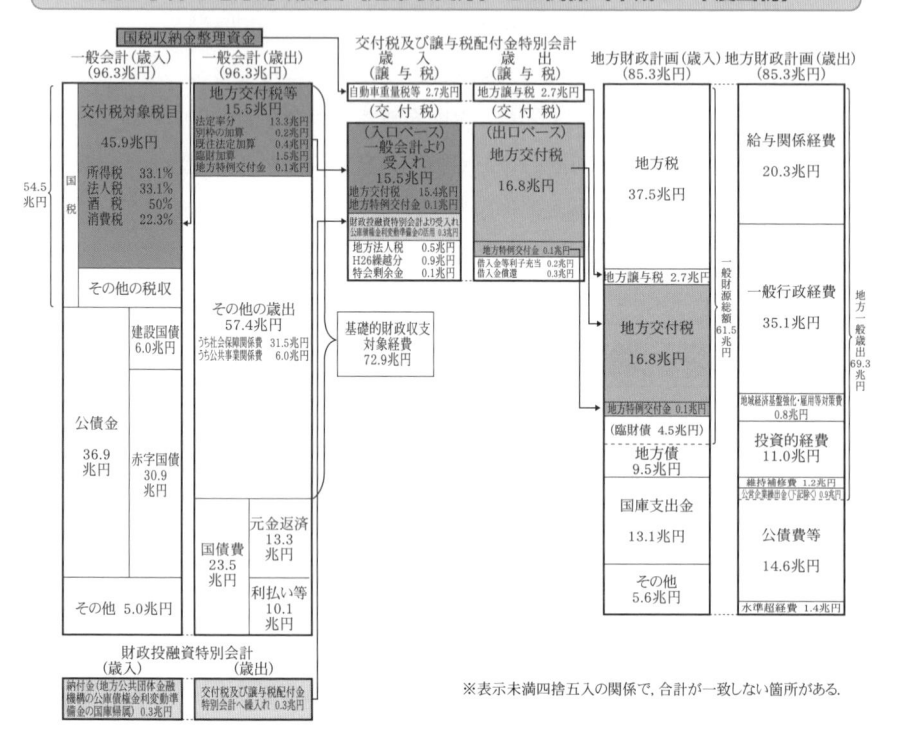

出所）総務省「地方財政制度」（国の予算と地方財政計画との関係）平成27年度

のである．それゆえ，歳入には，超過課税，法定外普通税，法定外目的税は算入されない．歳出でも，公務員の給与水準を超えて支給される給与等は入らない．

地方財政計画は，地方財政収支見通しを立てて，地方財政の不足を把握し，地方交付税の決定・一般会計からの加算等の地方財政対策を施すことになっている．

(2) 地方交付税

地方交付税制度は，地方公共団体間の財政力格差を是正し，地方団体間の財源の不均衡を調整するとともに，全国どこに住んでいても標準的（一定水準）な行

政サービスを提供するための財源を保障するために作られた制度である．また，この制度は，国と地方との垂直的な財政調整を行うという機能も担っている．

　地方交付税は，国が地方に代わって徴収する地方税であるともされており，国税の一部の一定割合がその財源とされている．平成27年度現在では，所得税と法人税の33.1%，酒税の50%，消費税の22.3%，地方法人税の全額がその財源とされている．

　この地方交付税は，94%が普通交付税として，標準的な（一定水準）の行政サービス提供のための財源に充てられ，残りの6%が災害等の状況に対応すべく，特別交付税として交付される．普通交付税は，標準的な行政サービスを保障するという観点から，ここの地方公共団体に対し，財源不足額（＝基準財政需要額－基準財政収入額）を算定し，それを交付する．制度設計当初は個々の自治体に配られる財源不足額の総額が，国税4税の一定割合とある程度一致するよう企図したが，必ずしも一致するという保証はなかった．一致しない場合は，交付税法6条3項によって，制度改正を行うことを可能にしたが，国の財政状況の悪化によって，それだけでは，調整が困難であった．そのため，地方交付税及び譲与税特別会計等の入り口ベース，出口ベースでの調整が毎年行われている．

　社会保障と税の一体改革，法人税の減税，地方分権のさらなる推進と地方財源の確保等，地方交付税で調整しなければならない課題はさらに複雑になり，平成26年度にも，平成27年度にも制度改革が行われた．

　現在の地方交付税制度は，国と地方との財政の抱える様々な財政的課題を調整する機能を，結果的に持つ形になっている．地方分権をどこまで推し進め，その結果，どの水準まで，財政的に弱い団体を支えるのか，国が保障する標準的な行政サービスはどの水準なのか，複雑で精緻な制度のなかで運用されている．

(3) 地方譲与税

　地方譲与税は，地方税として地方が徴収して用いるべきであるが，地方自治体が徴収しにくいため，国税として一旦徴収し，地方に配分するものである．一般財源の部分が多くなり，一応地方の税と考えられる．

地方譲与税の税目等は表6－2に出ている．このうち，地方揮発油譲与税，石油ガス譲与税，自動車重量譲与税はともに道路財源として使途が決められていたが，平成21年に地方揮発譲与税が地方道路譲与税に名称が変更になり，石油ガス譲与税，自動車譲与税と共に同年から使途に制限が無くなった．平成24年現在，使途に制限があるのは航空機燃料譲与税だけとなった．

　また，第3章で説明したように，平成20年度税制改正により，地域間の税源偏在を是正するため地方法人税が創設され，国から都道府県に「地方法人特別譲与税」として再配分されるようになった．地方譲与税の税率，譲与団体，譲与基準などは表6－2の通りである．

(4) 国庫支出金

　国が何らかの政策目的を持って，地方公共団体に特定の政策を実施させようとしても，地方公共団体に財源が無ければ実施することが難しくなる．この問題を解決するために，国から地方公共団体に交付する使途を定めた移転資金（特定補助金）が国庫支出金である．全てを列挙すると500以上にも及ぶ多様性のある経費である．国庫支出金は基本的に3つに分かれている．第1は国庫負担金，第2は国庫補助金，第3は国庫委託金がそれである．

①国庫負担金

　国庫負担金は，国が地方公共団体と共同で行う事務に対して一定の負担区分に基づいて負担するものである．これには経常的国庫負担金（地方財政法第10条）と公共事業に係る国庫負担金（地方財政法第10条の2）がある．

　経常的国庫負担金は，全国的に一定水準を確保することについて，国が経費の一部を負担するもので，代表的な国庫負担金としては，義務教育国庫負担金，生活保護負担金，児童保護費等負担金，障害者自立支援給付費等負担金等がある．

　公共事業に係わる国庫負担金については，道路，河川，砂防，海岸，港湾林道，漁港等に係る重要な農林水産業施設の新設及び改良に要する経費，地すべり防止工事，重要な都市計画事業に要する経費などがあげられている．また，地方財政法第10条の3では，道路，河川，砂防，海岸，港湾等に係る土木施設の災害復

第6章 地方財政

表6-2 地方譲与税の概要

譲与税目	地方揮発油譲与税	石油ガス譲与税	自動車重量譲与税	航空機燃料譲与税	特別とん譲与税	地方法人特別譲与税
譲与総額	地方揮発油税収入額の全額	石油ガス税収入額の1/2	自動車重量税収入額の1/3（当分の間、1/3→407/1,000に引上げ）	航空機燃料税収入額の2/13（平成23～28年度の間、2/13→2/9に引上げ）	特別とん税収入額の全額	地方法人特別税収入額の全額
課税標準及び税率等	製油場からの移出又は保税地域からの引取数量 揮発油税に係る税53,800円／kl 地方揮発油税 4,600円／kl 5,200円／kl （租税特別法88条の8）	石油ガス充填場からの移出又は保税地域からの引取数量 17.50円／kg	自動車検査証の交付等・車両番号の指定を受ける自動車の数 自家用（3年）乗用自動車 12,300円／自重0.5ｔ	航空機に積み込まれた航空機燃料の数量 26,000円／kl （※平成23～28年度の間 26,000円／kl→18,000円／kl） （租税法90条の8）	開港へ入港する外国貿易船の純トン数入港ごと20円／トン 1年分一時納付60円／トン	基準法人所得割額付加価値割額・資本割額及び所得割額によって課される法人 税率 93.5% 所得割額 43.2% 基準法人収入割額によって課される法人 税率 43.2%
譲与団体	都道府県・市町村（特別区含む）	都道府県・指定都市	都道府県・指定都市（58/100） 1/2 一般国道・高速自動車国道・都道府県道の延長 1/2 一般国道・高速自動車国道・都道府県道の面積 市町村（42/100） 1/2 市町村道の延長 1/2 市町村道の面積	市町村 （特別区含む）	航空機関係都道府県 航空関係市町村	開港所在市町村	都道府県
譲与基準	1/2 一般国道・高速自動車国道・都道府県道の延長 1/2 一般国道・高速自動車国道・都道府県道の面積 1/2 市町村道の延長 1/2 市町村道の面積	1/2 一般国道・高速自動車国道・都道府県道の延長 1/2 一般国道・高速自動車国道・都道府県道の面積	1/2 市町村道の延長 1/2 市町村道の面積	航空関係都道府県 4/5 市町村 1/5 1/2 着陸料額による地区内の世帯数により譲与 1/2 騒音が著しい地区内の世帯数により譲与 都道府県 1/5 市町村の譲与基準により算定した額	開港への入港に係る特別とん税の収入額に相当する額	地方法人特別税収入額の1/2 人口 1/2 従業者数 ※譲与額は譲与総額から財源超過団体の財源超過額を控除した額を上記基準に応じあん分した額の合計額（財源超過団体にあっては、当該合算額に財源別財政超過団体調整額を加算した額）
使途	道路の種類、形態、幅員による補正 人口、道路の種類、形態、幅員による補正 昼間人口の多い団体・地域には別途補正	普通交付税算定に用いる道路橋梁費の測定単位当たりの率による補正	道路の幅員及び人口による補正 昼間人口の多い団体については別途補正	着陸料の収入額、空港の管理の態様、空港の騒音の程度等により補正	なし	なし
	条件・制限なし （H20年度まで道路費）	条件・制限なし （H20年度まで道路費）	条件・制限なし （H20年度まで道路費）	騒音による障害防止・空港対策	条件・制限なし	条件・制限なし
譲与時期	6・11・3月	6・11・3月	6・11・3月	9・3月	9・3月	5・8・11・2月
平成26年度譲与額	2,588億円	96億円	2,543億円	139億円	124億円	23,879億円
平成27年度地方財政計画額	2,663億円	100億円	2,585億円	147億円	125億円	21,234億円

注）1．地方揮発油譲与税には地方道路譲与税を含む。
注）2．平成27年4月1日以後に開始する事業年度から適用。平成28年4月1日以後に開始する事業年度から、152.6%が適用。
注）3．地方交付税の財源超過団体については、地方揮発油譲与税（都道府県、指定都市）の譲与額の一定割合（前年度の普通交付税の収入超過額の10分の2）と当該団体の譲与額の3分の2のいずれか低い額）を制限する制度が設けられている。

出所）総務省『平成27年度地方財政計画』

旧事業に要する経費もあげられている．
②国庫補助金

　地方財政法第16条は，国庫補助金について「国は，その施策を行うため特別の必要があると認めるとき又は地方公共団体の財政上特別の必要があると認めるときに限り，当該地方公共団体に対して，補助金を交付することができる」と規定している．

　国庫補助金は，国がある施策を行うため特別の必要があると認めるときに支出する奨励補助金（市立幼稚園就園奨励金，都道府県警察補助金，社会福祉事業費補助金等）と地方公共団体の財政上特別の必要があると認める場合に支出する財政援助補助金（上下水道事業補助金，埋蔵文化財発掘調査補助金，児童福祉施設整備費補助金等）がある．

③国庫委託金

　国庫委託金について地方財政法第10条の4では，「専ら国の利害に関係のある事務を行うために要する次に掲げるような経費については，地方公共団体は，その経費を負担する義務を負わない」と規定している．対象となる経費として，国会議員の選挙，最高裁判所裁判官国民審査及び国民投票に要する経費，外国人登録に要する経費，検疫に要する経費，医薬品の検定に要する経費などがあげられている．

　以上のように国庫支出金は，国が何らかの政策的目的を地方に実施させようとするときに支出されるものである．国家的な見地からどうしても必要とされる行政サービスの水準や規模等の確保，社会資本の計画的な整備，地方公共団体が巨額の財源を必要とする際の財政負担の軽減等に寄与するものである．地方交付税は，一般財源であるのであくまで標準的な行政サービスの水準を確保するのに有用であるが，国庫支出金は，使途が特定された特定財源なので行政サービス水準の提供・確保にとって有用である．

　しかし，地方の自主性が阻害される等様々な弊害がある．超過負担の問題，零細補助金の問題，縦割り行政の弊害による補助金の無駄等がそれである．これを改善するための取り組みのひとつとして，平成22年度には，国土交通省所管の

地方公共団体向けの個別補助金をひとつにまとめた社会資本整備総合交付金が創設された．従前の補助金は，道路，治水，海岸，まちづくり，下水道，住宅，港湾等といった事業別にバラバラで行ってきたものを原則廃止し，地方公共団体にとって自由度が高く，創意工夫を生かせる総合的な交付金が地方に出される形になった．こうしたブロック補助金は，従前より補助金の使い勝手は良くなってはいるが，あくまで特定の国の政策目的の実現のために，住宅・社会資本整備とそれに関連する効果促進事業を総合的にバックアップするものである．

(5) 地 方 債

　地方財政法第5条では，「地方公共団体の歳出は，地方債以外の歳入をもってその財源としなければならない．ただし，①公営企業，②出資金・貸出金，③地方債の借換，④災害復旧事業，⑤公共施設や公用施設の建設事業などの経費は地方債によって財源を調達することができる」と規定している．①の公営企業に要する経費は，公営企業債（水道・下水道・交通・病院・電気事業・ガス事業等），②の出資金・貸付金は地方公営企業等金融機構への出資，ふるさと融資（地域振興に資する民間事業者の支援を目的とした，地方公共団体が行う無利子融資），③の地方債の借換えのために要する経費は公営企業借換債等，④の災害復旧は，災害応急・災害復旧・災害救助事業費に使うための災害復旧事業債等，⑤の公共施設又は公用施設の建設事業費等は，学校教育施設整備事業債等がある．

　地方債においても，特別法によって発行される①辺地対策事業債，②過疎対策事業債，④減税補てん債，⑤赤字地方債（正式には臨時財政対策債），⑥合併特例事業債（旧法分）（市町村の合併の特例に関する法律）などがある．地方債を発行するにあたっては，平成17年まで許可制であったが，都道府県・政令指定都市の場合は，総務大臣と事前に協議をして，市町村であれば知事と事前に協議をして発行することが可能になっている．赤字団体や実質公債費比率の高い団体，赤字公営企業等や標準税率未満の税率が適用されている地方団体が地方債を発行する場合は，例外的に国が関与することになっているが，それ以外の団体に対し，事前に協議を行う形になっている．

第3節　地方公共団体の財政

（1）地方公共団体の歳入

　地方公共団体の歳入は，図6－6に見られるように，地方税，地方交付税，地方譲与税，国庫支出金等である．これらは，自らがその権能を行使することによって税を徴収することのできる自主財源と，国等に依存せざるを得ない依存財源に分けることができる．また，使い道が特定されない一般財源（地方税，地方交付税等）と使途が特定されている特定財源（国庫支出金等）に分けることができる．

　地方分権時代の個々の地方公共団体においては，歳入総額確保のみならず，自主財源でかつ一般財源である地方税の拡充が非常に重要になってくる．地域間の

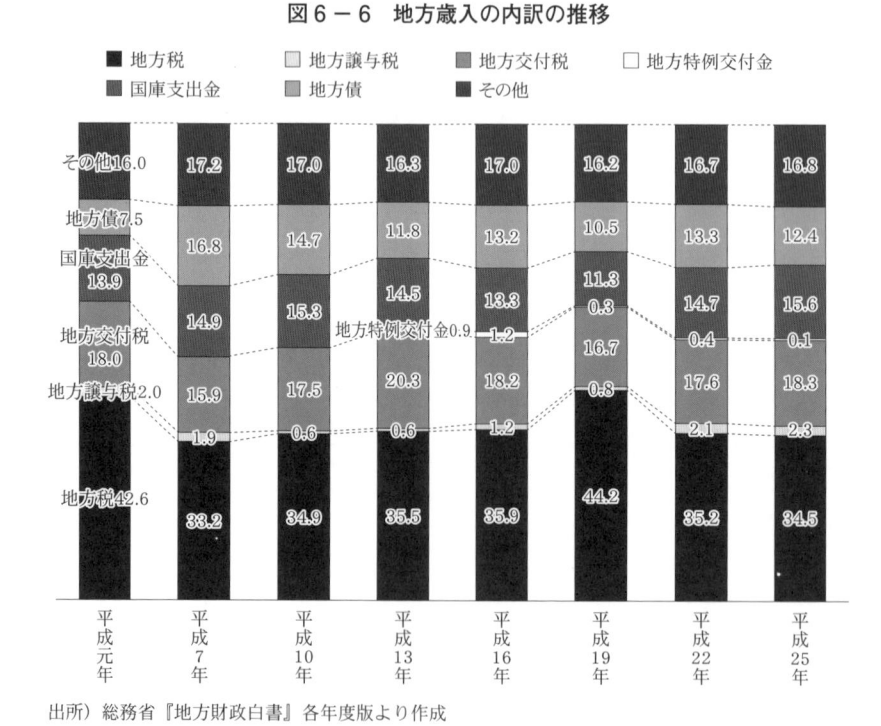

図6－6　地方歳入の内訳の推移

凡例：■地方税　□地方譲与税　■地方交付税　□地方特例交付金　■国庫支出金　■地方債　■その他

年	地方税	地方譲与税	地方交付税	地方特例交付金	国庫支出金	地方債	その他
平成元年	42.6	2.0	18.0		13.9	7.5	16.0
平成7年	33.2	1.9	15.9		14.9	16.8	17.2
平成10年	34.9	0.6	17.5		15.3	14.7	17.0
平成13年	35.5	0.6	20.3	0.9	14.5	11.8	16.3
平成16年	35.9	1.2	18.2	1.2	13.3	13.2	17.0
平成19年	44.2	0.8	16.7	0.3	11.3	10.5	16.2
平成22年	35.2	2.1	17.6	0.4	14.7	13.3	16.7
平成25年	34.5	2.3	18.3	0.1	15.6	12.4	16.8

出所）総務省『地方財政白書』各年度版より作成

財政力格差を是正する地方交付税制度が，国の財政危機により益々機能低下している今日，地方税は地域の経済力がそのまま反映されるものであるので，地方分権下では経済力格差の調整が益々拡大しやすい状況にある．

(2) 地方公共団体の歳出

①目的別歳出

表6-3は，平成元年からの目的別歳出の推移を表している．道路や河川・公園整備・住宅建設等に使われる土木費，教職員の給与・社会教育・幼稚園等教育文化に寄与するための教育費，住民の暮らしや福祉・雇用の課題解決のために使われる民生費，雇用促進等に使われる労働費，各産業振興に使われる商工費・農林水産業費，保健衛生・環境保全に使われる衛生費，治安の維持・住民の安心・安全を守る警察費・消防費等，それぞれの政策目的別に分類しているのがこの表である．減少傾向にある土木費，増加し続ける民生費といった傾向が読み取れる．

表6-3 目的別歳出（決算額）の推移

区分	平成元年	平成4年	平成7年	平成10年	平成13年	平成16年	平成19年	平成22年	平成25年
議会費	0.6	0.6	0.6	0.6	0.6	0.6	0.5	0.4	0.4
総務費	12.8	11.3	10.1	8.6	9.2	9.8	10.0	10.6	10.3
民生費	10.6	11.1	12.1	13.4	14.4	16.6	19.0	22.5	24.1
衛生費	5.6	6.3	6.5	6.6	6.9	6.3	6.1	6.1	6.1
労働費	0.6	0.6	0.5	0.5	0.8	0.4	0.3	0.9	0.6
農林水産業費	6.6	6.3	6.9	6.4	5.7	4.7	3.9	3.4	3.6
商工費	4.2	5.0	5.7	6.2	5.5	5.4	5.6	6.8	6.1
土木費	22.6	24.2	23.3	21.9	19.1	16.7	15.0	13.8	12.4
消防費	1.7	1.8	1.8	1.9	1.9	2.0	2.0	1.9	2.0
警察費	3.3	3.3	3.3	3.4	3.5	3.7	3.8	3.4	3.2
教育費	21.0	20.6	18.9	18.6	18.5	18.5	18.4	17.4	16.5
その他	10.4	8.9	10.3	11.9	13.9	15.3	15.8	14.0	13.5

出所）総務省編『地方財政白書』各年度版より作成

表6－4 性質別歳出（決算額）の構成比の推移

区分 %	平成元年	平成4年	平成7年	平成10年	平成13年	平成16年	平成19年	平成22年	平成25年
人件費	28.6	26.9	26.1	27.0	27.5	28.1	28.3	24.8	22.8
物件費	6.5	6.8	7.4	7.8	8.1	8.7	8.5	8.5	9.2
維持補修費	1.2	1.2	1.1	1.1	1.1	1.2	1.1	1.1	1.1
扶助費	5.5	5.3	5.6	6.5	6.6	8.7	9.2	11.9	12.5
普通建設事業費	28.1	31.9	31.4	28.2	23.1	17.9	15.2	14.1	14.6
失業対策事業費	0.1	0.1	0.1	0.0	0.0	0.0	0.0	0.0	0.0
災害復旧事業費	0.8	0.6	1.0	0.5	0.4	0.5	0.4	0.2	0.9
公債費	8.7	7.9	8.7	10.8	13.2	14.7	14.6	13.7	13.4
積立金	6.2	4.0	1.9	1.3	2.1	1.7	2.4	3.3	4.5
その他	14.3	15.3	16.7	16.8	17.9	19.4	20.3	22.4	20.9
歳出 合計	100.0	100.0	100.0	100.0	100.0	100.0	100.0	100.0	100.0
うち義務的経費	42.9	40.1	40.4	44.4	47.3	50.6	52.1	50.4	48.7
うち投資的経費	29.1	32.8	32.5	28.8	23.6	18.5	15.6	14.2	15.5

出所）総務省編『地方財政白書』各年度版より作成

②性質別歳出

　表6－4は地方公共団体の経費を経済的性質によって分類したものである．職員の給与等の人件費，生活保護等の扶助費，地方債の元利償還費である公債費等がそれである．これは，毎年度どうしても支出しなければならい経費なので，義務的経費と呼ぶ．また，道路や橋，公園，学校等の建設・補修，災害復旧のための経費等を投資的経費と呼ぶ．そしてどちらにも分類されない経費のことをその他の経費として分類している．

　近年，義務的経費が増加しており，その一方で投資的経費の占める割合は減少している．このことは，財政構造を硬直化させ，弾力的財政運営を困難にしている．

（3）個々の自治体の財政状況の把握

　個々の自治体の財政状況を把握するためには，いくつかの財政指標を見ておく

必要がある．社会経済状況の変化に即応した行財政運営を行っていくためには，財政構造の弾力性が確保されていなければならない．それを把握するための重要な指標に，経常収支比率がある．

経常収支比率とは，人件費，扶助費，公債費のように毎年度経常的に支出される経費に充てられた一般財源（経常経費充当一般財源）が，地方税，普通交付税のように毎年度経常的に収入される一般財源（経常一般財源）と減収補てん債特例分及び臨時財政対策債との合計額に対し，どの程度の割合になっているかを表す．この経常収支比率の推移をみることによって，財政構造の弾力性がどう悪化したか，改善したか，他の自治体との状況との比較も可能となる．

これ以外にも，財政状況を把握する重要な指標がいくつもある．例えば，実質公債費比率，公債費負担比率，地方債残高等の推移も重要である．

また，各地方団体の財政状況を比較分析する場合は，産業構造や人口構成，財政力指数等が近似した自治体との相対比較のできる財政比較分析表をみるとわかりやすい．そこでは，経常収支比率，実質公債費比率のほかに，将来負担比率，ラスパイレス指数，人口10万人当たり職員数及び人口1人当たり人件費・物件費等決算額の7つの指標を比較分析して，各自治体の特徴等を分析している．

(4) 地方公共団体の4つの財政健全化判断比率

しかし，財政が危機的状況を迎えてしまった地方公共団体の財政状況の把握は非常に難しい．北海道夕張市においてヤミ起債による財政危機が表面化し，平成19年3月から同市は財政再建団体に認定された．財政再建団体とは，財政状態が破綻状態にある自治体が，再建法に基づき，総務大臣に申請して指定を受けた地方自治体のことをいい，正式には「準用財政再建団体」という．このような財政破たんするような事態を招くことのないよう，財政情報の提供，早期健全化，財政再生を促す仕組みづくりが必要となった．その基準が，健全化判断比率であり，具体的には表6-5のように4つある．

①実質赤字比率

実質赤字比率とは，一般会計等を対象とした実質赤字額の標準財政規模に対す

表6-5 自治体財政健全化法

	早期健全化基準	財政再生化基準
実質赤字比率	都道府県：3.5% 市区町村：15%	都道府県：5% 市区町村：20%
連結実質赤字比率	都道府県：8.75% 市区町村：20%	都道府県：205% 市区町村：35%
実質公債費比率	都道府県：25% 市区町村：25%	都道府県：35% 市区町村：35%
将来負担比率	都道府県・政令市：400% 市区町村：350%	基準なし

出所）総務省資料

る比率であり，これが表6-5の基準を超えた場合には赤字の早期解消を図る必要がある．

②連結実質赤字比率

連結実質赤字比率とは，一般会計等に公企業会計や国民健康保険等の会計を含めた全ての会計を対象とした実質赤字額（又は資金不足額）の標準財政規模に対する比率である．表6-5の基準を超えた場合には問題のある会計が存在することになり，その会計の赤字の早期解消を図る必要がある．

③実質公債費比率

実質公債費比率とは，一般会計等が負担する元利償還金及び準元利償還金の標準財政規模に対する比率であり，段階的に基準が設けられている．18%以上は地方債発行に国や都道府県の許可が必要になる．また，表6-5のように25%以上の場合は独自事業の起債が制限され，財政健全化団体に指定される．35%以上の場合は国と共同の公共事業向けの起債が制限され，財政再生団体に指定される．

④将来負担比率

将来負担比率とは，地方公社や損失補填を行っている出資法人に係るものも含め，その地方公共団体の一般会計等が将来負担すべき実質的な負債の標準財政規模に対する比率である．表6-5のように市町村では350%，都道府県及び政令

指定都市では 400％を早期健全化指標としている．

(5) 財政の早期健全化と財政再建

　地方公共団体は，毎年度，前年度決算に基づく健全化判断比率をその算定資料と共に監査委員の審査に付した上で，議会に報告し公表しなければならないとされている．そして，悪化の程度に応じて，2段階に財政再建を促す形をとる．

　第一段階は，早期健全化基準によるものである．この基準を上回った団体に，財政健全化計画の策定とその実施状況の公表を義務付ける．それまで，自治体が自主的に再建団体入りを判断する仕組みであったため，夕張市のような再建着手の遅れをもたらしてしまったことへの対応である．

　第二段階は財政再生化基準によるものである．自主的な取り組みで財政悪化が止まらない場合には，国や都道府県が強制的に財政再建に関与することとなった．これによって，財政破たんを未然に防ぐためである．

　健全化判断比率のうちのひとつでも早期健全化基準を超えている場合には，財政健全化計画を定めなければならない．なお，財政健全化計画の実施状況を踏まえ，財政の早期健全化が著しく困難であると認められるときは，総務大臣又は都道府県知事は，必要な勧告をすることができる．健全化判断比率のうちの実質赤字比率，連結実質赤字比率，実質公債費比率のいずれかが財政再生基準以上である地方公共団体は，財政再生計画に総務大臣の同意を得なければ，災害復旧事業等を除き，地方債の起債ができないこととなる．また，総務大臣は，当該地方公共団体の財政運営が適合しないと認められる場合には，予算の変更などを勧告することになる．

　総務省によると，平成21年度決算に基づく，破綻の懸念があるとされる「財政健全化団体」は21団体あったが，平成23年度決算では2団体で，平成22年度決算に比べて4団体減った．さらに，自治体による経費削減の取り組みが進み，平成25年度決算では財政破綻が懸念される自治体は4つの指標をクリアして夕張市を除いてゼロになった．

第4節　地方自治と地方分権

(1) 地方分権の推進

　平成11年（1999）地方分権一括法の成立以降，地方公共団体への本格的な権限委譲（地方分権）が進行している．しかしながら，地方分権を推進すれば，それがそのまま地域の発展や住民の福利向上をもたらすわけではない．それどころか，通常の行政サービスを円滑に提供できる保証もない．

　拡大した行政権限を行使するには，地方公務員の能力向上，経験の蓄積，制度の整備が必要である．経済の停滞，高齢化の一層の進展，人口減少，財政逼迫の中，従来の行政サービスを地方自治体が中心となって維持するのは，決して易しいことではない．

　都道府県単位で見た場合，地域圏の経済的格差がかなり大きい．最も豊かな東京都の一人当たり所得は，平成24年度で最も貧しい沖縄県の2.2倍になっている（表1−3参照）．この所得格差はより大きな財政力（税収力）格差を生む．反面，日本においてはどの地域に住んでも，概ね同水準の行政サービスを提供することが善しとされる．実際にもほぼ達成されている．税収力の大きな格差と同水準の行政サービスの要請，経済的にも住民の福利の観点からも望ましいことである．しかし，これは国からの財政支援を不可欠とし，地方自治との両立は困難となる．

　地方自治の確立には，まずその本質（構成要素）を明確に認識することが必要である．そして地方自治体の大規模化は，団体自治を強化し，上記2つの問題を解決はしないが和らげることができると期待されている．そこで市町村合併が推進され，道州制が関心を集めることになる．

(2) 地方自治の本質と沿革

　地方分権の目標である地方自治の貫徹について，その理念を確認しておこう．日本国憲法は第92条において「地方公共団体の組織及び運営に関する事項は，地方自治の本旨に基いて，法律でこれを定める」と規定している．

地方自治は，自治のいわば本質である住民自治と，自治の入れ物である団体自治に分けて考えるのが便利である．

「住民自治」とは，自分たちの問題の解決を自分たち自身で行うことある．一定の地域内部において，政治も行政も自分たちの意思と責任で住民自らが行うという考え方である．住民自治は自治の中身であり本質であり，住民の意識・自覚である．この観点に立つので，住民に最も身近な地方政府である市町村ができる限りの行政サービスを担うべきという考え方が出てくる．あくまで，地方公共団体の主役は住民であり，その住民の意思を反映した「地方政府」が自立的に運営される．これが団体自治の目指すところである．

団体自治とは，住民自らが自分たちの意思と責任でひとつの団体を作ることによって国家権力から独立した地方自治権を発揮することである．地方議会も首長は住民の投票によって選ばれる．つまり，団体自治が制度的に確立されれば，地方政府は絶えず住民の意思を反映させる住民自治を意識した行財政運営がなされることになる．ある地方公共団体の住民の意識が高く，住民自治が高い水準で実現可能であっても，団体自治が確立されていなければ，住民の意思が地方行政に直接反映されることは難しい．このため，団体自治を貫く独自の整備が地方分権の確立に非常に重要になってくる．

日本の地方行財政制度の総枠は，昭和23年のシャウプ勧告にある．この勧告では①行政責任明確化の原則，②能率の原則，③地方公共団体（特に市町村）優先主義を基本原則としている．この考え方をもとに，神戸勧告が出され，国と地方との行政事務配分が明確化された．しかし，この提案は，不完全にしか受け入れられず，明治以降の機関委任事務によって国が地方を統制するというシステムが続いた．

平成12年4月地方分権一括法の施行によって機関委任事務の多くは廃止され，自治事務になった．これにより権限面での地方分権はかなり進んだ．次に行われたのが，財源の改革である．並行して市町村合併が推進され，道州制の導入が議論された．

(3) 三位一体改革

　平成14年6月の「基本方針2002」において「国庫補助負担金，交付税，税源移譲を含む税源配分のあり方を三位一体で検討する」とされ，地方の財源面での改革が行われた．

　国から地方へ支出される国庫補助負担金の削減が行われた．理由は「国によって拘束された財源の使い道が，地方公共団体の有用な自主性や個性にそぐわない」という事である．平成16〜18年度（当初予算）において，4兆6,661億円の国庫補助負担金の削減が行われた．義務教育国庫負担4,217億円，国民健康保険国庫負担6,862億円，児童手当国庫負担金1,578億円，児童扶養手当国庫負担金1,805億円が，金額が大きいものであった．

　国から地方への税財源の移譲については，平成18年度税制改正において，所得税から個人住民税への恒久措置（個人住民税所得割を都道府県4％，市区町村6％の合計10％にした）として，3兆0,094億円の本格的な税源移譲を実施した．地方交付税改革として地方交付税及び臨時財源対策債が5兆1,000億円削減された．

　この結果，国から地方への資金は合計で9.8兆円も減らされているのに，地方が自分の手にしたお金は，3兆円にすぎず，「これでは三位一体ではないのではないか」という批判が起こった．そこで，消費税を含む税体系の抜本的改革が行われるまでの暫定的措置として，法人事業税の一部を分離し，平成21年度に「地方法人特別税」「地方法人特別譲与税」が創設された．平成24年度当初予算では，1兆6,587億円の財源移譲が予定されている．また，平成20年度予算から3年連続で増額となった地方交付税が，平成23・24年度年度当初予算では減額されており，この改革では財政難にあえぐ自治体にとっては苦しい立場に立っている事には変わりなかった．

(4) 行政区画の広域化

1. 道州制

　「国民が等しくゆとりと豊かさを実感できる社会を実現するために中央集権的

行政を問い直し，21世紀にふさわしい地方自治を確立することは現下の急務である」と国会が地方分権の決議をしたのが平成5 (1993) 年で，平成25年はそれから20年の節目の年になる．地方分権と三位一体改革の終着として考えられたのが道州制である．道州制については，古くから議論があったがなかなか結論が出なかったが，平成24年の衆議院選挙では政権公約に「基本法の制定とその後5年以内の道州制」を明記し，自民・公明の連合合意でもその方針を確認した．「道州制推進知事・指定都市市長連合」における政令市側の代表は橋下大阪市長で，道州制に対して「国は外交と防衛に専念し，内政は道州と市町村に任せるべきである」と主張している．一方「全国市町村会」は「町村の合併を再び強制されかねない」と反対を表明している．

2. 市町村合併

人口減少・少子高齢化等の社会経済情勢の変化や地方分権の担い手となる基礎自治体にふさわしい行財政基盤の確立を目的として，平成11年以来，全国的に市町村合併が積極的に推進されてきた．市町村合併は平成15年から17年にかけて盛んに行われ，平成11年3月末に3,232あった市町村の数は，平成26年1月現在，1718（総務省の発表）にまで減少した．

市町村の合併推進は，特に町村を強化し行政サービスを支えられる規模にすることが目的である．これは団体自治の強化には適うが，住民自治を推進・強化するものとはいえない．合併による大都市の形成は，地域社会における新たな課題を作るものでもある．

(5) 地方自治の本質と沿革

1. 地方分権の浸透

平成7年の地方分権推進法の制定，平成12年4月の地方分権一括法の施行以降，地方分権は急速に浸透していく．第1次分権改革によって，機関委任事務制度は全廃され，地方への関与の縮小・廃止がなされ，自治立法権の拡充・国と地方との新たな係争処理，地方財源の充実等が図られていた．第2次分権改革と呼ば

れる平成19年以降は，地方分権改革推進委員会が開かれ，4次にわたる勧告を出している．この最終勧告を受けたのは政権交代した民主党政権であり，民主党政権下では，平成23年に「国と地方の協議の場に関する法律」が成立し，平成24年11月には「地域主権推進大綱」を閣議決定した．その後，平成24年12月衆議院選挙では自民党が大勝し，政権公約に「基本法の制定とその後5年以内の道州制」を明記し，道州制が再浮上してきたが，地方税財源の充実確保等，国，地方に向けられた問題は山積したままであった．

2．第2ステージに立った地方分権

平成24年12月に再度自民党政権になったが，動き始めた分権改革の方向性には大きな変化はなく，地方分権をさらに深化させることになった．第1次分権改革で見られた「国と地方」という関係性の改革から，第2次分権改革では「地方の独自性，多様性」が容認され，分権意識が高まるための取り組みが求めれ，地方の主体性が競争させられる「提案募集方式」で改革を進めようとしている．

参考文献

中井英雄・斎藤慎・堀場勇夫・戸谷裕之『新しい地方財政論』有斐閣　2010年
総務省編『地方財政白書（平成27年版）』　2015年
佐藤主光『地方財政論入門』新世社　2009年
矢野浩一郎『地方税財政制度（第8次改訂版）』学陽書房　2006年
佐々木信夫・外山公美・牛山久仁彦・土居丈朗・岩井奉信『現代地方自治の課題』学陽書房　2011年
総務省ホームページ（http://www.soumu.go.jp/）
速水昇・和田尚久・水野惠子編著『公共経済と租税』学文社　2010年

第7章

租税制度論

第1節 租税の意義

(1) 租税の機能

　租税とは，公共サービスの財源である[1]．公共サービスには，① 純粋公共サービス（国家固有の任務である警察，裁判，消防，国防など），② 準公共サービス（私的サービスと公共サービスが混合する介護サービスなど），③ 純粋私的サービス（鉄道事業など）がある．国や地方公共団体は，国民や住民に，防衛・警察，公共事業，教育，社会福祉などの公共サービスを提供しており，これらの費用は基本的に税によって賄われている．しかし，国が提供するサービスとその負担との間には，直接の対価関係があるわけではなく，この点が，税と社会保険料との相違である[2]．

　また，租税は，「国家がその歳出を賄うために，特定の反対給付を提供することなく，一方的かつ権力的に徴収する貨幣」である[3]．国民が負担する租税の納付額と国民一人ひとりが受ける便益は対等ではない．企業等が提供する一般財（私的財）であれば，財を買う者は，その財によって享受される満足や便益に比べて価額が高いと思えば買うのをやめる．しかし，租税は自分の便益に見合わないからといって租税を納付しないことは許されない．

　国民の価値観が多様化する中で，真に必要な公共サービスとは何かが明確ではない．対価関係がないとすれば，国民の間にどのように負担するかが大きな問題である．そこで，租税負担には公平性が求められる．

(2) 租税の役割

　現代の租税の役割としては，① 政府が提供する公共サービスの資金を調達すること（公共サービスの資金調達機能），② 国民の所得や資産の再分配を行うこと（再分配機能），③ 経済を安定化すること（景気調整機能）の3点が指摘されている．

　我が国では，公共サービスを国と地方公共団体との間で分担しているが，租税は，公共サービスを提供するための財源として最も重要である．

「誰が，どの程度ずつ，どのように負担するか」という税制の具体的なあり方を検討する際には，その時々の経済・社会的状況の中で，税制が果たすべき役割を念頭に置きつつ，租税原則や租税体系についての考え方なども踏まえる必要がある[4]．

① 公共サービスの資金調達機能

公共サービスには，警察・国防，社会保障給付，教育などがある．政府は公共サービスを国民に提供することにより，民間部門の働きを補完し，国民全体の福祉の向上を図っている．租税はそのための財源を調達する最も基本的な手段として位置づけられており，租税の役割として最も重要な役割であるとされている．

② 所得再分配機能

市場経済によりもたらされる所得や資産の分配は，遺産や個人の先天的能力等に差が存在することもあり，社会的に見て望ましくない場合が少なくない．そこで，租税は，所得税や相続税の累進構造等を通じ，歳出における社会保障給付等とあいまって，所得や資産の再分配を図る役割を果たしている[5]．

③ 景気調整機能

市場では，景気は変動するものであり，急激な経済活動の変動は国民生活に大きな影響をもたらす．租税は，好況期には歳入が増加し，不況時には減少する．そのため，租税は，税収が増加することを通じて総需要を抑制する方向に作用し，税収が減少することを通じて総需要を刺激する方向に作用することで自動的に景気変動を小さくし，経済を安定化する役割を果たしている．

(3) 租税負担

現在の国家は租税国家であり，国民の負担は専ら税によるのが建前である．しかし，国家が国民の世話をするという福祉国家の考え方が普及し，社会保障制度が発達し，社会負担が増えてきている．表7－1にみられるように，国民所得に対する租税収入の比率である「租税負担率」と，国民所得に対する租税負担と社会保障負担とを合わせた国民負担の比率を「国民負担率」という．この国民負担率は，国民が受け取る所得のうち，公共サービスの費用を賄う税・社会保険料

表7－1 国民負担率（対国民所得比）の推移

年度	国税①	一般会計税収	地方税②	租税負担 ③=①+②	社会保障負担④	国民負担率 ⑤=③+④	財政赤字⑥	潜在的な国民負担率 ⑦=⑤+⑥	国民所得(NI)	(参考)国民負担率対GDP比	国内総生産(GDP)
昭和45	12.7	12.0	6.1	18.9	5.4	24.3	0.5	24.9	61.0	19.7	75.3
46	12.8	12.0	6.4	19.2	5.9	25.2	2.5	27.7	65.9	20.0	82.9
47	13.3	12.5	6.4	19.8	5.9	25.6	2.8	28.4	77.9	20.7	96.5
48	14.7	13.9	6.8	21.4	5.9	27.4	0.7	28.1	95.8	22.5	116.7
49	14.0	13.4	7.3	21.3	7.0	28.3	3.3	31.6	112.5	23.0	138.5
50	11.7	11.1	6.6	18.3	7.5	25.7	7.5	33.3	124.0	20.9	152.4
51	12.0	11.2	6.8	18.8	7.8	26.6	7.2	33.8	140.4	21.8	171.3
52	11.8	11.1	7.1	18.9	8.3	27.3	8.3	35.6	155.7	22.3	190.1
53	13.5	12.8	7.1	20.6	8.5	29.2	8.0	37.1	171.8	24.0	208.6
54	13.7	13.0	7.7	21.4	8.8	30.2	8.7	38.9	182.2	24.4	225.2
55	13.9	13.2	7.8	21.7	8.8	30.5	8.2	38.7	203.9	25.0	248.4
56	14.4	13.7	8.2	22.6	9.6	32.2	8.2	40.4	211.6	25.7	264.6
57	14.5	13.9	8.5	23.0	9.8	32.8	7.9	40.6	220.1	26.1	276.2
58	14.8	14.0	8.6	23.3	9.7	33.1	7.1	40.1	231.3	26.5	288.8
59	15.1	14.4	8.8	24.0	9.8	33.7	5.9	39.7	243.1	26.6	308.2
60	15.0	14.7	8.9	24.0	10.0	33.9	5.1	39.0	260.6	26.8	330.4
61	16.0	15.6	9.2	25.2	10.1	35.3	4.3	39.6	267.9	27.7	342.3
62	17.0	16.6	9.7	26.7	10.1	36.8	2.9	39.6	281.1	28.5	362.3
63	17.2	16.8	9.9	27.2	9.9	37.1	1.4	38.5	302.7	29.0	387.7
平成元	17.8	17.1	9.9	27.7	10.2	37.9	1.0	38.9	320.8	29.2	415.9
2	18.1	17.3	9.6	27.7	10.6	38.4	0.1	38.5	346.9	29.5	451.7
3	17.1	16.2	9.5	26.6	10.7	37.4	0.5	37.9	368.9	29.1	473.6
4	15.7	14.9	9.4	25.1	11.2	36.3	4.5	40.8	366.0	27.5	483.3
5	15.6	14.8	9.2	24.8	11.5	36.3	6.7	43.0	365.4	27.5	482.6
6	14.7	13.9	8.9	23.6	11.9	35.5	8.2	43.7	366.8	26.3	495.6
7	14.8	14.0	9.1	23.9	12.6	36.6	9.2	45.8	370.8	26.9	504.6
8	14.5	13.7	9.2	23.7	12.7	36.4	8.7	45.1	380.9	26.9	515.9
9	14.5	14.1	9.5	24.0	13.1	37.1	7.7	44.8	382.3	27.2	521.3
10	13.9	13.4	9.7	23.6	13.5	37.1	10.5	47.7	369.4	26.8	510.9
11	13.3	12.8	9.5	22.8	13.4	36.3	12.1	48.3	368.8	26.4	506.6
12	14.1	13.5	9.5	23.5	13.5	37.0	9.8	46.8	375.2	27.2	510.8
13	13.6	13.1	9.7	23.3	14.2	37.5	9.1	46.6	366.8	27.4	501.7
14	12.6	12.0	9.2	21.8	14.2	36.0	10.8	46.8	363.9	26.3	498.0
15	12.3	11.8	8.9	21.2	14.1	35.3	10.5	45.8	368.1	25.9	501.9
16	13.0	12.3	9.1	22.1	14.1	36.2	7.9	44.1	370.1	26.6	502.8
17	14.0	13.1	9.3	23.3	14.3	37.6	5.7	43.3	374.1	27.8	505.3
18	14.3	13.0	9.7	24.0	14.7	38.6	7.4	46.0	378.2	28.7	509.1
19	13.8	13.4	10.6	24.4	14.9	39.3	3.3	42.6	381.2	29.2	513.0
20	12.9	12.5	11.1	24.1	16.2	40.3	8.5	48.8	355.0	29.2	489.5
21	11.7	11.2	10.2	21.9	16.2	38.1	15.0	53.1	344.4	27.7	473.9
22	12.4	11.8	9.7	22.1	16.3	38.5	12.7	51.1	352.7	28.3	480.2
23	12.9	12.3	9.8	22.7	17.0	39.7	12.4	52.1	349.6	29.3	473.9
24	13.4	12.5	9.8	23.2	17.4	40.5	10.6	51.1	352.0	30.1	474.5
25	14.1	13.0	9.8	23.9	17.4	41.3	9.6	50.9	362.1	30.9	483.1
26	15.1	14.1	9.8	25.0	17.7	42.6	9.4	52.0	367.6	31.9	491.4
27	15.4	14.5	10.2	25.6	17.8	43.4	7.4	50.8	376.2	32.4	504.9

注) 1. 単位は，国民所得及び国内総生産は（兆円），その他は（％）である。
2. 平成25年度までは実績，26年度は実績見込み，27年度は見通しである。
3. 昭和55年度以降は93SNAに基づく計数であり，昭和54年度以前は68SNAに基づく計数である。
　ただし，租税負担の計数は租税収入ベースであり，SANベースとは異なる。
4. 国税は特別会計及び日本専売公社納付金を含み，地方法人特別税は国税に含めている。
5. 平成21年度～25年度の社会保障負担の計数は，平成20年度以前の実績値との整合性を図るための調整等を行っている。
6. 財政赤字の計数は，国及び地方の財政収支の赤字であり，一時的な特殊要因を除いた数値。具体的には，平成10年度は国鉄長期債務及び国有林野累積債務，18年度，20年度，21年度，22年度及び23年度は財政投融資特別会計財政投融資資金勘定（18年度においては財政融資資金特別会計）から国債整理基金特別会計または一般会計への繰入れ，平成20年度は日本高速道路保有・債務返済機構債務の一般会計承継，23年度は独立行政法人鉄道建設・運輸施設整備支援機構から一般会計への繰入れ等を除いている。

出所）江島一彦編著『図解　日本の税制（平成27年度版）』財経詳報社　2015年

に拠出される部分の大きさを表している.

租税負担の対国民所得比は，昭和45年（1970）には18.9％であったものが，平成元（1989）年度では，27.7％まで増大しているが，バブルが崩壊したため，平成27（2015）年度は，25.6％と減少している．社会保障負担は，昭和45年度の5.4％から，昭和63（1988）年度は対前年比でやや減少したが，平成27年度の17.8％までほぼ一貫して増大している．この結果，租税負担と社会保障負担を加えた国民負担率は43.4％になっている．

年金，健康保険，雇用保険，介護保険などの社会保険の負担は，法的に義務付けられており，強制力という点では，租税に近いといえる[6]．しかし，社会保険は政府が関与する「保険」である．病気やケガ，老齢といった「保険事故」が生じた時，保険料を払い続けた者にのみ保険金を支払うのが本来のあり方である．民間の生命保険であれば，被保険者の死亡により予め約定された保険金が支払われる．医療保険（健康保険）は，医療機関の窓口で保険証を提示すれば，本来かかる費用の3割の負担ですむ．したがって，保険加入者は，当該医療費の7割相当の保険金を受け取っていることになる（低所得者・年齢によって負担が軽減されている）．

我が国では，今後，少子高齢化の進展に伴い，中長期的に社会保障関係費が経済の成長を上回って増加することが見込まれており，将来世代への負担の先送りを行わないようにしながら，どの程度の受益と負担の水準を選択するかについては，重要な課題がある．しかし，消費税の増税が検討されていることから，国民負担率は今後上昇していくことが予想されている．

第2節　富の源泉と租税[7]

租税を賦課する時，対象は「富」である．何を富と見るかは時代によって変わる．本書では，経済学の祖であるアダム・スミスの思想，及び彼が批判し，影響を受けた古典派経済学（正統学派），重商主義，重農主義を取り上げる．

(1) 重商主義

重商主義は,「富とは金や銀（貨幣）である」とし,国力の増大とはそれらの蓄積であると考えていた．すなわち,重商主義の考え方は,富＝貨幣という考え方が基本になっており,金こそが富であるということは実に分かり易く,短期的には事実でもある．

重商主義は,国家の産業として商業を特に重視し,15世紀半ばから18世紀にかけて,西ヨーロッパ諸国で採用された経済政策やその背景となる思想の総称である．ヨーロッパ諸国が世界に植民地を得たことにより,商業革命の後援者としての王室に莫大な富をもたらした．この富の流入促進策が重商主義の政策である．王室の一定の投資や特権の付与を前提とすることがあり,財産を前提とした収入であった．

重商主義は,国家というよりも王の金庫に金や銀（貨幣）を蓄積することを目指した．政権と結びついた特権商人が増大し,小規模な商人や工業者,一般消費者の利益が阻害されがちであった．現代的な解釈でいえば,政府の収入を重んじるあまり,一部の者に利益を与えて経済活動に歪みを生じさせたといえる．その分析を通じて自由経済思想を発達させることにつながり,重商主義政策が採用されることもある．

(2) 重農主義

重農主義とは,「富の唯一の源泉は農業である」とし,農業政策を重視する考え方であり,フランソワ・ケネー（François Quesnay, 1694-1774）によって唱えられた．彼は重商主義を批判し,自由放任を主張してアダム・スミス（Adam Smith）の思想に大きな影響を与えた．

ケネーは「経済表」（1758年）を発表して,地主階級（所得が帰属する）,農業者階級（生産を行う）,商工階級（非生産的）の3階級間の経済循環メカニズムを経済表に表した．「経済表」の考え方は,現在の経済学の基本的枠組みの源流となっており,特に国民所得の全体を把握する学問的系譜の祖とみなされる．

ケネーの重農主義は18世紀のものであるが,「農業を富の源泉」とみなす重

農主義的発想は，より古くから支持を得ている．日本の江戸時代における士農工商という階層の順序も，同類型の思想からくるものであろう．

　このような考え方をとると，税はすべて（あるいはほとんどを）農業にかけることとなる．工業は，農産品の形を変えるだけで新しい価値を生み出すものではなく，商業は，農業や工業で生み出されたものを動かすだけで，利益は得ても，新しい価値を生み出してはいないことになる．すると，新しい価値を生み出す農業だけに税をかければ，それは自ずと全産業に負担されることとなる．これは農業にのみ課税する「単税制度」でもある．このような租税制度を採用すると，農業のみが税を負担することにより，農業者は他産業に従事する者に比べて相対的に不利になる（大きな負担を強いられる）．

(3) 古典派経済学（正統学派）

　古典派経済学は，フランスのジャン＝バティスト・セイ（Jean-Baptiste Say）やイギリスのアダム・スミスに代表される自由主義経済学である．前掲した重商主義経済政策への批判から成長してきた部分もある．

　スミスは，自分の利益を追求する個々人の活動が，分業と「見えざる手」を通じて，世の中全体の富を増やすと主張した．ここでの富は，人間が生産した経済的価値物のすべてを指すことになる．スミスは，国家自らが生産活動を行って収入を得ようとすれば，非能率・不経済になると考えた．国家は，土地や事業を民間に払い下げ，財産を持たない「無産国家」になるべきで，国家は収入を産む財産をもたないのであるから，必要な資金は租税で賄う「租税国家」となるべきと提唱した．そして，国家の役割は，国防，司法，公共事業，教育等に限るべきであり，経済に介入すべきではないと考え自由放任主義を唱えた．そしてこの「安価な政府」が最良の政府であるとし，安価な政府の仕事は，犯罪が起きないよう夜見回るようなものに限定されることから「夜警国家」という表現もされる．

(4) 富の源泉

　以上の3つの考え方のうち，重商主義国家は，国家自らが事業に乗り出し，あ

るいは商人に特権を与えて収入を得ることになる．スミスのいうように，国家自らが生産活動を行って収入を得ようとすれば，非能率・不経済になるので，これは取るべき方法ではない．重農主義の下では，すべての租税は農業に課されることになり，最も重要とされた農業を衰退させる可能性もある．このような理由から，富とは，生産活動によって生み出されたものによって形成されるとする古典派経済学の考え方が最も富を広く捉えているといえる．

租税を国（政府）の収入を賄うものとし，税をかける対象を最も広く捉える古典派経済学（正統学派）の考え方が，現在の租税に対する考え方の基となっている．

第3節　租税の負担配分基準

国家をどのように見るかは，国により，時代により異なる．それにより税がどのように負担されるべきかが論じられる．租税の負担配分は，国家の状況だけでなく，租税負担における「公平」の概念にも係ってくる．以下は，租税の根拠と関連して，様々な学説が挙げられてきたが，古くから代表的な3つの流れ（利益説，犠牲説，能力説）がある．

(1) 利　益　説

租税利益説は，租税は国民の受ける公共サービスに応じて支払う，公共サービスの対価である，と捉えるものである[8]．利益説の考え方は，17世紀のヨーロッパの政治理論家たちにも受け入れられ，ロックやルソーなどの社会契約説の思想家により提唱されたとされており，アダム・スミスにより集大成された．この考え方は20世紀に，有名なアメリカの裁判官ホームズの「租税は文明の対価である」という言葉にも表れており，英米では強く残る考え方である．

また，代表的論者の一人であるモンテスキュー（Montesquieu）は，「租税は，個人の生命財産に対する保険料である．つまり，租税は国家が国民の財産や他の部分の安全を保障するために，所得，財産の一部を保険料として差し出すもので

ある」と主張した．つまり，租税は平和，生命，財産の安全といったような無形的な利益に対する対価であるというのである．しかし，政府が個人に与える無形的な利益の額を計測するのは難しい．税とは，財産や他の部分の安全を保障するために，所得，財産の一定割合を差し出すのが公平ということになる．所得額や財産額への比例説が利益説から導かれ易い税制ということになる．低所得者層の負担が比較的重くなる．このような理由から，利益説は衰退し，後述する能力説が大半を占めるようになった．

(2) 犠 牲 説

19世紀中葉には，イギリスの産業資本主義が成熟し，他方で，貧富の差などの社会問題も激増した．ジョン・スチュアート・ミル（John Stuart Mill）は，アダム・スミスの租税原則を一部継承し，確実性，支払いの便宜，最小徴税費の3原則を認めたが，利益説では，政府が各個人に与える利益，つまり公共サービスを測定することはできないとして，古典派経済学を離れ，公平の基準として犠牲説を主張した[9]．犠牲説とは，人間の個々の生活は国家なくしてありえない．そこで国家の生命を維持するために国民が犠牲を払うのは当然であり，国民の義務であるという説である．犠牲説は，租税能力説と結びつき，ドイツの財政学者アドルフ・ワグナー（Adolf Heinrich Gotthilf Wagner）によって集大成された．

(3) 能力説（応能説）

能力説とは，租税は個人の負担能力に応じて配分されるべきであるというもので，政府から受け取る財・サービスとは切り離されるべきとする考え方である．この個人の負担能力は，個人の所得で測るべきであるとしたのがサイモンズ（Simons, H. C.）である．また，19世紀ドイツの財政学者であったアドルフ・ワグナーは，国家は個人を超えた存在であり，国民は国家の費用を各自の能力に応じて負担すべきであると唱えた．ワグナーは累進課税や課税最低限の制度を発展させた[10]．

第4節　租税原則

(1) 租税原則

どのような理念に基づき，どのような税を課すべきかという，税制の準拠すべき一般的基準を説くものが租税原則である．租税原則には，表7-2のように，アダム・スミスの4原則，アドルフ・ワグナーの4大原則・9原則，マスグレイブの7条件がある．

租税原則は，各時代の経済・社会情勢等を反映してそれぞれ力点の置き方が異なるものの，租税負担の公平性，経済への中立性・効率性，制度の簡素性といった基本的な諸要請において合通じているといえる[11]．

(2) 租税負担の公平性

租税負担の公平といった場合，公平の意味として表7-3でみられるように，水平的公平と垂直的公平の2つの概念がある．水平的公平とは，同様な状況にある者は，同様に課税されなければならないという原則である．これに対して，垂直的公平とは，異なった状況にある者は異なって課税をされなければならないという原則であり，累進課税を意味する．問題は，何をもって，同様な状況であり，何が異なった状況であるとするのかといった判断が難しく，その標識として，担税力あるいは負担能力という言葉が使われることが多い．

すなわち，公平でまず考えられるのは，より大きな経済力をもつ者は担税力があり，より多くの税を負担すべきであるという，垂直的公平である．一方，経済力が等しい者は等しく負担すべきであるという水平的公平である．

水平的公平で問題となるのは，クロヨン（9・6・4）の問題である．クロヨンとは，事業所得者や給与所得者など各種の所得間の所得捕捉の不均衡を表す言葉である．例えば，所得は，サラリーマンは9割，自営業者は6割，農家は4割しか捕捉されていないということから作られた言葉である．この問題は，突き詰めれば，所得税制がもっている税制上の性格からくる執行の困難性に行き着く．すなわち所得というのは，租税法で決められた概念で，消費のような事実行為で

表7-2　租税原則論

項　目		内　容
アダム・スミスの4原則	①公平の原則	税負担は各人の能力に比例すべきこと．言い換えれば，国家の保護の下に享受する利益に比例すべきこと．
	②明確の原則	租税は，恣意的であってはならないこと．支払時期・方法・金額が明白で，平易なものであること．
	③便宜の原則	租税は，納税者が支払うのに最も便宜なる時期と方法によって徴収されるべきこと．
	④最小徴税費の原則	国庫に帰する純収入額と人民に給付する額との差はなるべく少なくすること．
ワグナーの4大原則・9原則	①財政政策上の原則	1　課税の十分性…財政需要を満たすのに十分な租税収入があげられること． 2　課税の弾力性…財政需要の変化に応じて租税収入を弾力的に操作できること．
	②国民経済上の原則	3　正しい税源の選択…国民経済の発展を阻害しないような正しい税源を選択すべきこと． 4　正しい税種の選択…租税の種類の選択に際しては，納税者への影響や転嫁を見極め，国民経済の発展を阻害しないで，租税負担が公平に配分されるよう努力すべきこと．
	③公正の原則	5　課税の普遍性…負担は普遍的に配分されるべきこと．特権階級の免税は廃止すべきこと． 6　課税の公平性…負担は公平に配分されるべきこと．すなわち，各人の負担能力に応じて課税されるべきこと．負担能力は所得増加の割合以上に高まるため，累進課税をすべきこと．なお，所得の種類等に応じ担税力の相違などからむしろ異なった取扱いをすべきであること．
	④租税行政上の原則	7　課税の明確性…課税は明確であるべきこと．恣意的課税であってはならないこと． 8　課税の便宜性…納税手続は便利であるべきこと． 9　最小徴税費への努力…徴税費が最小となるよう努力すべきこと．
マスグレイブの7条件	①十分性	歳入（税収）は十分であるべきこと．
	②公平	租税負担の配分は公平であるべきこと．
	③負担者	租税は，課税対象が問題であるだけでなく，最終負担者（転嫁先）も問題である．
	④中立（効率性）	租税は，効率的な市場における経済上の決定に対する干渉を最小にするよう選択されるべきこと．そのような干渉は「超過負担」を課すことになるが，超過負担は最小限にとどめなければならない．
	⑤経済の安定と成長	租税構造は経済安定と成長のための財政政策を容易に実行できるものであるべきこと．
	⑥明確性	租税制度は公正かつ恣意的でない執行を可能にし，かつ納税者にとって理解しやすいものであるべきこと．
	⑦費用最小	税務当局及び納税者の双方にとっての費用を他の目的と両立しうる限り，できるだけ小さくすべきこと．

出所）江島一彦編著『図説　日本の税制（平成27年度版）』財経詳報社　2015年

はなく，その事実認定には時間がかかり，限界も生ずる[12]．このような水平的公平の問題に根本的に対応するためには，所得に対する課税から消費に対する課税へという税制改革が必要となってくる[13]．

最近では，この2つの概念に加え，世代間の公平という問題も重要になってきている．この背景には，戦後のベビー・ブーム，平均余命の伸びや少子化の進展とともに，人口構成のバランスが崩れるなど，どの時代に生まれたかによって生涯を通じた税負担の水準に不公平が発生する可能性があるという考え方である．

また，表7-3でみられるように，中立性，簡素性，税収動向についても考慮しなければならない．

表7-3 所得税と消費税の特徴

	所得税	消費税
垂直的公平	・税率の累進構造により，高い所得水準を有する人ほど多くの税負担を求めることができる．	・消費水準に応じて比例的に税負担を求めることができるが，所得水準に対する税負担の逆進性が生じかねない．
水平的公平	・所得の種類等によって課税ベースの把握に差が生ずるおそれがあり，同じ所得水準であっても税負担に差異が生じかねない．	・所得の種類等にかかわらず，同等の消費水準の人には同等の負担を求めることができる．
世代間公平	・税負担が勤労世代に偏りかねない．	・勤労世代だけでなく，広く社会の構成員が税負担を分かち合うことができる．
中立性（活力）	・累進構造によっては（累進度がきつい場合には），勤労意欲や事業意欲を損いかねない．	・生産活動に伴う所得に対して課税するものでないことや，所得水準に対する累進性が弱い（ない）ことから，勤労意欲や事業意欲に対して中立的である．
簡素性	・税率の累進構造や各種控除をはじめとして，種々の例外的な規定があり，複雑である．	・例外的な規定も少なく，比較的簡素である．
税収動向	・景気動向に伴って税収が変動するため，景気の自動安定化機能を果たすと期待される． ・景気動向に伴って税収が変動するため，安定的な公的サービスの提供が困難となりかねない．	・景気動向に伴う税収の変動が比較的小さいため，景気の自動安定化機能も比較的小さいと考えられる． ・景気動向に伴う税収の変動が比較的小さいため，比較的安定的な公的サービスの提供が期待できる．

（参考）資産課税の長所・短所
〈長所〉・経済社会のストック化に対応し，資産格差の是正，所得課税の補完の観点から「垂直的公平」の確保に適する．
・赤字法人であっても，資産があれば，負担を求めることが可能．
〈短所〉・資産性所得課税の場合，その捕捉の困難さ，勤労性所得との負担のバランスの難しさ等がある．
・資産保有課税の場合，キャッシュフローがないところに課税する場合がある．
出所）江島一彦編著『図説 日本の税制（平成27年度版）』財経詳報社 2015年

(3) 経済への中立性・効率性

公平性と並んで，我が国の経済活動や資産選択等に対する課税の中立性に配慮することが一層重要になってきている．経済の国際化・成熟化が進展するなか，民間部門の潜在力を発揮させるためにも，租税体系及び各税の仕組みはできるだけ経済活動等に歪みを与えないものである必要がある[14]．

最近では，中立という言葉に換えて，効率を重視する考え方が増えてきている．中立という言葉が受け身であるのに対して，効率は前向きで，経済成長につながるイメージがある．近年の世界の税制議論は，限られた貯蓄・資本をいかに効率的に活用し，自国の経済成長につなげて，高齢化に伴う税収を確保するかという点にある．特定な分野での特別な措置を廃止し，課税ベースを可能な限り広げつつ税率を下げていくという近時の世界的な税制改革は，公平性と中立性・効率性の双方を両立させる考え方である．

(4) 制度の簡素性

中立性・効率性に加えて，現代の民主主義国家では，徴税コストを抑え，租税回避行動を誘発しないという従来からの観点に加え，納税者の視点に立って，納税手続きの負担を軽減し，国民に理解しやすいものにするために，租税制度の簡素化が重視されるようになってきている．

1997年1月の政府税制調査会中期答申「これからの税制を考える—経済社会の構造変化に臨んで—」は，「税制が簡素でわかりやすいこと，透明性が高いこと，自己の税計算が容易で予見可能性が高いこと，納税者にとってのコストが安価であることは，国民が自由で裁量性の高い経済活動を行う上で，ますます重要になってきている」と指摘している．

しかし実際には，簡素という租税原則ほど繰り返しその必要性が唱えられながらもおろそかにされてきたものはない．多くの場合，簡素性が公平性とトレードオフの関係に立つことからきている．所得課税には，消費課税ではなし得ない個人ごとの事情を斟酌した細かい制度設計が可能になるというメリットがある．そこで公平の観点から納税者のさまざまな事情が考慮にいれられ，税制はますます

複雑になる．税制が余り複雑になりすぎると，税制の執行面における公平性を損ない，結局不公平なものになり，それが今日所得税の問題点のひとつとなっている．公平と簡素との間のトレードオフに対しては，簡素な税制が公平な税制となるという観点から，納税者の立場に立って，透明で納税コストの低い税制を構築していくことが必要であろう[15]．

第5節　租税理論

(1) 包括的所得税論

個人の担税力の基準となる経済力を測る指標として，所得が最も適切であり，その指標としての所得はできる限り包括的であるべき，というのが包括的所得税論である．したがって，勤労所得も資本所得も，所得はすべて合算して総合課税によるのが水平的公平から望ましく，垂直的公平からは，所得を累進課税にするのが望ましいということになる．

(2) 支出税論

本来の経済力は，短期的にではなく長期的に測られるものであるという観点に立ち，各年の所得よりも変動が小さいと考えられる，恒常所得の近似となる消費支出を課税ベースとした方が水平的公平に資する，というのが支出税論である．経済的効率性という観点からも，労働供給が税制によって影響を受けず，貯蓄（将来の消費）に対する二重課税を行わず，現在と将来の消費に対して中立的であるため，支出税論は望ましい税制であるといえる．ただし，執行可能性の担保といった課題が指摘されている．

(3) 最適課税論

資源配分の効率性と所得分配の公平性の基準に基づいて，ある所与の大きさの税金を得る際に，どのような課税体系が最も経済的に合理的であるのかということを検討する．最適課税論においては，どのような社会厚生関数を設けるのか，

どの程度の複雑さをもった税体系を想定するのか等によって，望ましい税体系は変化する．

北欧諸国で導入されている「二元的所得税」は，資本は労働よりも流動的であることを前提にして，海外への資本逃避の防止等の観点から，すべての所得を「勤労所得」と「資本所得」に二分したうえで，「勤労所得」に対しては，累進税率を適用する一方，「資本所得」には「勤労所得」に適用する最低税率と等しい比例税率で分離課税するものである．二元的所得税の考え方は，最適課税論の考え方の影響を受けている．

第6節　租税制度

租税制度とは，さまざまな税の種類を組み合わせた租税体系のことである．中央政府や地方公共団体の租税制度は税法に規定されている．租税制度を論ずるには，租税の種類や分類に関する理解が前提となる．そこでまず，租税の分類からみていく．

(1) 租税の分類
1. 間接税と直接税

間接税とは，税金を税務署に納める者と，税を負担する者が異なる税をいう．例えば，消費税がこれにあたる．スーパー等で買い物をした時，消費税を負担するのは買い物客である．店側は，買い物客から預かった税金を税務署に納める義務がある．このように，間接税は，税を負担する者と納付する者が異なるのである．

直接税とは，税金を税務署に納める者と，税を負担する者が同じである税をいう．例えば，地方税である固定資産税は，課税対象となる固定資産の所有者が査定された税金を市町村の税務当局に納付する．税の負担者と納付義務者とが一致している．また，給与所得者（サラリーマン）の所得税は，源泉徴収されており，税の負担者は被雇用者であるが，納付するのは雇用主である．この点で，源泉所

得税が直接税であるか間接税であるかが議論になったことがあるが，現在では，源泉徴収や確定申告は直接税であるということが定着している．

2. 直間比率の問題

日本では，およそ47％が直接税（所得税，法人税），50％が間接税（消費税，たばこ税，酒税），3％が財産税（相続税）である．とりわけ，直接税とその他の間接税との比率は日本5：5，フランス4：6，アメリカ9：1ということである．

3. 人税と物税

人的側面に着目して課せられる租税を人税といい，所得税や相続税がこれに該当する．これに対して，物の所有・取得・製造・販売・輸入又は物より生ずる収益に賦課される租税を物税といい，消費税や固定資産税が該当する．

4. 目的税と普通税

目的税とは，特定の歳出に充てることを目的とする租税であり，一般に使途が限定されていて，特別会計の下におかれる．それ以外の税を普通税という．税収はすべて一般会計に集め，そこから必要な支出に割り振られるべきであり，普通税が本来の税である．

目的税は，その使途がある一定の枠に制限されているために，財政の硬直化を招くという批判がある．そこで，例えば，地方道路税（国税）は，従来，地方の道路整備を使途目的として徴収されていたが，平成21年度改正により使途の目的が削除され普通税となり，名称も地方揮発油税と改められた[16]．このように，財政の硬直化という批判を受けて，現在，目的税の普通税化，特定財源の一般財源化が進められているが，現在航空機燃料税，石油石炭税，電源開発促進税，たばこ特別税が目的税である．

5. 特種な租税―環境税―

近年，注目を浴びている租税では環境税がある．環境税の目的は，地球温暖化

対策のため，CO_2（二酸化炭素）排出量を規制することである．北欧ではすでに採用されており，CO_2の含有量に応じて租税負担が定められている．国際的には，2012年までにCO_2排出量を一定基準以下に減少させることとなった．環境政策として注目されている一方で，環境税は，環境保全を目的とするものであり，環境規制が進むほど，環境税の歳入は減少する性格を有している．そのため，環境税という用語を用いずに，環境課徴金と呼ぶこともある[17]．我が国では平成23年10月より地球温暖化対策税（環境税）が導入された．これは石油石炭税に一定額を上乗せするものである．

(2) 課税の対象

租税は，所得，消費，流通，財産を課税の対象として賦課する．平成元(1989)年に導入された消費税は，所得に偏っていた課税対象を消費にも広げようとしたものである．

上記に上げた税の賦課は，所得と消費が中心である．流通への課税は，取引に税をかけることになり，高率の課税は経済活動を阻害する．財産への課税は，ワグナーの9原則の3（正しい税源の選択：国民経済の発展を阻害しないような正しい税源を選択すべきこと）に違反する．すなわち，相続税は唯一といってもよい財産課税であるが，被相続人（死亡者）が遺した財産にかかる租税である．この点で，事業主等の場合，被相続人個人の財産として登録されていた事業用資産に対して課税されると，事業承継が困難になるとの批判がある．課税しなければ，資産格差是正の機会が失われるため，適切な制度設計は困難である．

(3) 単税制度と複税制度[18]

租税制度を論じると，「単税制度」の議論が生ずる．重農主義者は，農業あるいは土地に対する単税制度を主張したことは前述した．現在では，単税制度を主張する場合，その対象は所得となる．

累進型の所得税によって，国家（政府部門）が必要とするすべて（大部分）の支出を賄うというのが具体的内容となる．これを採用すれば，課税後の所得格差

は課税前よりかなり小さくなる．また，少額所得者も負担しなければならない消費税の課税も避けることができる．所得税単税制度は，ワグナーの租税原則のすべての基準を満足させられるのである．

　しかし，膨張する財政支出をすべて所得税単税制度で賄おうとすれば，非常に高率の課税となる．これは納税者（特に高額所得者）の租税回避行動を活発にさせる．経済のグローバル化に伴って，税源の把握が困難となる．ある税の負担を回避しても，他で課税できるような複数の税で構成された税制が必要となるのである．

注

1) 水野忠恒『法律学体系　租税法（第5版）』有斐閣　2011年　p.2.
2) 森信茂樹『日本の税制』岩波書店　2010年　p.1.
3) 速水昇・和田尚久・水野惠子編著『公共経済と租税』学文社　2010年　p.131.
4) 江島一彦編著『図説　日本の税制（平成27年度版）』財経詳報社　2015年　p.6.
5) 江島・同上書　p.6.
6) 国民健康保険料か国民健康保険税かで争われた判例がある．
7) この節の多くは，速水昇・和田尚久・水野惠子編著：前掲書，p.134以下に依っている．
8) 水野・前掲書　p.4.
9) 水野・前掲書　p.5.
10) 水野・前掲書　p.5.
11) 中村・前掲書　p.14.
12) 1枚の領収書をめぐって，事業経費であるか自ら消費したものかの認定は，本人以外にはなかなか判定しがたいところがある．
13) 森信・前掲書　p.10.
14) 中村・前掲書　p.14.
15) 森信・前掲書　p.14.
16) 水野・前掲書　pp.29-30.
17) 水野・前掲書　pp.32-33.
18) 速水・和田・水野：前掲書に多くを依っている。

参考文献

江島一彦編著『図解 日本の税制（平成27年度版）』財経詳報社 2015年
水野忠恒『法律学体系 租税法（第5版）』有斐閣 2011年
速水昇・和田尚久・水野惠子編著『公共経済と租税』学文社 2010年
森信茂樹『日本の税制』岩波書店 2010年

第8章 所得税法

第1節　所得税法の概要

　所得税は，個人の所得（利益）に対して課税される租税である．所得税法には，所得の意義についての規定は存在しないが，反復的又は継続的なものに限らず，一時的又は偶発的なものも含む非常に広い所得をその課税対象としている（包括的所得概念又は純資産増加説）．

　所得税法では，暦年（1月1日から12月31日まで）の所得を発生形態に応じて利子所得，配当所得，不動産所得，事業所得，給与所得，退職所得，山林所得，譲渡所得，一時所得，及び雑所得の10種類に分類し，分類された各種の所得ごとに所定の方法により所得金額を算定し，その各種の所得金額を合計し，その合計所得金額からその所得者の家族構成や支出状況に応じた配偶者控除，扶養控除，医療費控除等の各種の控除を差し引き，その残額に超過累進税率を適用して税額を計算する．また所得税は，所得（担税力）に応じて租税を負担することを求める「応能負担原則」に最も適当なものであると考えられているため，今日まで最も重要な租税となっている．

第2節　所得税の納税義務者

　所得税の納税義務者は原則として個人（自然人）であるが，法人が納税義務者になる場合もある．所得税の納税義務者は，個人が居住者，非居住者に，法人が内国法人，外国法人にと，それぞれ区分が設けられている．それぞれの意義及び納税義務の範囲は以下のとおりである．

(1) 居　住　者

　居住者とは，日本に住所又は引き続いて1年以上居所がある個人をいう．居住者は，国内及び国外で生ずるすべての所得について納税義務がある（無制限納税義務者）．また居住者のうち日本国籍がなく，かつ，過去10年以内の間に国内に住所又は居所を有する期間の合計が5年以下である個人を非永住者といい，

国内において生じた所得（国内源泉所得）と，これ以外の所得（国外源泉所得）で国内において支払われたもの又は国内に送金されたものについてのみ納税義務がある．

(2) 非居住者

非居住者とは，居住者以外の個人をいい，日本国内で生じた所得（国内源泉所得）に限って所得税を納める義務がある（制限納税義務者）．

(3) 内国法人・外国法人

内国法人とは，日本に本店又は主たる事務所を有する法人をいう．内国法人は，国内において生じた利子，配当，利益の分配，報酬等の支払いを受けるときには，その所得について所得税が課される．

内国法人に対しては，本来，全ての所得に法人税が課されるが，利子，配当等は，徴税手続きの便宜上，例外的に法人についても源泉徴収が行われる．

これは実質的に法人税の前払いとなり，法人税額の計算時に税額控除として精算される．

外国法人とは内国法人以外の法人をいう．外国法人は，国内において生じた利子，配当等の特定の所得について納税義務がある．

第3節　非課税所得と免税所得

所得税は，すべての所得に対して課税されるが，所得の性質，担税力，社会政策的配慮，課税（徴税）技術上の要請等から特定の所得について課税対象から除外している．これを非課税所得という．また，災害減免法による災害被害者の所得税の減免など，一定の手続きにより所得税が免除されるものを免税所得という．

非課税所得には，次のようなものがある．
　① 当座預金の利子（年1％以下のもの），いわゆる子供銀行の預貯金の利子等
　② 増加恩給及び傷病賜金，障害補償の給付，遺族の恩給及び年金

③ 生活用動産の譲渡による所得
④ 給与所得者の出張旅費，転任旅費，通勤手当の一定額
⑤ 国外勤務者が受ける在勤手当
⑥ 文化功労者に対する年金，特定の学術研究奨励金等
⑦ 学資金及び扶養義務者から受ける生活費等
⑧ 心身に加えられた損害に対する損害保険金及び損害賠償金，慰謝料等
⑨ 相続，遺贈又は個人からの贈与により取得するもの
⑩ 法人から受ける選挙費用の寄付

さらに，所得税法以外の法律で非課税とされる，宝くじ当選金（当せん金附証票法第13条），スポーツ振興投票券（toto）の払戻金（スポーツ振興投票の実施等に関する法律第16条），雇用保険の失業等給付（雇用保険法第12条），ノーベル賞の賞金などがある．

第4節　所得の種類

(1) 所得の区分

所得には，給料のように毎年繰り返し発生する回帰的なものと，退職金のように臨時的に発生する非回帰的なものとがあり，担税力に応じた課税（応能負担原則）を行うには，所得の大小（量的担税力）のほかに，このような所得の発生原因ないし発生形態の相違（質的担税力）をも考慮する必要がある．所得税法では，所得をその発生原因ないし発生形態によって，① 利子所得，② 配当所得，③ 事業所得，④ 不動産所得，⑤ 給与所得，⑥ 退職所得，⑦ 譲渡所得，⑧ 山林所得，⑨ 一時所得及び ⑩ 雑所得の10種類に分類し，それぞれに応じた所得金額の計算方法や控除額を定めている．

(2) 総合課税と分離課税

所得税は，総合課税を原則として，一個人の所得金額（各種所得の金額）を合算した金額から，基礎控除，扶養控除等の所得控除を差し引き，その残額である

課税所得金額に対して超過累進税率を適用して所得税額を計算するという方法がとられている．また，例外的に退職金や土地の譲渡のように，担税力や社会政策に応じて他の所得と合算しないで課税されるものもある．これを分離課税という．

(3) 各種所得の内容，計算及び課税方法

1．利子所得

利子所得とは，公社債及び預貯金の利子並びに合同運用信託及び公社債投資信託及び公募公社債等運用投資信託の収益の分配に係る所得をいう（所得税法第23条第1項）．

利子所得の金額は，その年中の利子等の収入金額である．よって，公社債等を購入するための借入金に係る支払利子は収入金額から控除することはできない．また国内で支払を受けるべき利子等については，支払時における源泉徴収（税率20.315％：所得税15％，復興特別所得税0.315％，地方税5％）で課税関係が終了する一律源泉分離課税制度がとられているため，確定申告を必要としない．

2．配当所得

配当所得とは，法人から受ける利益の配当，剰余金の分配，基金利息並びに投資信託（公社債投資信託及び公募公社債等運用投資信託を除く）及び特定目的信託の収益の分配に係る所得をいう（所得税法第24条第1項）．

配当所得の金額は，その年中の配当等の収入金額から借入金の利子を控除した金額である．この借入金の利子は，株式などを取得するための借入金に係る支払利子であるが，控除できる金額は，株式などの元本保有期間に対応する部分に限られている．

配当所得に対する課税は，他の所得と合算する総合課税が原則であるが，国内で支払を受けるべき私募公社債等運用投資信託の収益の分配などについては，支払時における源泉徴収（税率20.315％：所得税15％，復興特別所得税0.315％，地方税5％）で課税関係が終了する一律源泉徴収課税が適用されている．また，内国法人から支払を受けるべき配当金で1回に支払いを受けるべき金額が5万

円（計算期間が1年以上であるときは，10万円）以下の，いわゆる少額配当等については確定申告をしない場合は源泉徴収（税率20.315％：所得税15％，復興特別所得税0.315％，地方税5％）で，上場株式等，公募株式投資信託の収益の分配及び特定投資法人の投資口の配当等（大口株主を除く）についても確定申告をしない場合には支払時における源泉徴収（税率20.315％：所得税15％，復興特別所得税0.315％，地方税5％）で課税関係が終了する．

3. 不動産所得

　不動産所得とは，不動産，不動産の上に存する権利，船舶又は航空機の貸付けによる所得をいう（所得税法第26条第1項）．不動産，船舶及び航空機の貸付は，事業所得ではなく，不動産所得となる．ただし，下宿のように賄い付きの場合や時間極め駐車場などは，サービス業の面から事業所得又は雑所得となる．また，不動産の譲渡による所得は，譲渡所得となる．

　不動産所得の金額は，その年中の不動産所得に係る総収入金額から必要経費を控除した金額である．なお，敷金等，将来返還するものは，不動産所得の収入金額にはならない．また，土地の賃貸に対する権利金の額が土地の価額の2分の1相当額を超えるものは，借地権の譲渡対価として，譲渡所得となる．

4. 事業所得

　事業所得とは，農業，漁業，製造業，卸売業，小売業，サービス業その他の事業など，所定の事業を営んでいる者の事業に係る所得をいう（所得税法第27条第1項）．事業所得の金額は，その年中の事業所得に係る総収入金額から必要経費を控除した金額である．

　総収入金額は，実際の受取金額（現金主義）ではなく，暦年中に収入すべきことが確定した金額により計算する（権利確定主義）．また，リベート収入，債務免除，商品の自家消費，無償や低廉の譲渡なども含まれる．

　必要経費とは，総収入金額に対応する売上原価，その収入を得るために要した費用である．ただし，同居家族に対する賃貸料，給与などは，原則として必要経

費とすることはできないが，青色申告者については，家族従業員に対する給与が所定の要件を満たし，事前に税務署長に届出を行うことにより，その給与を必要経費にすることができる．これを青色事業専従者給与という．

　必要経費の計算についても，実際に支払った金額（現金主義）ではなく，その暦年中に支払うべき債務の確定した金額により計算する（債務確定主義）．

5. 給与所得

　給与所得とは，俸給，給料，賃金，歳費及び賞与並びにこれらの性質を有する給与に係る所得をいう（所得税法第28条第1項）．給与所得の金額は，その年中の給与等の収入金額から給与所得控除額等を控除した金額である．また，特定支出金の合計額が給与所得控除額を超える場合には，その超過額をさらに控除できる（所得税法第57条の2）．給与所得控除額は，給与所得を得るために必要な経費を概算的に控除するもので，表8－1のように収入金額の多寡に応じて法定されている．また，特定支出金とは，給与所得者が一定の要件に該当する通勤費，研修費，勤務に必要な資格取得費，単身赴任者の帰宅旅費等の支出をいう．

表8－1　給与所得控除額

平成25年分から平成27年分

給与等の収入金額 （給与所得の源泉徴収票の支払金額）	給与所得控除額
1,800,000円以下	収入金額×40% 650,000円に満たない場合には650,000円
1,800,000円超　　3,600,000円以下	収入金額×30%＋180,000円
3,600,000円超　　6,600,000円以下	収入金額×20%＋540,000円
6,600,000円超　　10,000,000円以下	収入金額×10%＋1,200,000円
10,000,000円超　　15,000,000円以下	収入金額×5%＋1,700,000円
15,000,000円超	2,450,000円（上限）

（例）給与年間収入金額が800万円の場合，その給与所得控除額は，
　　　800万円×10%＋120万円＝200万円

平成 28 年分

給与等の収入金額 (給与所得の源泉徴収票の支払金額)	給与所得控除額
1,800,000 円以下	収入金額×40% 650,000 円に満たない場合には 650,000 円
1,800,000 円超　　3,600,000 円以下	収入金額×30%＋180,000 円
3,600,000 円超　　6,600,000 円以下	収入金額×20%＋540,000 円
6,600,000 円超　　10,000,000 円以下	収入金額×10%＋1,200,000 円
10,000,000 円超　　12,000,000 円以下	収入金額×5%＋1,700,000 円
12,000,000 円超	2,300,000 円（上限）

平成 29 年分

給与等の収入金額 (給与所得の源泉徴収票の支払金額)	給与所得控除額
1,800,000 円以下	収入金額×40% 650,000 円に満たない場合には 650,000 円
1,800,000 円超　　3,600,000 円以下	収入金額×30%＋180,000 円
3,600,000 円超　　6,600,000 円以下	収入金額×20%＋540,000 円
6,600,000 円超　　10,000,000 円以下	収入金額×10%＋1,200,000 円
10,000,000 円超	2,200,000 円（上限）

出所）国税庁ホームページ（http://www.nta.go.jp/）

6. 退職所得

　退職所得とは，退職手当，一時恩給その他の退職により一時に受ける給与等（退職手当等）に係る所得をいう（所得税法第 30 条第 1 項）．また，各種社会保険制度等に基づく一時金や適格退職年金等，確定給付企業年金法の規定に基づいて支給を受ける一時金なども退職手当等とみなされる．また，退職後，定期的，継続的に受けるものは，年金として雑所得となる．

　退職所得の金額は，その年中の退職手当等の収入金額から退職所得控除額を控除した残額の 2 分の 1 に相当する金額である．退職所得控除額は，退職後の生活保障を考慮したもので，退職所得者の勤続年数等に応じて次のように計算される．

① 勤続年数が 20 年以下の場合

　40 万円×勤続年数（最低 80 万円）

② 勤続年数が 20 年を超える場合

800万円＋70万円×(勤続年数－20年)

なお，障害者となったことにより退職した場合は，上記の金額に100万円を加算した額が退職所得控除額となる．

7. 山林所得

山林所得とは，山林の伐採又は譲渡による所得をいう（所得税法第32条第1項）．ただし，山林を取得した日以後5年以内に伐採又は譲渡による所得は山林所得ではなく，事業所得又は雑所得となる．なお，山林とは，山に生立する立木（りゅうぼく）及びその集団をいうので，山林を土地と共に譲渡した場合は，山林（立木部分）は山林所得，土地の部分は譲渡所得とされる．

山林所得の金額は，その年中の山林所得に係る総収入金額から必要経費を控除し，その残額から山林所得の特別控除額を控除した金額である．

必要経費は，山林の植林費，取得に要した費用，管理費，伐採費その他山林の育成又は譲渡に要した費用であり，特別控除額は，総収入金額から必要経費を控除した金額と50万円とのいずれか少ない金額である．ただし，山林所得は，その年の15年前の12月31日以前から所有していた山林の譲渡に係る譲渡に要した費用以外の必要経費の額は，次の算式により概算経費とすることができる．

（収入金額－伐採費等）×概算経費率(50％)＋伐採費等＋山林所得に係る被災事業用資産の損失

また，山林所得は分離課税であり，税額は課税山林所得の5分の1の金額に税率を乗じ，それを5倍する，いわゆる5分5乗方式により計算する．

8. 譲渡所得

譲渡所得とは，資産の譲渡による所得をいう（所得税法第33条第1項）．譲渡所得による課税は，資産の価値の値上がり益，すなわちキャピタル・ゲインに対する課税である．資産の譲渡には，借地権の設定等，契約により他人に土地を長期間使用させる行為も含まれるが，棚卸資産又はこれに準ずる資産の譲渡や営利を目的として継続的に行われる資産の譲渡は譲渡所得とならない．

譲渡所得における資産は，土地等（借地権，その他土地の上に存する権利を含む）又は建物等（建物付属設備構築物を含む）の譲渡に係るものと，それ以外の資産の譲渡に係るもの（例えばゴルフ会員権の譲渡に係る所得）とに区分されており，前者については分離課税，後者については総合課税になっている．

　譲渡所得は，「長期譲渡所得」と「短期譲渡所得」に区分される．「長期譲渡所得」は，資産の取得後5年を超えて行われた譲渡に係る所得をいう．また，「短期譲渡所得」は，資産取得後5年以内に行われた譲渡に係る所得をいう．

　総合課税の譲渡所得の金額は，その暦年中の譲渡所得に係る総収入金額からその資産の取得費と譲渡費用を控除し，その残額（譲渡益）から譲渡所得の特別控除額（最高50万円）を差し引いた金額である．

収入金額－（取得費＋譲渡費用）－特別控除額＝譲渡所得の金額

　特別控除額とは，譲渡益と50万円とのいずれか少ない金額である．譲渡所得に「長期譲渡所得」と「短期譲渡所得」とがある場合には，それぞれの譲渡所得に区分して譲渡益を計算する．

　この譲渡益から控除する特別控除額は，「短期譲渡所得」から先に差し引く．さらに，「短期譲渡所得」はその全額を，「長期譲渡所得」については，その2分の1相当額を他の所得と総合して総所得金額を計算する．

　分離課税の譲渡所得は，土地等又は建物等の譲渡に係る所得であるが，譲渡した年の1月1日現在で所有期間が5年を超えるものの譲渡に係る「長期譲渡所得」と，5年以内のものの譲渡に係る「短期譲渡所得」とに区別される．なお，土地等又は建物等の長期譲渡所得は原則39.63％（所得税30％，復興特別所得税0.63％，地方税9％），短期譲渡所得は原則20.315％（所得税15％，復興特別所得税0.315％，地方税5％）の税率が適用される．

　譲渡所得の金額の計算において損失が生じた場合には，分離課税のものと総合課税のものとに区分し，同一グループ内で譲渡益と譲渡損の通算を行う．

　株式等（転換社債，新株引受権付社債など一定のものを含む）の譲渡に係る所得に対する課税は，個人投資家の市場参加の促進や証券市場の構造改革に伴い，平成15年以後，原則として申告分離課税へ一本化されるとともに，上場株式等の

譲渡に係る軽減税率の特例や上場株式等の譲渡損失の繰越控除制度が創設された．しかし，個人投資家の申告事務負担に配慮，証券会社に設定した「特定口座」を通じて行われる一定の上場株式等の譲渡については，所得金額の計算の特例，源泉徴収等の特例及び申告不要の特例等が創設された．譲渡所得を分類すると表8－2となる．

表8－2　譲渡所得の分類

分類	内容
総合短期譲渡所得	所有期間が5年以下の土地・建物以外の資産の売却
総合長期譲渡所得	所有期間が5年超の土地・建物以外の資産の売却
分離短期譲渡所得	売却年の1月1日の所有期間が5年以下の土地・建物の売却
分離長期譲渡所得	売却年の1月1日の所有期間が5年超の土地・建物の売却
株式等に係る譲渡所得	株式等の売却

9．一時所得

　一時所得とは，利子所得，配当所得，不動産所得，事業所得，給与所得，退職所得，山林所得及び譲渡所得以外の所得のうち，営利を目的とする継続的行為から生じた所得以外の一時の所得で労務その他の役務又は資産の譲渡の対価としての性質を有しないものをいう（所得税法第34条第1項）．例えば，懸賞や福引きの賞金品，競馬や競輪の払戻金，生命保険の一時金や損害保険の満期返戻金等，法人から贈与された金品（業務に関して受けるもの，継続的に受けるものは除く），遺失物拾得者や埋蔵物発見者の受ける報労金等が該当する．

　一時所得の金額は，その年中の一時所得にかかる総収入金額からその収入を得るために支出した金額を控除し，その残額から特別控除額を控除した金額である．ただし，その収入を得るために支出した金額は，その収入を生じた行為をするため，又はその収入を生じた原因の発生に伴い直接要した金額に限られる．特別控除額は，総収入金額からその収入を得るために支出した金額を控除した金額と50万円とのいずれか少ない金額である．なお，一時所得は，その2分の1相当額が総所得金額の計算に含められる．

10. 雑所得

雑所得とは，利子所得，配当所得，不動産所得，事業所得，給与所得，退職所得，山林所得，譲渡所得及び一時所得のいずれにも該当しない所得をいう（所得税法 35 条第 1 項）.

例えば，年金や恩給などの公的年金等，作家あるいは著述家以外の者が受ける印税や原稿料，講演料や放送謝金，工業所有権（特許権，実用新案権）の使用料，金銭や動産の貸付けに係る所得，不動産の継続的売買に係る所得などが該当する.

雑所得の金額は，その年中の公的年金等の収入金額から公的年金等控除額を控除した残額とその年中の雑所得（公的年金等に係るものを除く）に係る総収入金額から必要経費を控除した金額の合計額である.「公的年金等控除額」は受給者の年齢（65 歳以上か否か）と収入金額の多寡に応じて法定されている. なお，平成 23 年分の所得税から「確定申告不要制度」が導入され，公的年金等の収入金額の合計額が 400 万円以下で，かつ公的年金等以外の他の所得金額が 20 万円以下の場合は確定申告は不要となった. また，公的年金等，原稿料等は，支払いの際に源泉徴収される.

第5節　総所得金額の計算

(1) 課税所得と損益通算

所得税は，原則として各種所得の金額の合計額を課税所得金額として課税されるが，ある所得の金額に損失が生じた場合，総合課税の建前により，他の所得との相殺が認められ，不動産所得の金額，事業所得の金額，山林所得の金額又は譲渡所得の金額の計算上生じた損失があるときは，それをその他の各種所得の金額から控除することができる. これを損益通算という.

ただし，退職所得と山林所得は分離課税の対象とされる. 退職所得は，給与の後払いであり，老後の生活の糧でもあるため，また山林所得は，投下資本の回収に長期を要するという理由により，累進税率の適用が緩和されている.

(2) 純損失・雑損失の繰越控除

　損益通算をして，なお損失となった場合を純損失といい，また災害・盗難等による資産損失を雑損失という．これらは，青色申告書の提出など一定の要件を満たす場合，その年分の総所得金額から控除しきれない金額を翌年度以降3年間，繰越控除することができる．

(3) 総所得金額等の計算

　総所得金額は，損益通算の結果残った各種所得の金額のうち，退職所得及び山林所得以外の各種所得の金額を合算した金額である．ただし，長期譲渡所得の金額（分離課税以外のもの）及び一時所得の金額は合計額の2分の1に相当する金額の合計額である．分離課税の土地等に係る事業所得等の金額，分離課税の譲渡所得金額等は，それらの各所得金額を損益通算し，純損失の繰越控除及び雑損失の繰越控除を行った後の金額である．

(4) 所得控除と課税総所得金額の計算

　課税総所得金額は，総所得金額・退職所得金額および山林所得金額から，雑損控除等の各種の控除を行って求める．これらの控除を所得控除という．

　所得控除は，納税者の担税力や個人的事情，政策的な理由などによって各種定められている．それらのうち基礎控除，配偶者控除，配偶者特別控除および扶養控除は人的控除と呼ばれ，憲法25条の生存権の保障から最低限度の生活を維持するのに必要な部分は担税力をもたないという理由による．

　また，障害者控除，寡婦（夫）控除および勤労学生控除は，個人的な事情により一般の人より追加的経費が必要であり担税力が弱いという理由からである．

　さらに，雑損控除，医療費控除，社会保険料控除，小規模企業共済等掛金控除，生命保険料控除，損害保険料控除，および寄付金控除は，社会政策的，公共政策的理由から認められている．各種所得控除の内容は，以下である．

1. 雑損控除

居住者又はその者と生計を一にする配偶者その他の親族の有する資産（生活に通常必要でない資産及び事業用資産を除く）について，災害，盗難，又は横領によって損失が生じた場合には，総所得金額等から一定額を控除できる（所得税法第72条第1項）．

雑損控除の額は，損失が生じた時の直前の時価を基礎として計算する．この場合，災害関連支出の金額を含め，保険金，損害賠償金等で補填される金額を除いた金額である．雑損控除については，控除しきれない金額は雑損失として，翌年以降3年間の繰越控除が認められている．

2. 医療費控除

居住者が，自己又は生計を一にする配偶者その他の親族に係る医療費を支払った場合には，その年中に支払った医療費の金額（保険金，損害賠償金などによって補填される部分の金額を除く）の合計額がその年分の所得金額の5％相当額（当該金額が10万円を超えるときは10万円）を超える場合に限り，総所得金額等から，その支出金額及び合計所得金額に応じて法定されている一定額を控除できる（所得税法第73条第1項）．

医療費控除の対象となる金額は，次の式で計算した金額（最高で200万円）．

1年間の支払い医療費の合計額 －（1）の金額 －（2）の金額

(1) 保険金などで補填される金額

　　（例）生命保険契約などで支給される入院費給付金や健康保険などで支給される高額療養費・家族療養費・出産育児一時金など

　　（注）保険金などで補填される金額は，その給付の目的となった医療費の金額を限度として差し引くので，引ききれない金額を他の医療費からは差し引かない．

(2) 10万円（その年の総所得金額等が200万円未満の人は，総所得金額等5％の金額となる）

なお，医療費の範囲には，医師又は歯科医師による診療又は治療の対価，治療又は療養に必要な医療品購入費，通院のための費用，あん摩・マッサージ・指圧

師・はり師・きゅう師・柔道整復師による施術，保健師及び看護師による療養上の世話を受けるための費用を含む．

3. 社会保険料控除

居住者が，自己又は生計を一にする配偶者その他の親族が負担すべき社会保険料を支払った場合には，総所得金額等から全額を控除できる（所得税法第74条第1項）．対象となる社会保険料とは，健康保険，国民健康保険，介護保険，雇用保険，厚生年金保険，国民年金等の保険料，国家公務員共済組合法の規定による掛金等，一定の保険料，掛金等をいう（所得税法第74条第1項）．

4. 小規模企業共済等掛金控除

居住者が，小規模企業共済等掛金を支払った場合には，総所得金額等から全額を控除できる（所得税法第75条第1項）．

小規模企業共済等掛金とは，小規模企業共済法に規定する共済契約に基づく掛金，確定拠出年金法に規定する個人年金加入者掛金，地方公共団体が心身障害者に関して実施する扶養共済制度の掛金をいう．

5. 生命保険料控除

居住者が，自己又は配偶者その他の親族を保険金等の受取人とする一定の生命保険契約等に基づく保険料・掛金を支払った場合，あるいは自己又は配偶者を受取人とする一定の個人年金保険契約に基づく保険料を支払った場合には，総所得金額等から一定額を控除できる（所得税法第76条第1項）．

平成22年度改正により介護医療保険控除が創設され，以下のように平成24年1月1日以後に締結した保険契約等に係る保険料と平成23年12月31日以前に締結した保険契約等に係る保険料では，生命保険料控除の取扱いが異なる．

(1) 平成24年1月1日以降締結した新契約については，表8－3のように一般生命保険料控除，個人年金保険料控除の控除限度額がそれぞれ4万円に引き下げられ，介護医療保険控除を合算した適用限度額は12万円となった．

表 8 − 3　生命保険料控除（平成 24 年 1 月 1 日以降）

年間の支払保険料等	控除額
20,000 円以下	支払保険料等の全額
20,000 円超　40,000 円以下	支払保険料等 × 1/2 + 10,000 円
40,000 円超　80,000 円以下	支払保険料等 × 1/4 + 20,000 円
80,000 円超	一律 40,000 円

(2) 平成 23 年 12 月 31 日以前に締結した旧契約については，一般生命保険料控除及び個人年金保険料控除の適用限度額を表 8 − 4 のように従来どおり各々 5 万円とする．

表 8 − 4　生命保険控除（平成 23 年 12 月 31 日以前）

年間の支払保険料等	控除額
25,000 円以下	支払保険料等の全額
25,000 円超　50,000 円以下	支払保険料等 × 1/2 + 12,500 円
50,000 円超　100,000 円以下	支払保険料等 × 1/4 + 25,000 円
100,000 円超	一律 50,000 円

(3) 新旧契約の双方がある場合は，保険料控除はそれぞれ新旧の控除額に係る計算式により控除額を計算し，その合計額のうち一般生命保険料控除及び個人年金保険料控除の適用限度額をそれぞれ 4 万円とした．

表 8 − 5　生命保険控除（新旧契約双方）

適用する生命保険料控除	控除額
新契約のみ生命保険料控除を適用	(1) に基づき算定した控除額
旧契約のみ生命保険料控除を適用	(2) に基づき算定した控除額
新契約と旧契約の双方について生命保険料控除を適用	(1) に基づき算定した新契約の控除額と (2) に基づき算定した旧契約の控除額の合計額（最高 4 万円）

6．地震保険料控除

自己又は生計を一にする配偶者その他の親族が所有している居住用家屋又は生活用動産を保険や共済の目的とし，かつ，地震，噴火又は津波を原因とする火災，損壊等による損害をてん補する保険金や共済金が支払われる契約の保険料を支払った場合には，総所得金額等から年間保険料の合計が 5 万円超の場合は 5 万円，5 万円以下の場合は支払った金額を控除できる（所得税法第 77 条第 1 項）．なお，

平成18年12月31日までに締結した従前の長期損害保険契約（上記以外の火災保険も含む）等に係る保険料は従前の損害保険料控除が適用される．

7．寄附金控除

居住者が，国，地方公共団体，公益法人又は日本赤十字社等に対する寄附，あるいは特定の政治活動に関する寄附等の特定寄附金を支出した場合には，特定寄付金の支出額と所得金額の合計額の40％とのいずれか少ない金額から2,000円を控除した金額を総所得金額から控除できる（所得税法第78条第1項）．

なお，震災関連寄附金を支出した場合の寄附金の額の合計額は所得金額の80％相当額が限度となる．また個人が支出した政治活動に関する寄附金，認定NPO法人，公益社団法人等に対する寄附金で一定のものや震災関連寄附金のうち特定震災指定寄附金については，寄附金控除の適用を受けるか，寄附金特別控除（税額控除）の適用を受けるか，どちらか有利な方を選ぶことができる．

8．障害者控除

居住者本人，あるいは控除対象配偶者又は扶養親族が障害者である場合には，総所得金額等から1人27万円（重度の障害者すなわち特別障害者である場合には40万円）を控除できる（所得税法第79条第1項）．なお，平成23年の改正で特別障害者が同居の控除対象配偶者又は扶養親族の場合には75万円控除できることになった．

9．寡婦（寡夫）控除

居住者本人が寡婦又は寡夫である場合には27万円，特定の寡婦の場合は35万円を総所得金額から控除できる（所得税法第81条第1項，租税特別措置法第41条の17第1項）．

寡婦とは，(1) 夫と死別又は離婚後婚姻をしていない者，又は夫の生死が不明な者のうち，扶養親族や生計を一にしている合計所得金額が基礎控除額（38万円）以下の子を有する者，(2) 夫と死別後婚姻をしていない者又は夫の生死

が不明な者のうち，合計所得金額が500万円以下の者をいう．特定の寡婦とは夫と死別し又は離婚した後婚姻をしていない者や夫の生死が明らかでない者のうち扶養親族である子を有する者で合計所得金額が500万円以下の者をいう．

寡夫とは，妻と死別又は離婚後婚姻していない者又は妻の生死が不明な者のうち，生計を一にしている合計所得金額が基礎控除額（38万円）以下の子を有する者で合計所得金額が500万円以下の者をいう．

10．勤労学生控除

居住者本人が，勤労学生である場合には総所得金額等から27万円を控除できる（所得税法第82条第1項）．勤労学生とは，学校教育法に規定する学生，生徒等の所定の者で，自己の勤労に基づく事業所得，給与所得，退職所得又は雑所得を有する者のうち，その年の合計所得金額が65万円（給与収入130万円）以下で，かつ，給与所得等以外の所得が10万円以下である者をいう．

11．配偶者控除

居住者が，控除対象配偶者を有する場合は38万円を，老人控除対象配偶者を有する場合は48万円を，総所得金額等から控除できる（所得税法第83条第1項）．

控除対象配偶者とは，居住者の配偶者で生計を一にするもの（青色事業専従者給与を受けるもの及び白色事業専従者を除く）のうち合計所得金額が38万円（給与収入103万円）以下である者をいい，また，老人控除対象配偶者とは，控除対象配偶者のうち，年齢が70歳以上の者をいう．

12．配偶者特別控除

居住者が，生計を一にする配偶者（青色事業専従者給与を受けている者，事業専従者及び他の者の扶養親族とされている者を除く）を有する場合には，表8－6のように，控除対象配偶者の合計所得金額が38万円を超え，76万円未満（年収141万円未満）である場合，合計所得金額の多寡に応じて算定される一定額（最高限度額38万円）を，総所得金額等から控除できる（所得税法第83条の2第1項）．

なお，居住者の合計所得金額が1,000万円を超える場合はこの控除の適用はない．

表8－6　配偶者特別控除額

配偶者の所得金額	控除額	配偶者の所得金額	控除額
38万円超　　40万円未満	38万円	60万円以上　65万円未満	16万円
40万円以上　45万円未満	36万円	65万円以上　70万円未満	11万円
45万円以上　50万円未満	31万円	70万円以上　75万円未満	6万円
50万円以上　55万円未満	26万円	75万円以上　76万円未満	3万円
55万円以上　60万円未満	21万円		

13. 扶養控除

居住者が，生計を一にする扶養親族を有する場合には，扶養親族一人につき，表8－7のように，扶養親族の年齢等に応じた所定額を総所得金額等から控除できる（所得税法第84条第1項）．扶養親族とは，居住者と生計を一にする親族，児童福祉法により養育を委託された児童（里子）又は老人福祉法により養護を委託された老人のうち，合計所得金額が38万円以下の者をいう（青色事業専従者給与を受けている者及び事業専従者を除く）．

表8－7　扶養控除額

控除対象扶養親族の区分	控除額
年少扶養親族（16歳未満）	0円
特定扶養親族	63万円
老人扶養親族（同居老親等以外）	48万円
老人扶養親族（同居老親等）	58万円
一般扶養親族（16歳以上で上記以外）	38万円

注）1．特定扶養親族とは，扶養親族のうち年齢19歳以上23歳未満の者をいう．
　　2．老人扶養親族とは，扶養親族のうち年齢70歳以上の者をいう．

14. 基礎控除

居住者については，無条件に誰でも38万円を総所得金額等から控除できる（所得税法第86条第1項）．

(5) 所得税率

① 課税総所得金額に対する所得税は，課税所得金額を税率表にしたがって段階的に区分し，区分された段階に応じて適用した税率（累進税率）を乗じた金額

の合計額である．一般的には，表8-8の速算法が用いられている．

表8-8 所得税の速算表

課税総所得金額等	税率	控除額
195万円以下	5%	0円
195万円を超え 330万円以下	10%	97,500円
330万円を超え 695万円以下	20%	427,500円
695万円を超え 900万円以下	23%	636,000円
900万円を超え 1,800万円以下	33%	1,536,000円
1,800万円を超え 4,000万円以下	40%	2,796,000円
4,000万円超	45%	4,796,000円

(例) 課税総所得金額が1,000万円の場合
　　 10,000,000円×33%－1,536,000円＝1,764,000円

なお，東日本大震災の復興の財源確保のため平成25年から同49年までの各年分の確定申告においては，所得税と復興特別所得税（原則としてその年分の基準所得税額の2.1%）を併せて申告・納付する．

② 山林所得金額に対する所得税は，その5分の1に相当する金額を上記①によって計算し，それを5倍した金額である（5分5乗方式）．一般的には，表8-9の速算表が用いられている．

表8-9 課税山林所得金額に対する所得税の速算表

課税総所得金額等	税率	控除額
1,000円～9,749,000円	5%	―
9,750,000円～16,499,000円	10%	487,500円
16,500,000円～34,749,000円	20%	2,137,500円
34,750,000円～44,999,000円	23%	3,180,000円
45,000,000円～89,999,000円	33%	7,680,000円
90,000,000円～199,999,000円	40%	13,980,000円
200,000,000円超	45%	23,980,000円

(例) 課税山林所得金額が3,000万円の場合
　　 30,000,000円×20%－2,137,500円＝3,862,500円

(6) 平均課税

所得の中には，漁獲や海苔の採取，原稿料，作曲料などの所得のように，年により変動の激しい所得（変動所得），また，プロ野球選手の契約金，不動産賃貸に係る権利金のように，臨時に発生する所得（臨時所得）があり，これらの所得

は，毎年平均して発生する所得に比べ，累進税率による税負担を緩和する必要がある．このような理由から採用されているのが平均課税の制度である．

これは，変動所得又は臨時所得の金額が総所得金額の20％以上である場合には，

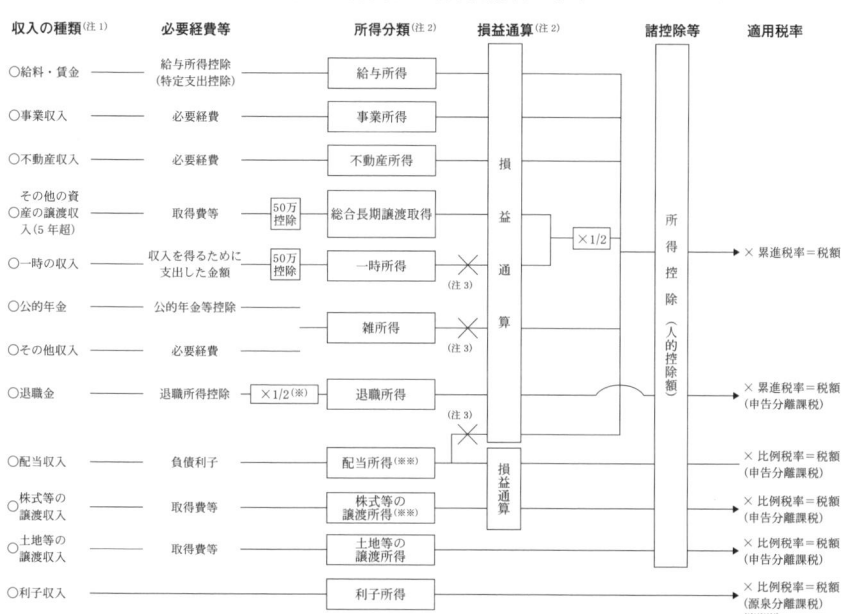

図8－1　日本の給与所得者の所得税計算の仕組み（イメージ）

収入の種類(注1)	必要経費等	所得分類(注2)	損益通算(注2)	諸控除等	適用税率
○給料・賃金	給与所得控除（特定支出控除）	給与所得	損益通算	所得控除（人的控除額）	×累進税率＝税額
○事業収入	必要経費	事業所得			
○不動産収入	必要経費	不動産所得			
○その他の資産の譲渡収入(5年超)	取得費等	50万控除 → 総合長期譲渡所得	×1/2		
○一時の収入	収入を得るために支出した金額	50万控除 → 一時所得	×(注3)		
○公的年金	公的年金等控除	雑所得	×(注3)		
○その他収入	必要経費				
○退職金	退職所得控除	×1/2(※) → 退職所得	×(注3)		×累進税率＝税額（申告分離課税）
○配当収入	負債利子	配当所得(※※)	損益通算		×比例税率＝税額（申告分離課税）
○株式等の譲渡収入	取得費等	株式等の譲渡所得(※※)			×比例税率＝税額（申告分離課税）
○土地等の譲渡収入	取得費等	土地等の譲渡所得			×比例税率＝税額（申告分離課税）
○利子収入		利子所得			×比例税率＝税額（源泉分離課税）(※※※)

注）1. 主な収入を掲げており，この他に「山林所得」，「先物取引に係る雑所得等」などがある．また，各種所得の課税方法についても，上記の課税方法のほか，源泉分離課税や申告分離課税等が適用される場合がある．
2. 各種所得の金額及び課税所得の金額の計算上，一定の特別控除額等が適用される場合がある．
3. これらの所得に係る損失額は他の所得金額と通算することができない．
4. 特定公社債等の譲渡所得等については申告不要又は申告分離課税，一般公社債等の譲渡所得等については申告分離課税とする（平成28年1月1日以後適用）．

（※）勤続年数5年以下の法人役員等の退職金については，2分の1課税は適用されない．
（※※）「配当所得」及び「株式等の譲渡所得」については，一定の要件の下，源泉徴収のみで納税を完了することができる（確定申告不要）．
「上場株式等の配当所得」については，申告する際，総合課税（配当控除適用可）と申告分離課税のいずれかを選択可能．
「上場株式等の譲渡損失」と「上場株式等の配当所得」との間は損益通算可能．
上場株式等の譲渡損失及び配当所得の損益通算の特例の対象に，特定公社債等の利子所得等及び譲渡所得等を加える（平成28年1月1日以後適用）．
（※※※）特定公社債等の利子所得等については，申告不要又は申告分離課税とする（平成28年1月1日以後適用）．

出所）江島一彦編著『図説日本の税制』平成27年度版　財経詳報社　2015年

課税総所得金額から平均課税対象金額の5分の4に相当する金額を控除した金額を通常の方法により所得税額を算出し，次に，その所得税額に係る平均税率を5分の4に相当する金額に適用してそれに対応する所得税額を算出し，その合計額をもって，課税総所得金額に対する税額とするものである．

(7) 税額控除

　所得税では，一定の要件に該当する場合に税負担を軽減するため，算出税額からの税額控除を認めている．税額控除には，配当控除，外国税額控除，住宅借入金等特別控除等がある．例えば，居住者が内国法人から利益の配当，剰余金の分配を受ける場合には，算出税額から配当所得の10％又は5％を控除できる．これは法人税と所得税の二重課税を調整するために設けられたものであり，これを配当控除という．また，居住者が外国に源泉のある所得について，その所在地国の法令により所得税を課せられたときは，その外国源泉所得に対応する税額を算出税額から控除できる．これは国際間の二重課税を排除するためのものであり，これを外国税額控除という．

　さらに，住宅取得の促進と住宅投資による景気対策により，居住者が国内において，居住用家屋を新築等により取得し居住の用に供した場合において，その取得対価に係る住宅借入金がある場合には，一定の要件（居住年，所得金額，床面積，借入期間，返済方法等）を満たす場合に，住宅借入金等特別税額控除が認められている．以上の所得税計算の仕組みをまとめると図8－1のようになる．

第6節　青色申告

(1) 青色申告制度

　これは納税者の記帳を整備し，申告納税制度の適正円滑な運営を図るために，昭和25年のいわゆるシャウプ勧告に基づいて創設された制度である．青色申告のできる納税者は，事業所得，不動産所得又は山林所得を生ずべき業務を営んでいる者で，税務署長から青色申告の承認を受けた者である．青色申告は所定の帳

簿書類を備え付け，所定の事項を記帳している場合に認められる．税法上，青色申告者には種々の特典が認められている．

(2) 青色申告の特典

青色申告者には，次のような特典が認められている．

① 青色申告（特別）控除

不動産所得又は事業所得を生ずべき事業を営む青色申告者で，帳簿書類を備え付け，取引内容を正規の簿記の原則に従って記録し，かつ，その記録に基づいて作成した貸借対照表及び損益計算書等，所得計算に関する明細書を添付した確定申告書を期限内に提出した場合には，それらの所得を通じて最高65万円を控除できる．なお，それ以外の青色申告者については，不動産所得，事業所得又は山林所得を通じて最高10万円を控除できる（青色申告特別控除）．

② その他の特典
・各種引当金の繰り入れ
・棚卸資産の評価方法についての低価法の選択適用
・青色事業専従者給与の必要経費算入
・家事関連費の必要経費算入
・純損失の繰越控除，純損失の繰戻し還付
・青色申告に対する更正の制限

|設 例|

渋谷太郎の平成27年分の確定申告資料は以下のとおりであった．

渋谷太郎の家族構成，配偶者（控除対象）

　　　　　　　扶養親族として，長男（20歳，大学生）

　　　　　　　　　　　　　　長女（14歳，中学生）

　　　　　　　　　　　　　　母親（75歳，同居）がいる．

・給与　収入金額　　　7,000,000円 ㋐

　　　源泉徴収税額　　　123,200円 ㊳

- 一時所得金額（1,000,000 円）　500,000 円 ㋐　（1,000,000 円 － 500,000 円）
- 社会保険料等の金額　　　　　700,000 円 ⑥　（社会保険の種類によって掛金が違う
　　　　　　　　　　　　　　　　　　　　　　ので計算上給与⑦の 1 割とした）
- 一般の生命保険料の控除額　　40,000 円 ⑧
- 地震保険料の控除額　　　　　15,000 円 ⑨
- 医療費合計　　　　　　　　　880,000 円 ⑱　（内，600,000 円は保険などで補填）
- 寄附金　　　　　　　　　　　30,000 円 ⑲　（長男の通う大学の 100 周年記念にあ
　　　　　　　　　　　　　　　　　　　　　　たり，教育の振興を目的に寄附）

（参考）
- 給与所得金額：7,000,000 円 － (7,000,000 円 ×10％ ＋ 1,200,000 円)
  ＝ 5,100,000 円 ①　　　　　　　　　　　↑給与所得控除額より
- 一時所得金額：500,000 円 × $\frac{1}{2}$ ＝ 250,000 円 ④
  　　　　　一時所得の 2 分の 1 相当額が総合課税の対象になる．
- 配偶者控除額：380,000 円 ⑫
- 扶養控除 630,000 円 ＋ 580,000 円 ＝ 1,210,000 円 ⑭
- 医療費控除額：880,000 円 － 600,000 円（保険等で補てん分）＝ 280,000 円
  　　　　　　　280,000 円 － 100,000 円 ※ ＝ 180,000 円 ⑱
  　　　　　　　※ 10 万円か合計所得金額× 5％のいずれか少ない方の金額．
- 寄附金控除額：30,000 円 － 2,000 円 ＝ 28,000 円 ⑲
- 課税される所得金額：5,350,000 円 － 2,933,000 円 ＝ 2,417,000 円 ㉑
  　　　　　　　　　　↑所得金額の合計 － 所得控除の合計
- 課税所得金額に対する税額：2,417,000 円 × 10％ － 97,500 円 ＝ 144,200 円 ㉒
- 復興特別所得税：144,200 円 × 2.1％ ＝ 3,028 円 ㉟
- ㉞ 144,200 円 ＋ ㉟ 3,028 円 ＝ 147,228 円 ㊱
- 申告納税額：納める税金がある場合　⇒　㊱ ＞ 源泉徴収税額㊳
  　　　　　　還付される税金がある場合　⇒　　＜ 源泉徴収税額㊳
  　本設例においては，源泉徴収税額が 123,200 円 ㊳ であるから

第８章 所得税法

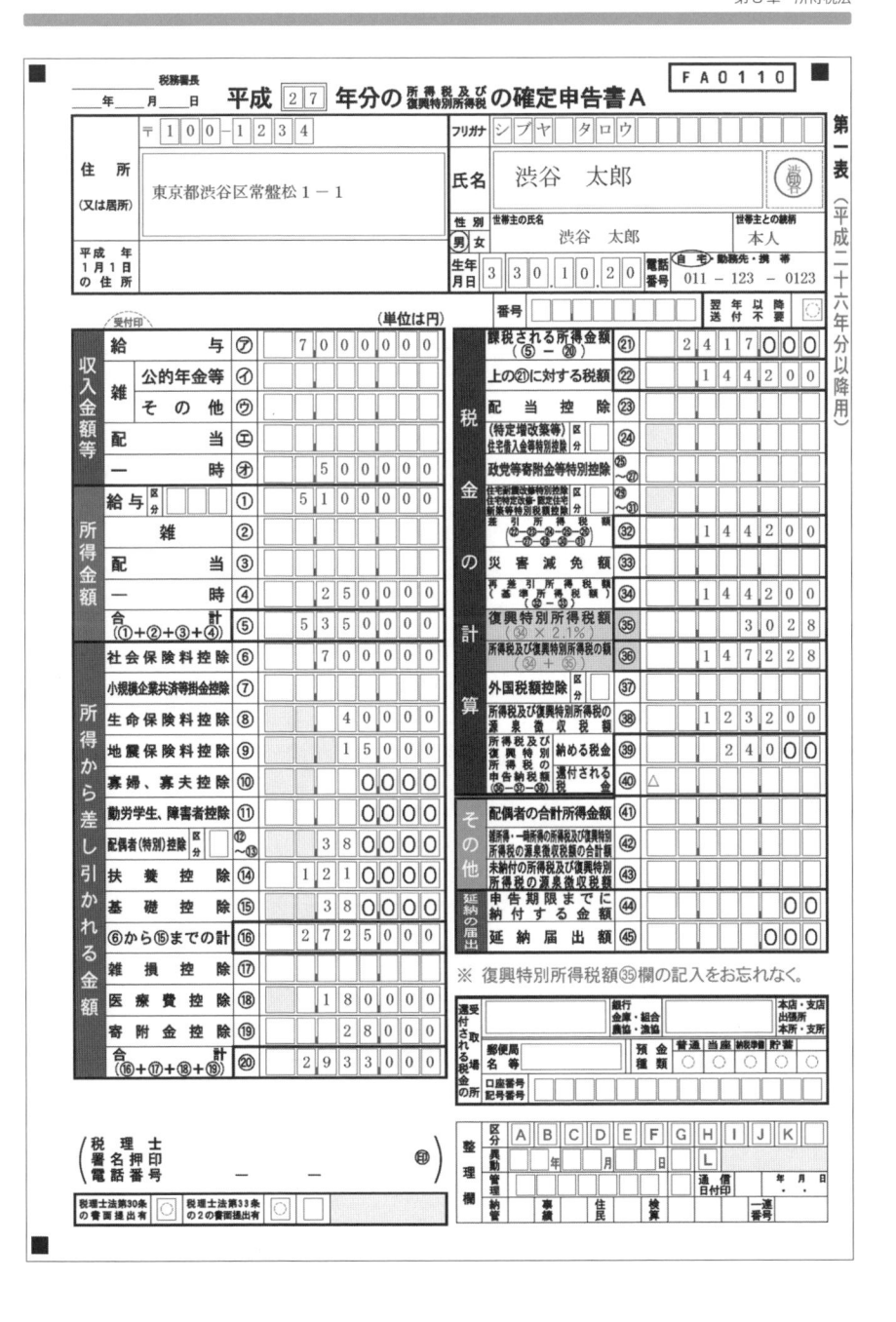

147,228 円 － 123,200 円 ＝ 24,028 円　∴納付税額 24,000 円

（100 円未満切り捨て）となる．

参考文献

金子宏『租税法（第 20 版）』弘文堂　2015 年
大淵博義『国税の常識（第 16 版）』税務経理協会　2014 年
青木一郎他編著『政府の経済活動と租税法』学文社　2013 年
江島一彦編著『図説日本の税制（平成 27 年度版）』財経詳報社　2015 年

第9章
相続税法

第1節 相続税

(1) 相続及び相続税の意義

「相続は,死亡によって開始する」(民法第882条).相続とは,自然人が死亡すれば,その瞬間に相続人の知ると否とにかかわらず,相続税法上の効果が発生することを相続の開始といい,死亡者の有した法律上の地位が相続人へ移ることを相続という[1].相続人は,相続開始のときから,被相続人(死亡者)の財産に属した一切の権利義務を承継する.ただし,被相続人の資格であった弁護士,税理士資格などの一身専属的なものはこの限りでない.

相続税は,相続や遺贈(遺言による贈与)又は死因贈与(贈与者の死亡により効力が生じる贈与)により承継された財産に対する課税であり,当該財産を取得した時点における時価を課税価格として課される.相続税が課される前提として相続制度が存在する[2].

(2) 現行制度の概観

相続税は,明治38(1905)年に日露戦争の戦費調達の一環として非常時のための臨時税として創設された[3].相続税には,歴史的に2つの類型がある.ひとつは,被相続人が残した遺産の総額に課税する遺産税方式である.遺産税方式は,人の死亡により,その遺産を対象に課する制度である.他のひとつは,相続により取得した取得額に応じて各相続人に課税する遺産取得税方式である.遺産取得税方式は,人が相続により取得した財産を対象に課する制度である.戦前,我が国の相続税は,従来の家制度を基礎として遺産税方式を採用していた.しかし,昭和25(1950)年改正では,シャウプ勧告に基づいて遺産取得税方式へと転換された.各相続人や受遺者に課税することにすると,相続財産の仮装や隠蔽が行われやすくなり[4],他方で,農地を一人で継いだ農家の長男の場合,税負担が高くなる.こうしたことから,昭和33年改正では,「遺産税と遺産取得税とを折衷した課税方式[5]」となり,今日に至っている.我が国の相続税法は,相続により取得した財産を対象に各相続人に対して課税するという,遺産取得税方式を採

用しているものの，その税額の算定は各相続人ごとに個別に計算して納付するというものではない．こうした現行の制度は，遺産がどのように分割されても相続人が法定相続分で相続したと仮定した場合の税額の合計額と等しくなるようにしており，純粋な遺産取得税の体系を修正していることに注意する必要がある[6]．

課税方式については，平成15年に，新たな制度として，高齢者の所有資産の次世代への円滑な移転を目的とした相続時精算課税制度が創設されている．この制度については，贈与税（4）のところで説明する．

(3) 相続税課税の根拠

相続税の根拠は，一般に，① 富の再分配説と ② 所得税清算課税説が代表的である．① 富の再分配説は，特定の人に集中した財産を人の死亡という機会に広く社会に還元し，国民の経済的平等を図ろうとする考え方である．また，② 所得税の清算課税説は，被相続人が財産を残せたのは生前，税法上の特典や租税回避行為，それが合法な場合も含めて所得税の課税漏れがあったためであり，死亡という機会にこれを清算してもらおうとする考え方によるものとされている．

(4) 相続税の課税範囲

1. 相続の対象となる課税財産[7]

相続の対象となる課税物件は，被相続人から相続又は遺贈により取得した相続財産をいう（相続税法第2条）．法に規定する財産とは，金銭に見積もることのできる経済的価値のあるものはすべて含まれるとされている（相基通11－2－1）．課税対象となる相続財産は，本来の相続財産とみなし相続財産とに区分される．

本来の相続財産とは，民法上の相続財産で，土地，建物などの不動産，株式や社債などの有価証券，現金，預貯金，借地権や貸付金等の債権，特許権や著作権などの無体財産権も課税対象財産に含まれる．

みなし相続財産とは，民法上は本来の相続や遺贈によって取得した財産でなくても，実質的には相続や遺贈によって財産を取得したことと同様な経済的価値があると認められる場合がある．相続税法では，課税の公平を図るために，その受

けた利益などを相続や遺贈によって取得したものとみなして課税財産としている．例えば，生命保険契約・損害保険契約の保険金は，被相続人の死亡により取得した保険金のうち，被相続人の負担した保険料は，相続又は遺贈によって取得したものとみなされる．保険金が年金形式で分割払いされる場合の課税に対する裁判所の判例（長崎地判平成18年11月7日，控訴審・福岡高判平成19年10月25日，上告審・最判平成22年7月6日）では，相続税の対象となる年金受給権と，毎年の年金のうち運用益を除いた元本部分は，経済的価値が同一と指摘し，二重課税にあたるとされた[8]．この事件は，特約条項に基づき1回目の年金の支払いを受けた相続人が，当該年金の額を収入金額に算入せずに所得税の確定申告を行った．これに対し，年金の額は，雑所得として総所得金額に加算することを内容とした更正を受けた．これを受けて相続人は，当該年金は相続時に年金受給権の現在価値が相続税の対象とされ，相続税法第3条1項1号所定の保険金に該当する．いわゆるみなし相続財産に当たるから，所得税法第9条1項15号（非課税所得）により所得税を課することができない旨を主張して更正の一部取り消しを求めた．控訴審[9]では，当該年金が雑所得であり，所得税の課税対象であるとされた．しかし，前述の最判平成22年7月6日では，相続税の対象となる年金受給権と，毎年の年金のうち運用益を除いた元本部分は，経済的価値が同一と指摘し，二重課税にあたるとした[10]．

その他，退職手当金・功労金その他の給与で，死亡後3年以内に支給額が確定したもの，相続開始時においてまだ保険事故が発生していない生命保険契約に関する権利，その他の利益の享受（債務免除益，遺言による財産の低額譲受け）などがみなし相続財産としてあげられる．なお，相続人が受け取った生命保険金と死亡退職金は，それぞれ法定相続人一人につき500万円までは非課税となっている．

2．非課税財産

相続税法第12条は，相続税の非課税財産を規定している．相続人の相続財産に帰属するかどうかは，事実関係の認定にかかる問題であり，何がその相続人に

帰属する相続財産であるのかを巡る裁判例は多くある．

例えば，土地が売買の途上にある間に相続が開始した場合，そのような場合の売主，買主の相続財産を構成するのは，土地であるかあるいは当該売買にかかる債権であるかという，相続財産の種類を巡りしばしば争われてきた．① 被相続人が，宅地の売買契約を締結した後，その所有権が被相続人に移転する前に死亡した．この場合，相続財産に含まれるのは，土地所有権ではなく，所有権移転登記請求権であるとされ，その評価額は実際の売買代金の金額とされている（浦和地判昭和56年2月25日）．このような裁判の判決例は，土地の所有権移転時期を巡り争われる．この点で，被相続人が土地の譲渡契約を締結した後，所有権が移転する前に死亡した場合の相続財産は，譲渡代金の残金の請求権ではなく，その土地であると解すべきであり，逆に，被相続人が土地の譲渡を受けた後，所有権が移転する前に死亡して相続が開始した場合の相続財産は，その土地の所有権移転請求権であると解すべきとの指摘がある[11]．このように，売買契約を締結したが，その履行が終わる前に相続が開始した場合，売主，買主の相続財産及びその財産がどのような評価になるのかにおいては，土地の評価額（路線価）と取引価額との間には差異があり，通常は路線価が取引価額を下回ることが多く問題になる．

相続税における課税の原則は，例えば，路線価1,000万円の土地について，1,500万円の売買契約が締結され，手付金が100万円支払われていたとすると，売主側の相続財産は，残代金請求権1,400万円．買主側の相続財産は，土地引渡請求権で，その評価は1,500万円であり，残代金債務1,400万円を差し引く．以上は，前述の最高裁で確認されている．

相続税法第22条は，相続財産の価額を「当該財産の取得の時における時価」によると定めている．「相続財産の取得の時」とは，被相続人又は遺贈者の死亡の日である．「時価」とは，客観的な交換価値であり，不特定多数の独立当事者間の自由な取引において通常成立すると認められる価額をいう（東京高判平成7年12月13日）．財産評価基本通達によれば，農地は，純農地から市街化農地までの4段階に区分されている．純農地は，倍率方式で評価される．倍率方式とは，

固定資産評価額に国税局長が一定の地域ごとに売買実例価額・公示価格などを基に，その地域の実情に即するように定める倍率を乗じて算定した金額で評価する方法である（財評基通21）．また，市街化農地は，路線価方式による宅地評価額に比準する方式と倍率方式のいずれかにより評価することと定めている（財評基通34）．

このように，相続人の相続財産に帰属するか否かを巡る事例は多くある．

(5) 相続税の納税義務者

相続税の納税義務者は，相続又は遺贈（死因贈与を含む）により財産を取得した個人で，財産の取得時に日本国内に住所を有する場合は，無制限納税義務者として相続又は遺贈により取得した財産のすべてについて納税義務がある[12]．相続により財産を取得した個人を相続人という．遺贈とは，遺言によって遺産の全部又は一部を相続人その他の者に無償で贈与することをいい，死因贈与とは，贈与者の死亡により効力を生ずる贈与契約をいう．

財産の取得時に日本国内に住所をもたない場合は，制限納税義務者として相続又は遺贈により取得した財産で国内にあるものについてのみ納税義務を負う．なお，平成12年改正で，相続又は遺贈により日本国外にある財産を取得した個人で，取得時に国内に住所がない場合でも，日本国籍を有し，かつその財産の取得者又は被相続人が相続の開始前5年以内の間に，日本国内に住所を有したことがある場合は，無制限納税義務者としての納税義務を負う．これは財産を国外に移転させ，国外居住者に相続させ相続税を回避する行為を防ぐための措置である．これに関連した有名な事件を本章第2節贈与税で若干取り上げる．

(6) 法定相続人と法定相続分 [13]

1. 法定相続人

遺言による指定がない場合，民法の規定により相続人が決まる．この相続人を「法定相続人」といい，配偶者と被相続人の血族関係にある血族相続人に限られる．法定相続人の数は，相続の放棄をした者がいても，放棄がなかったもの[14]とさ

表9－1　法定相続人と法定相続分

法定相続人	法定相続分	付記事項
配偶者と子	配偶者　2分の1 子　　　2分の1	子が数人の場合，相続分は均等となる．
配偶者と直系尊属	配偶者　3分の2 直系尊属　3分の1	直系尊属が数人の場合，相続分は均等となる．
配偶者と兄弟姉妹	配偶者　　4分の3 兄弟姉妹　4分の1	兄弟姉妹が数人の場合，相続分は均等となる．
配偶者のみ	配偶者全部	代襲相続がある場合を除く．

出所）江島一彦編著『図説日本の税政（平成27年度版）』財経詳報社　2015年

設　例　1

遺産額を1億2,000万円とした場合の各法定相続人の法定相続分の額はいくらか．

1．法定相続人が配偶者と子の場合

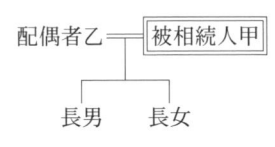

配偶者乙＝被相続人甲
　　　　　├長男　長女

・配偶者　乙　1億2,000万円 $\times \dfrac{1}{2}$ ＝6,000万円

・長男　　　　1億2,000万円 $\times \dfrac{1}{2} \times \dfrac{1}{2}$ ＝3,000万円

・長女　　　　1億2,000万円 $\times \dfrac{1}{2} \times \dfrac{1}{2}$ ＝3,000万円

2．法定相続人が配偶者と直系尊属（父母）の場合

父――母
配偶者乙＝被相続人甲

・配偶者　乙　1億2,000万円 $\times \dfrac{2}{3}$ ＝8,000万円

・父　　　　　1億2,000万円 $\times \dfrac{1}{3} \times \dfrac{1}{2}$ ＝2,000万円

・母　　　　　1億2,000万円 $\times \dfrac{1}{3} \times \dfrac{1}{2}$ ＝2,000万円

3．法定相続人が配偶者と兄弟姉妹（弟妹）の場合

配偶者乙＝被相続人甲―弟　妹

・配偶者　乙　1億2,000万円 $\times \dfrac{3}{4}$ ＝9,000万円

・弟　　　　　1億2,000万円 $\times \dfrac{1}{4} \times \dfrac{1}{2}$ ＝1,500万円

・妹　　　　　1億2,000万円 $\times \dfrac{1}{4} \times \dfrac{1}{2}$ ＝1,500万円

れる．法定相続人の順位は以下の通りである．

　第一順位　被相続人の子と配偶者
　　　　　　子は胎児，養子，非嫡出子を含む．配偶者死亡の場合は，すべて子が相続する．
　第二順位　被相続人の直系尊属（父母など）と配偶者
　　　　　　被相続人に子がない場合は，被相続人の父母と配偶者が相続人となる．配偶者死亡の場合は，すべて父母が相続する．
　第三順位　被相続人の兄弟姉妹と配偶者
　　　　　　被相続人に子がなく，父母も死亡している場合は，被相続人の兄弟姉妹と配偶者が相続人となる．配偶者死亡の場合は，すべて兄弟姉妹が相続する．

2．法定相続分

　相続分の指定がない場合には，各相続人の相続分は民法の定めたところによる（民法第900条，901条）．法定相続分は，① 配偶者と子が相続人の場合は配偶者2分の1，子2分の1，② 子がなく，配偶者と直系尊属（父母，祖父母など）が相続人の場合は配偶者3分の2，直系尊属3分の1，③ 子と直系尊属がなく，配偶者と被相続人の兄弟姉妹が相続人の場合は配偶者4分の3，兄弟姉妹4分の1，④ 配偶者のみが相続人の場合は全額配偶者となる．

　① と ③ の場合，子や兄弟姉妹が相続の開始以前に死亡したとき，又は相続権を失ったときは，その者の直系卑属（孫，甥など）がこれらを代襲して相続人となる．これを代襲相続という．また，非嫡出子の相続分は，嫡出子の相続分の半分であったが，最高裁大法定（2013年9月4日）において格差を定めた民法900条の規程を違憲と判断し，非嫡出子と嫡出子の相続分が同じになった．これにより，12月5日に改正民法が可決成立した[15]．

（7）基礎控除

　相続税は，各相続人の所得した財産の課税価格の合計額から基礎控除額を控除

して課税遺産額を算定する．相続税の基礎控除額は，歴史的には，昭和63 (1988) 年の税制抜本改革において，物価水準の上昇などを考慮し，それまでの定額控除が 2,000 万円から 4,000 万円に，法定相続人比例控除が 400 万円から 800 万円と 2 倍に引き上げられた．平成 6 年度の税制改正では，定額控除が 5,000 万円に，法定相続人比例控除が一人 1,000 万円まで引き上げられた．しかし，平成 27 年に定額控除が 3,000 万円に，法定相続人比例控除が一人 600 万円に引き下げられた（表9－2）．この結果，課税対象の被相続人は 4％から 6％台へ地価の高い都市部では 20％を超えるとの見方もある．

表9－2　基礎控除額の推移

年	相　　続　　税	贈与税
昭和 50 年	2,000 万円 +（400 万×法定相続人）	60 万円
昭和 63 年	4,000 万円 +（800 万×法定相続人）	
平成 4 年	4,800 万円 +（950 万×法定相続人）	
平成 6 年	5,000 万円 +（1,000 万×法定相続人）	
平成 13 年		110 万円
平成 27 年	3,000 万円 +（600 万円×法定相続人）	

出所）財務省

　法定相続人が妻と子供 2 人の場合，各人の債務控除後の合計額から表9－2にあるように，現行の基礎控除は（3,000 万円 + 600 万円×3 人）となり，4,800 万円が基礎控除額として控除される．この場合，法定相続人の中に相続を放棄した者があっても，その放棄がなかったものとして法定相続人の数に含める．なお，養子は法定相続人に含めるが，法定相続人の数に含める養子の数は，実子がいる場合は一人，実子がいない場合は 2 人に制限される（相続税法第 15 条）．

(8) 相続税の課税価格と税率

　相続又は遺贈により財産を取得した者が，国内に住所を有する者，もしくは日本国籍を有する者で 5 年以内に住所を有していた者である場合については，その相続人又は受遺者が相続又は遺贈により取得した財産の価額の合計をもって相続税の課税価格とする（相続税法第 11 条の 2 第 1 項）．相続又は遺贈により財産を取得した者が国内に住所を有しない者である場合については，相続又は遺贈に

より取得した財産で国内にあるものの価額の合計額をもって相続税の課税価格とする（相続税法第 11 条の 2 第 2 項）．

表 9 － 3　相続税の速算表

法定相続分に応ずる取得金額	税率	控除額
1,000 万円以下	10%	—
3,000 万円以下	15%	50 万円
5,000 万円以下	20%	200 万円
1 億円以下	30%	700 万円
2 億円以下	40%	1,700 万円
3 億円以下	45%	2,700 万円
6 億円以下	50%	4,200 万円
6 億円超	55%	7,200 万円

出所）江島一彦『図解　日本の税制（平成 27 年度版）』財経詳報社　2015 年

このように，我が国の相続税の計算によれば，相続税額は，相続財産を合計して，被相続人の遺産全部について，法定相続分に応じて相続したものとした場合の各相続税額を合計する．その相続税額を実際に取得した財産に応じて配分するのであるが，我が国の相続税の課税方式は遺産税方式と遺産取得税方式の折衷方式を採用しており，相続税法は第 34 条 1 項で各相続人の連帯納付責任を負わせている．なお，相続税の税率は，平成 27 年 1 月 1 日より，表 9 － 3 のように 10％～ 55％の 8 段階の超過累進税率である．

(9) 相続税額の計算

相続税は，被相続人から相続又は遺贈により財産を取得したすべての者に遺贈により財産を取得した者の受けた財産の価額に応じて相続税額として計算した金額により課税する（相続税法第 11 条）．

現在の相続税額の計算は，図 9 － 1 に見られるように，次の 5 段階の計算過程が必要である．

① 課税価格の合計額の計算：相続又は遺贈により財産を取得した相続人や受遺者等に係る課税価格[16]を納税義務者ごとに個別に計算する．この課税価格の合計額が遺産に係る基礎控除以下であれば，相続税の申告・納税は必要ない．

図9－1　相続税の仕組み

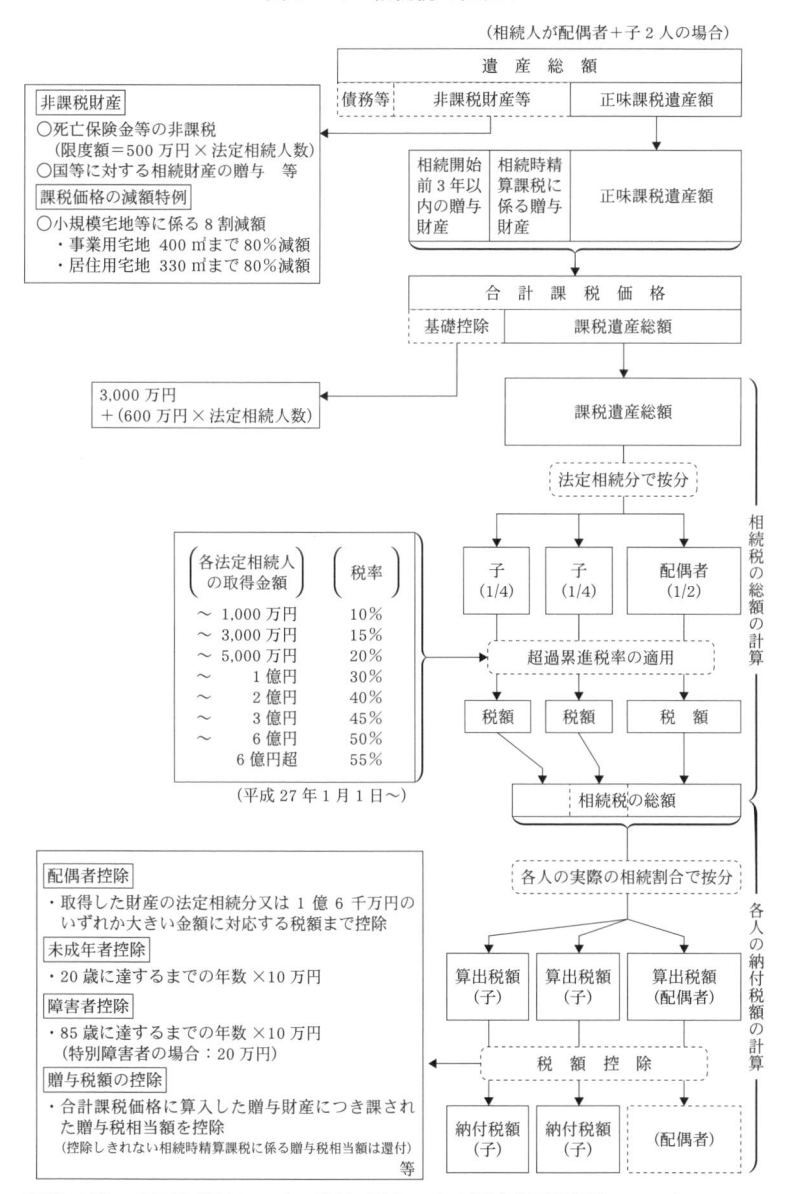

(相続人が配偶者＋子2人の場合)

遺産総額: 債務等 / 非課税財産等 / 正味課税遺産額

非課税財産
- 死亡保険金等の非課税
  (限度額＝500万円×法定相続人数)
- 国等に対する相続財産の贈与　等

課税価格の減額特例
- 小規模宅地等に係る8割減額
  ・事業用宅地　400㎡まで80％減額
  ・居住用宅地　330㎡まで80％減額

相続開始前3年以内の贈与財産 / 相続時精算課税に係る贈与財産 → 正味課税遺産額

合計課税価格: 基礎控除 / 課税遺産総額

基礎控除：3,000万円＋(600万円×法定相続人数)

課税遺産総額 → 法定相続分で按分 → 子(1/4) / 子(1/4) / 配偶者(1/2) → 超過累進税率の適用 → 税額 → **相続税の総額**

各法定相続人の取得金額	税率
～1,000万円	10％
～3,000万円	15％
～5,000万円	20％
～1億円	30％
～2億円	40％
～3億円	45％
～6億円	50％
6億円超	55％

(平成27年1月1日～)

〔相続税の総額の計算〕

各人の実際の相続割合で按分 → 算出税額(子) / 算出税額(子) / 算出税額(配偶者) → 税額控除 → 納付税額(子) / 納付税額(子) / (配偶者)

〔各人の納付税額の計算〕

配偶者控除
・取得した財産の法定相続分又は1億6千万円のいずれか大きい金額に対応する税額まで控除

未成年者控除
・20歳に達するまでの年数×10万円

障害者控除
・85歳に達するまでの年数×10万円
  (特別障害者の場合：20万円)

贈与税額の控除
・合計課税価格に算入した贈与財産につき課された贈与税相当額を控除
  (控除しきれない相続時精算課税に係る贈与税相当額は還付)　等

出所)江島一彦編著『図解　日本の税制(平成27年度版)』財経詳報社　2015年

② 課税遺産額の計算：次に，同一の被相続人から相続又は遺贈により財産を取得したすべての者の相続税の課税価格の合計額から遺産に係る基礎控除[17]を控除した残額（課税遺産総額）を基に相続税の総額を計算する．

③ 相続税の総額の計算：課税遺産総額を各法定相続人がそれぞれの法定相続分に従って取得したものと仮定した場合の各人ごとの取得額にそれぞれ税率を適用して仮の税額を算定し，それらを合計して相続税の総額を計算する．

④ 各人の算出税額の計算：相続税の総額を実際の相続割合で按分計算して各人の税額を計算する．

⑤ 各人の算出税額から各種の税額控除額を控除し，各人の納付すべき税額を計算する．すなわち，各相続人等の算出税額に相続税額の加算，配偶者に対する相続税額の軽減，未成年者控除，障害者控除，贈与税額の控除，外国税額控除等個別の計算を行い，各相続人等の納付すべき相続税額を計算する．なお，配偶者が実際に取得した正味の遺産額が1億6,000万円までか，正味の遺産額の法定相続分に相当する金額までは相続税はかからない．また，相続人が20歳未満の場合は，20歳に達するまでの年数1年につき10万円，障害者の場合は85歳に達するまでの年数1年につき10万円が控除される．

設例2

相続額2億円，配偶者，子供2人の場合，各人の相続税はいくらか計算しなさい．

　　2億円－3,000万円－（600万円×3）＝1億5,200万円

　配偶者が1億5,200万円の半分の7,600万円

　残りを子どもの数で割るので，7,600万円÷2＝3,800万円

　表9－3の速算表より

　　　配偶者の税金＝7,600万円×0.3－700万円＝1,580万円

　　　子供の税金＝3,800万円×0.2－200万円＝560万円

　　　子供の税金＝3,800万円×0.2－200万円＝560万円

　　　相続税額の総額＝1,580万円＋560万円＋560万円＝2,700万円

相続税額の総額を実際の相続割合で按分計算する

配偶者の税金 = 2,700 万円 × $\frac{1}{2}$ = 1,350 万円

子供の税金 = 2,700 万円 × $\frac{1}{4}$ = 675 万円,

子供の税金 = 2,700 万円 × $\frac{1}{4}$ = 675 万円

配偶者の税金は 1 億 6,000 万円以下であるので無税

子供の税金 = 675 万円 + 675 万円 = 1,350 万円

子供 2 人で 1,350 万円を相続税として納税する

(10) 納税義務の成立時期

　相続税の納税義務の成立時期は，原則として，被相続人の死亡時であるとされている．しかし，納税義務の成立時期を巡っては争いも多い．例えば，東京高判昭和 46 年 2 月 26 日では，相続人間で相続権をめぐり係争中のため遺産分割が行われておらず，現実の財産が確定できない場合であっても，相続人に相続があるものと認め，相続税の納税義務は成立していると判示した．また，最高裁小法廷判昭和 63 年 12 月 1 日では，特別縁故者に対する相続財産の分与による分与財産の取得時を，分与審判の確定時ではなく，被相続人の死亡時であるとした．裁判所は，財産分与による財産の取得時期について，相続税の納付義務は相続又は遺贈による財産の取得のときに成立するところ，相続は被相続人又は遺言者の死亡の時に効力を生じ，財産分与による財産の取得は相続税法 3 条の擬制により相続税法上は遺贈と同一に取り扱われるから，民法上の取得時期いかんにかかわらず，相続開始時と解すべきである，と判断した．

(11) 単純承認と限定承認

　単純承認とは，被相続人のすべての債権（財産），債務について無限に承継することをいう．したがって，被相続人の遺産のうち債務のほうが多い場合において，何もしなければ単純承認したとみなされ，すべての債務を弁済しなければならない．

　限定承認とは，被相続人から相続によって承継した財産の範囲内で，債務を承

継することをいう．したがって，単純承認とは異なり，相続人自らの財産から承継した債務を弁済することはない．限定承認を認めてもらうためには，相続人全員の一致をもって，相続の開始があったことを知った日から3カ月以内に被相続人の最後の住所地の家庭裁判所に申述し，受理されることが必要となる[18]．

(12) 相続の放棄と相続人の除外

1．相続の放棄

相続においては，被相続人のプラスの財産を引き継ぐ場合ばかりではなく，マイナスの財産を引き継ぐことになる場合もある．このような場合，相続を放棄するには手続きが必要となる．相続の放棄は，相続開始の日から3カ月以内に家庭裁判所にその旨の書類を提出し，裁判所から相続放棄者へ真意の確認を得て受理してもらう．相続開始の日から3カ月経過後は，相続の放棄はなかったものとみなされる．ここで注意すべきは，相続の放棄は第一順位のみならず，第二順位，第三順位の相続人も3カ月以内に相続放棄の手続きをとらないと，自動的に第三順位の相続人もマイナスの財産を引き継ぐことになる．このように，相続開始の日から3カ月を経過した場合には，相続の放棄はなかったものとみなされ，相続を受けたことになる．

なお，相続人になるのは，① 遺産を相続できる者の条件は自然人（人間）であること．② 胎児は，すでに生まれている子と同様に相続権があるが，死産の場合にはその胎児はいなかった者として取り扱われる．

2．相続人の除外

次のような場合には本来相続人であっても，相続の資格を失うことになる．① 故意に被相続人又は先順位又は同順位の相続人を殺したり，また殺そうとして刑に処せられた者．② 被相続人が殺されたことを知っていても，告訴，告発をしなかった者．ただし，例外的に，告訴，告発をしなかった者に是非の弁別がないとき，又は殺害者が自己の配偶者若しくは直系血族であったとき（たとえば被相続人を殺害した者が自分の子供であった場合，これを告訴しなくても）上記の規

定にかかわらず相続資格を失うことはない．③ 詐欺，脅迫によって，被相続人が相続に関する遺言をし，これを取り消し，又はこれを変更するのを妨げた者．④ 詐欺，脅迫によって被相続人に相続に関する遺言をさせ，又は遺言を取り消させ，あるいは変更させた者．⑤ 相続に関する被相続人の遺言を偽造したり，変造又は破棄隠匿した者（民法第891条）．

さらに，次の場合は，相続人の意志によって，相続権を奪うことができる．ただし，この対象者は遺留分を有する者である．① 被相続人に対する虐待，もしくは重大な屈辱を加えたとき．② その他の著しい非行があったとき（民法第892条）．

(13) 遺留分と遺留分減殺請求権

遺言書を作成すれば，法定相続人以外の者に全財産を遺贈することができる．しかし，それでは残された家族が住む家を失い，生活もできなくなるといった事態が起こり得る．このように法定相続人の不利な事態を防ぐため，被相続人の配偶者と子そして父母に対して，遺産の一定割合の取得を保証している（民法第1028条）．これを「遺留分」という．遺留分を主張するか否かは，本人の判断しだいである．確保したい場合は，遺留分を侵害している相手に対して「遺留分減殺請求書」を提出し，当事者間の話し合いで解決できれば理想的である．しかし，通常は家庭裁判所の調停に委ねることになる．なお，相続の開始により遺留分が侵害されていることを知った日から1年以内，そのことを知らなくても相続開始後10年を経過すると減殺請求権は時効となる．遺留分の分割は法定相続分の半分となっている．

	法定相続分	遺留分
配偶者と子供の場合	配偶者 → $\frac{1}{2}$ …… → $\frac{1}{2} \times \frac{1}{2} = \frac{1}{4}$	
	子 → ……… → $\frac{1}{2} \times \frac{1}{2} = \frac{1}{4}$ ÷ 子供の数	

(14) 後継ぎ遺贈

遺言により，相続財産の次世代以後までの受遺者を決定しておくことを後継ぎ

遺贈と呼んでいる．家業の継続とか，一次的に配偶者の生活を保障しながら家財の分散を避けようとする場合に意味をもつとされている[19]．例えば，妻との間に子供のいない夫が妻に財産を相続させることを考えつつも，妻の死亡後は妻の親兄弟に当該財産を相続させるよりも，自分の親族に承継させることを望む事案．居住用不動産について，妻の生存中は妻の居住用に当該不動産を確保したいと思いつつ，妻の再婚の可能性がある場合を考え，不動産を確実に子供に承継させることを望む事案などが考えられる．

後継ぎ遺贈においては，遺言により永代まで特定の財産の所有権の移転が決定されてしまうということは不合理である．また，このような複雑な遺贈を現行法のもとで認めることへの疑問や，今日の家庭生活や取引に適合するものかどうかといった消極説がある[20]．しかし，配偶者以外に後継ぎのいない場合における財産・事業承継を目的とすることがあるため，実際には行われているようである．

(15) 相続税の申告

1. 申　告

相続税の申告について相続税法は，相続又は遺贈により財産を取得したすべての者に係る相続税の課税価格の合計額がその遺産に係る基礎控除額を超える場合において，相続税法の規定により納付すべき相続税額がある相続人等は，当該相続の開始のあったことを知った日の翌日から10カ月以内に，課税価格，相続税額その他財務省令で定める事項を記載した申告書を，被相続人死亡時の住所地の所轄税務署長に対して提出しなければならない（相続税法第27条1項）と定めている．ただし，申告書を提出すべき者が当該申告書の提出期限前に当該申告書を提出しないで死亡した場合には，当該相続人は，その相続の開始があったことを知った日の翌日から10カ月以内に，その死亡した者の納税地の所轄税務署長に申告書を提出しなければならない（相続税法第27条2項）．

ここで「相続の開始があったことを知った日」とは，自己のために相続の開始があったことを知った日をいうが，失踪の宣告を受け死亡したものとみなされた者の相続人は，失踪の宣告に関する審判の確定のあったことを知った日（相基通

27 − 4）などを定めている．

2．遺産分割と相続税の申告

　相続又は包括遺贈により取得した財産が未分割である場合は，相続税法において課税価格の計算について規定している．相続税法第 55 条は，相続税の申告期限までに相続財産の全部又は一部が分割されていない場合は，その分割されていない財産については，各共同相続人が法定相続分に従って当該財産を取得したものとして，その課税価格を算定すると定めている．すなわち，その分割されていない財産は，民法の規定による相続分（民法 900 条から 903 条までに規定する法定相続分，代襲相続分，指定相続分および特定受益者の相続分をいうものとされている：相基通 55 − 1）の割合に従って，前述したような計算過程を経て，各相続人や受遺者ごとに計算する．したがって，相続人が 2 人以上いるような場合には，各々の相続人がどの財産を相続するかということが明確でなければ課税価格が計算できないこととなる[21]．

　中川善之助博士は，遺産分割を実行するにあたり，その前提として 2 つの不可欠な問題を指摘されている．そのひとつは分割すべき遺産の範囲の確定であり，他のひとつは相続人の確定である[22]．すなわち，相続財産の中には，土地・家屋などのように直ちに遺産分割が行われ難いものも少なくない．仮に，分割確定まで相続税の課税ができないとすれば，恣意的に課税が引き延ばされるおそれがある．そこで，課税の公平負担の観点から，相続税の申告書の提出期限までに遺産の全部又は一部が相続人の間で（又は包括受遺者によって）分割されていない場合には，その財産を取得したものとして課税価格を計算するものとされている（相続税法第 55 条）．未分割財産に対する課税価格の計算は，あくまで具体的に財産が帰属するまでの仮の計算である．その後，当該財産の分割が行われ，計算された課税価格と異なる場合には，更正の請求をすることができるとされている（相続税法第 55 条但書，相続税法第 32 条第 1 号）．

第2節 贈　与　税

（1）贈与税の意義

　贈与税は，生前贈与により相続税をまぬがれることのないように課される相続税の補完税である[23]．贈与税は，個人から死因贈与以外の贈与により財産が移転する機会に，その財産に対して課される租税であり，暦年（1月1日〜12月31日）単位で受贈者に課税される．贈与税は，生前贈与による相続税の回避防止という意味で，相続税の補完的役割をするものであることから，相続税課税の際に一定期間の生前贈与を累進課税し課税の調整を行う．すなわち，我が国では，相続開始前3年以内の贈与財産は相続財産に加算し，加算された贈与財産に対応する贈与税は相続税から控除する方式がとられている．

　贈与税については，祖父母から孫，親から子といった直系の親族に財産を生前贈与する場合に限り，税率を優遇する贈与税軽減が検討されている．

　なお，扶養義務者相互間で，通常必要と認められた生活費や教育費に充てるための贈与（大学の授業料や仕送りなど），社会通念上相当と認められる範囲内での香典や見舞金などについては贈与税は課税されない．また住宅用の家屋の新築又は取得した場合一定の省エネルギー又は耐震性を満たす場合は1,500万円，それ以外は1,000万円までの贈与は非課税となる．

贈与税の租税回避を巡る武富士事件

　近年，納税義務者の住所を外国に移すことにより，贈与税の租税回避か否かで，住所の解釈を巡る事件があった．いわゆる武富士事件における争点[24]は，住所の認定にあった．東京地判平成19年5月23日[25]では，T社取締役である原告は香港に65％滞在し，日本には25％しか滞在しておらず住所は日本国内にはないと判断した．「住所」の判定となる「生活の本拠」について，第一審では，「一般的には，住居，職業，国内において生計を一にする配偶者その他の親族を有するか否か，資産の所在等の客観的事実に基づき，総合的に判定するのが相当であり，主観的な居住意思は補充的な考慮要素にとどまる」として，贈与時に原告の住所は日本にはなかったと判断した．しかし，第二審[26]では，「生活の本拠」の

認定が「住居，職業，生計を一にする配偶者その他の親族の存否，資産の所在等の客観的事実に，居住者の居住意思を総合して判断するのが相当である」として，原告の住所は日本にあったとした．上告審[27]は，贈与税回避についてはそのような事態に対応できるような立法によって対処すべきとして，本件香港居宅に生活の本拠たる実体があることを否定することはできないとし，住所は香港にあったと判断した．この事件では，住所の意義として，生活の本拠の解釈が問われた．

(2) 贈与税の納税義務者と非課税枠

贈与税の納税義務者は，贈与（死因贈与を除く）によって財産を取得した個人である．その個人が財産を取得したときに日本国内に住所がある場合は，無制限納税義務者として，取得した財産の全部について贈与税の納税義務を負う．日本国内に住所がない場合は，制限納税義務者として，取得した財産で日本国内にあるものについてのみ贈与税の納税義務を負う．

住所を国外に移し，租税回避を封ずるため，相続税法第1条の4第2号が定められた．すなわち，贈与によって国外の財産を取得した者が，取得の時に，日本国内に住所がなくても日本国籍を有し，かつ贈与前5年以内のいずれかの時に財産を取得した者又は贈与者が日本国内に住所を有したことがある場合は，その財産についての贈与税の納税義務を負う[28]．

なお，平成25年3月から0歳〜29歳まで教育資金の贈与が，1人につき1,500万円まで非課税とする措置を創設した（平成31年3月まで）．また，平成27年4月から20歳〜49歳まで結婚資金・出産・育児資金の贈与が，1人につき1,000万円まで非課税とする措置を創設した（平成31年3月まで）．

(3) 贈与税額の計算

1. 課税価格

贈与税[29]は，贈与により財産を取得した者に係る税額として課する（相続税法第21条）．贈与により財産を取得した者が，その財産を取得した時において国内に住所を有する者及び，贈与により財産を取得した日本国籍を有する個人で，そ

の財産を取得した時において国内に住所を有しないもので，その贈与前5年以内のいずれかの時において国内に住所を有していたことがある場合（相続税法第1条の4第1号・2号）には，財産の所在地を問わず，その年中において贈与により取得した財産の価額の合計額をもって，贈与税の課税価格とされる（相続税法第21条の2第2項）．贈与税の課税価格は，国内に住所を有したか否かの判断が重要であり，前述の武富士事件は住所の意義として，生活の本拠の解釈が問われた．

2．贈与税額の計算

贈与税の税率は平成27年1月1日より表9－4のように10％～55％の8段階の超過累進税率になっている．

贈与税の税額は，課税価格から基礎控除額（110万円）を控除し，下記の表の税率を乗じて計算する．

《計算式》（課税価格－110万円）×税率－控除額＝贈与税額

表9－4 贈与税（暦年課税）の速算表

基礎控除後の課税価格	直系卑属（20才以上）		一般	
	税率	控除額	税率	控除額
200万円 以下	10％	0円	10％	0円
300万円 以下	15％	10万円	15％	10万円
400万円 以下			20％	25万円
600万円 以下	20％	30万円	30％	65万円
1,000万円 以下	30％	90万円	40％	125万円
1,500万円 以下	40％	190万円	45％	175万円
3,000万円 以下	45％	265万円	50％	250万円
4,500万円 以下	50％	415万円	（3,000万円超）	
4,500万円 超	55％	640万円	55％	400万円

注）20歳未満の直系卑属及び直系卑属以外の人からの贈与は一般の税率．
出所）国税局

設 例 3

Aが父から現金500万円を贈与された場合，Aの納付する税額は，

（500万円－110万円）×15％－10万円＝48.5万円となる．

3. 贈与税の配偶者控除

配偶者控除は，以下の条件を満たす場合には最高 2,000 万円までの配偶者控除が受けられる．① 婚姻期間が 20 年以上である．② 贈与財産は居住用不動産又は居住用不動産取得のための金銭である．③ 贈与を受けた年の翌年の 3 月 15 日までに，贈与を受けた居住用不動産に実際に居住しているか，その日までに贈与を受けた金銭で居住用不動産を取得すること．④ その後も引き続き居住する見込みのあること．ただし，その年の前年以前のいずれかの年において贈与により配偶者から取得した財産に係る贈与税につき，すでに贈与税の配偶者控除の適用を受けた者は除かれる（相続税法第 21 条の 6 第 1 項）．

4. 贈与税の申告

贈与により財産を取得した者で，その年分の贈与税額があるとき，または相続時精算課税の適用を受ける者であるときは，その年の翌年 2 月 1 日から 3 月 15 日までに，贈与税の申告・納付をしなければならない（相続税法第 28 条 1 項）．

(4) 相続時精算課税制度

相続時精算課税制度は，高齢者から次世代への資産の移転を円滑化するために，平成 15 年度の税制改正で創設された制度である．この制度は，贈与時に贈与財産に対する贈与税を申告・納付し，その贈与者の相続時にすべての贈与財産の価額を相続税の課税価格に加算して計算した相続税から，すでに納付した贈与税額を控除して相続税額を計算し，贈与税と相続税との精算を行う制度である[30]．贈与税の基礎控除は 110 万円だが，この制度を利用すると累積で 2,500 万円までが贈与財産から控除できる「非課税枠」となり，枠を超えると一律で 20％の税率がかかる．

注

1) 中川善之助・泉久雄『法律学全集 24　相続法（第 4 版）』有斐閣　2000 年　pp.

39-40
2) 水野忠恒『租税法（第5版）』有斐閣　2011年　p.628
3) 速水昇・和田尚久・水野惠子編著『公共経済と租税』学文社　2010年　p.177
4) 遺産分割の方法しだいで相続税の負担が異なり，仮装分割による租税回避の問題など弊害が生じた．
5) 昭和33年改正では，それまで遺産取得税方式を採っていたものを相続人の遺産の取得のいかんに相続税の総額が変わらないという，いわば遺産税体系を加味した制度に改め，被相続人や相続人が恣意的に相続税の総額を変えることができないこととした（武田昌輔編『DHCコンメンタール相続税法』pp.2754-2755）．
6) 金子宏『租税法　第20版』弘文堂　2015年　p.583
7) 奥村正郎「相続税と贈与税」速水昇・和田尚久・水野惠子編著『公共経済と租税』学文社　2010年　pp.180-181を参考．
8) 日本経済新聞2010年7月6日夕刊
9) 福岡高判平成19年10月25日『訟務月報』54巻9号　p.2090
10) 日本経済新聞・前掲注8．
11) 金子・前掲書　pp.589-590
12) 金子・前掲書　p.584
13) 本節は，奥村・前掲書　p.183～　に依る．
14) 江島一彦編著『図説　日本の税制（平成27年度版）』財経詳報社　2015年　p.164
15) 民法の改正法の付則に基づき，法施行（2014年4月）前でも最高裁決定後に開始した相続ならばさかのぼって適用する．
16) 相続税法第11条の2によれば，相続税の「課税価格」とは，相続または遺贈により取得した各相続人や受遺者等の納税義務者ごとに，それぞれ取得した財産を評価してそれらの価額を合計した，その合計額をいう．
17) 現行の相続税の基礎控除額は，定額控除が3,000万円，法定相続人比例控除が一人600万円である．
18) 田中一・長山透『相続税』中央経済社　2011年　p.68
19) 水野・前掲書　p.685
20) 水野・前掲書　pp.686-687
21) 遺産額が6億円で共同相続人が2人の場合，3億円ずつ配分した場合の2人分の税額と，2億円と4億円に分割した場合の税額とでは差異が生ずる．
22) 中川・泉・前掲書　p.310
23) 水野・前掲書　p.693
24) 香港に「住所」があったと主張するT社取締役である原告に，亡親がオランダの持株会社の出資口数の大部分を平成11年に贈与した，というものである．香港に原告の「住所」があったとされれば，当時の税制では，贈与税の課税ができない

というものであった．
25) 東京地判　平成19年5月23日『訟務月報』55巻2号　p.267
26) 東京高判　平成20年1月23日『判例タイムス』1283号　p.119
27) 最判　平成23年2月18日（判例集未搭載，最高裁ウェブサイト）による．
28) 相続税法第1条の4第2号イ．
29) 我が国の法律には贈与税法という法律はなく，相続税法第二章第二節で贈与税という規定が設けられており，相続税と贈与税は相続税法というひとつの法律の中で定められている．
30) 奥村・前掲　p.201

参考文献

水野忠恒『法律学体系　租税法（第5版）』有斐閣　2011年
金子宏『租税法（第20版）』弘文堂　2015年
森信茂樹『日本の税制』岩波書店　2010年
江島一彦編著『図解　日本の税制（平成27年度版）』財経詳報社　2015年
遠藤浩・川井健等編『民法（9）相続（第4版増補補訂版）』有斐閣双書　2005年
速水昇・和田尚久・水野惠子編『公共経済と租税』学文社　2010年
中川善之助・泉久雄『法律学全集24　相続法（第4版）』有斐閣　2000年

第10章
法人税法

第1節　法人税法の概要

(1) 法人税の意義と変遷

　法人税は法人の所得（利益）に対して課税される租税である．ここで「法人」とは，個人以外の社会関係で成り立つ組織体である．法人には，会社等の普通法人以外に協同組合，社団法人，財団法人等が含まれ，経済の発展に伴ってこれらの法人数も増大し，そこから得られる法人税収入は，租税全体の中でも大きな割合を占めるに至っている．

　法人税は，明治32（1899）年に所得税のひとつとして創設された．この当時は所得税が，第一種は会社の所得，第二種は公社債の利子，第三種は個人所得と3種類に分類して課税された．明治37（1904）年には日露戦争の戦費調達のため第一種所得の増税があり，大正9（1920）年には留保所得にも課税されるようになった．昭和になってからは，日中戦争など軍事費の増大により，昭和15（1940）年法人税は所得税から分離独立した．昭和17（1942）年税率は17％であったが，終戦の昭和20（1945）年には33％にまで引き上げられた．

　終戦後の昭和21（1946）年には，財政逼迫のため税率は35％となり，昭和22（1947）年に法人税法の全文改正が行われ，「申告納税制度」が採用された．昭和25（1950）年にはシャウプ勧告に基づく税制改革が行われ，青色申告制度が導入され今日に至っている．近年では，バブル崩壊以降，国際競争力の向上，国内投資の拡大，雇用創出の促進等のため税率は引き下げられる傾向にあり，平成28（2016）年の税制改正では，基本税率が23.4％となり，さらに平成30年4月1日以降開始事業年度からは23.2％が予定されている．

(2) 法人税の性質と課税の根拠

　法人税の性質は，法人擬制説と法人実在説の2つに分けることができる．法人擬制説は，法人税は所得税の前取りであるという考え方である．すなわち，法人税は法人の構成員である各株主個人が負担するもので，法人の段階で株主等に対する所得税を一部前取りしているというものである．この考え方の下では，法

人の利益に法人税を課し，その税引後の利益から配当を受けた個人株主にさらに所得税を課税すれば，その個人株主からみれば同じ所得に対して二度課税されていることになるので，このような場合，法人と個人株主の間で発生する二重課税を排除するため，株主に対する負担軽減処置が必要となる．もう一方の法人実在説の考え方は，法人税は法人独自の担税力に対する租税であるという考え方である．この考え方の場合，法人と法人の出資者である株主とは，別個の独立した存在であり，法人税と受取配当等に課税される所得税とは調整を要しないことになる．このように法人実在説は，法人それ自体が経済取引をする権利能力をもっているという考え方である．したがって，法人に利益が出たらそれに対して課税し，その利益の一部を株主等である個人に配当して，その株主の配当所得に課税するというものである．このような考え方の下では，そもそも二重課税という問題は生じない．以上のような考えは，企業の規模によってもその妥当性が左右される．すなわち，所有と経営の分離した大企業では，法人実在説が実態を反映しており，同族零細企業等では，法人擬制説が実態に即しているといわれる．シャウプ勧告による税制改革後，我が国の法人税法は，二重課税の調整として受取配当の益金不算入制度が導入され基本的には法人擬制説の考え方に基づいてはいるが，政策的に様々な修正が加えられている．

第2節　法人税の納税義務者

(1) 法人税の基本的な納税義務者

　法人税法の納税義務者は，法人である．法人は内国法人と外国法人に区分される．内国法人は無制限納税義務者として法人税を納める義務があり，また，外国法人については，国内源泉所得を有するとき，又は退職年金業務等を行うときは，法人税を納める義務があると定めている（法人税法第4条1項，2項）．

1. 内国法人・外国法人の意義

　内国法人とは，国内に本店又は主たる事務所を有する法人（外資系内国法人を

含む）をいう（法人税法第2条3号）．外国法人とは，内国法人以外の法人（内資系外国法人を含む）をいう（法人税法第2条4号）．

2. 内国法人の課税所得の範囲

　内国法人の課税所得の範囲は，国内源泉所得と国外源泉所得に課税される．したがって，内国法人は，国内において生じた利子，配当，利益の分配，報酬等の支払いを受けるときには，その所得について納税義務がある．また，内国法人に対しては，本来，すべての所得に法人税が課されるが，利子，配当等は，徴税手続きの便宜上，例外的に法人についても源泉徴収が行われる．よって，これは実質的に法人税の前払いとなり，法人税額の計算時に税額控除として精算される．これに対し，外国法人の課税所得の範囲は，国内源泉所得のみに課税される．したがって，外国法人は，国内において生じた利子，配当等の特定の所得について納税義務がある．

(2) 法人の形態

　法人の形態は，具体的には以下の通り5種類ある．法人税の納税義務者は公共法人を除いた法人が納税義務者となる．なお，表10－1は納税義務のある法人数と申告内容を示したものであり，表10－2は法人税の税率であり，平成27年度に改正になった．

表10－1　法人の種類別の法人数及び申告内容

区　分	申告法人数	事業年度数（申告件数）	
		利　益	欠　損
内国法人			
普通法人	2,628,476	803,746	1,845,985
人格のない社団等	14,308	7,167	7,214
協同組合等	43,527	23,026	20,821
公益法人等	49,319	20,916	28,581
外国法人	4,916	2,102	2,883

注）「申告法人数」については，確定申告のあった事業年度数を法人単位に集約した件数である．
　　また，事業年度数は申告実績と処理実績（更正等）を含んでいる．
出所）「平成26年度版　国税庁統計年報」に基づき作成

表 10 － 2　法人税率

区　　分	平成2年度 (抜本改正後)	平成21年度 (改正後)	平成24年度 (改正後)	平成27年度 (改正後)	平成28年度 (改正後)
普通法人	37.5	30	25.5	23.9	23.4
中小法人軽減税率 (年所得800万円以下)	28	18	15	15	15
協同組合等 (年所得800万円以下)	27	22 (15)	19 (15)	19 (15)	19 (15)
公益法人等 (年所得800万円以下)	27	22 又は 30 (15)	19 又は 25.5 (15)	19 又は 23.9 (15)	19 又は 23.4 (15)

出所）江島一彦編著『図説　日本の税制』財経詳報社　平成27年度版に基づき作成

1．公共法人

　公共法人は，公共的性格が強く，本来国家が行うべき業務を代行していた法人とみなされている．そのため，公共法人には，法人税を納める義務がないと定められている（法人税法第4条3項）．例えば，県や市などの地方公共団体，NHK，日本中央競馬会，日本年金機構，国民生活センター等が公共法人である．

2．公益法人等

　公益法人等は，収益をあげることを目的とするのではなく，公益を目的として設立された法人である．したがって，収益事業から生じた所得以外の所得は，法人税を課さないと定めている（法人税法第7条）．例えば，公益社団法人及び公益財団法人，非営利型法人に該当する一般社団法人及び一般財団法人，日本赤十字社，商工会議所，学校法人，宗教法人，社会福祉法人等などが公益法人等である．収益事業の範囲は，販売業，製造業，労働者派遣業等，その他政令（法人税法施行令第5条，第6条）で定められている．

　平成23年度の税制改正により，学校法人，社会福祉法人，更生保護法人等，その他の公益法人等（日本赤十字社等）の収益事業に対するは法人税の税率は19％となった．平成27年度の税制改正では，軽減税率の特例（所得金額が年800万円以下の部分は15％が適用）の適用期限が2年延長され，平成29年3月31日に開始する事業年度までとなった．

　また，学術の研究に付随して行う医療保健業，医師会法人等で一定の要件を満

たす医療保健，福祉病院事業に係る医療保健業等は，収益事業であっても課税対象にならない．公益法人等が収益事業に属する資産のうちから公益目的事業のために支出した金額は，収益事業の所得金額の50％まで損金に算入することができる．さらに，みなし寄附金の額が収益事業の所得の50％相当額を超える場合であっても，公益目的事業の実施のために必要な金額までは損金算入が認められている．また，この公益法人はすべて特定公益増進法人とされ，公益法人に対する指定寄附金やそれ以外の寄附金にも，通常の損金算入限度額に加えて，別枠で損金算入の限度額まで損金に算入することが認められている．

3. 協同組合等

協同組合等は，例えば，農業協同組合，漁業協同組合，消費生活協同組合，商工組合，信用組合等が協同組合等である．協同組合等は，営利を目的とするものではなく，公益を目的とするものでもない．国民生活の安定と生活文化の向上を期することを目的として，組合員が協同で事業にあたる．したがって，協同組合等は普通法人と同様にすべての所得について課税されるが，組合員の相互扶助を目的とするため軽減税率が適用される．平成23年度の税制改正により，協同組合等の法人税の税率は，19％となった．平成27年度の税制改正では，軽減税率の特例（所得金額が年800万円以下の部分は15％が適用）の適用期限が2年延長され，平成29年3月31日に開始する事業年度までとなった．

4. 普通法人

普通法人は，株式会社（特例有限会社を含む），合名会社，合資会社，合同会社，相互会社等で，営利を目的とするため，すべての所得に対して法人税の納税義務がある．平成27年度の税制改正により，普通法人の法人税の税率は，23.9％となった．なお，普通法人のうち，中小法人（各事業年度終了時に資本金の額もしくは出資金の額が1億円以下である法人等）に対しての軽減税率の特例（所得金額が年800万円以下の部分は15％が適用）の適用期限が2年延長され，平成29年3月31日に開始する事業年度までとなった．

5. 人格のない社団等

人格のない社団等とは，法人でない社団や財団で，代表者や管理人の定めがあるもの．例えば，PTA，同窓会，学会，町内会等である．これらは，法人ではないが法人税法では法人とみなされている．人格のない社団等の所得は非課税であるが，収益事業から生じた所得に対しては課税される．法人税は普通法人の中小法人と同じ税率で課税される．

(3) 納税義務者としての新たな事業体

内国法人の納税義務による区分は前述したが，我が国は，経済社会の変化に対応して，さまざまな法人の形態が発展してきている．例えば，① ボランティアによる社会活動を促進する特定非営利活動法人（NPO：Non Profit Organization），② 不良債権の処理や資産の流動化を図る目的で考案された特定目的会社（SPC：Special Purpose Company），③ 平成12年の資産流動化法及び投資法人法の改正で，特定信託（特定目的信託と特定投資信託）の所得が法人税の対象となった．近年では，このように法人形態以外の事業や投資形態が発展しており，法人税の納税義務者は拡大している．

第3節　法人税の計算の仕組み

(1) 企業会計と税務会計

企業会計において，法人利益の計算式は，「収益－（費用・損失）＝利益」で表される．企業会計の目的は，適正な期間損益計算を行い，株主に対して真実な法人の経営成績（損益計算書）及び財政状態（貸借対照表）を報告し，株主への配当金額を算定することである．その計算の仕組みは，法人が得た収益（売上及び利息収益等）から，その収益を得るために要した費用（売上原価，販売費，一般管理費等）や損失（貸倒等）を差し引いた残額が利益である．

一方，税務会計の所得金額の計算式は，「益金－損金＝法人所得」で表される．税務会計は，「一般に公正妥当と認められる会計処理の基準」によって計算する

旨を規定している（法人税法第22条4項）．さらに，税務会計には，租税法の基本原則である租税公平主義（公平負担の原則）に基づき，社会政策を盛り込む必要等がある．

（2）当期利益と所得金額

　一般に，企業会計計算の利益（当期利益）の額と税務計算における所得金額は一致しない．その理由は前述のように，企業会計と税務会計では，その目的が異なるため，別段の定めの金額だけ異なる．すなわち，別表四（法人税申告書のひとつ，法人の所得金額の計算に関する明細書）において，所得金額の算定は，会計計算上（損益計算書）の当期利益に，「収益と益金の差異部分」及び「費用と損金の差異部分」を加算（プラス）又は減算（マイナス）して算出する（図10－1参照）．

（3）益金の額及び別段の定め

1．益金の額

　法人税法第22条2項は，「内国法人の各事業年度の所得の金額の計算上当該事業年度の益金の額に算入すべき金額は，別段の定めがあるものを除き，資産の販売，有償又は無償による資産の譲渡又は役務の提供，無償による資産の譲受け，

図10－1　損益計算書と別表四

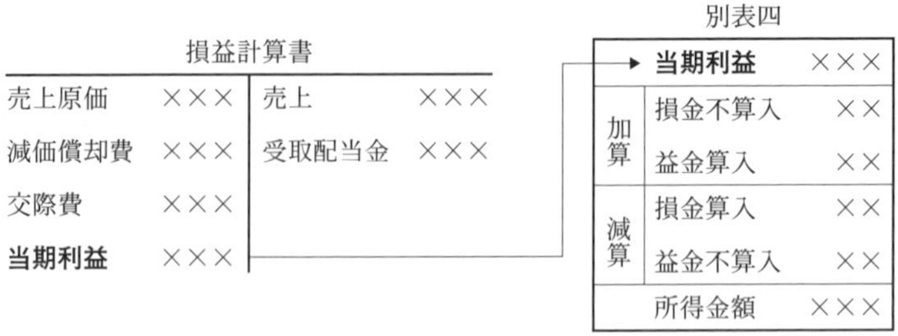

損益計算書				別表四		
売上原価	×××	売上	×××	当期利益		×××
減価償却費	×××	受取配当金	×××	加算	損金不算入	××
交際費	×××				益金算入	××
当期利益	×××			減算	損金算入	××
					益金不算入	××
				所得金額		×××

出所）筆者作成

その他の取引で資本等取引以外のものに係る当該事業年度の収益の金額とする」と規定している．すなわち，この規定は益金の額には原則として資本等取引以外の取引によるすべての収益を含むものと定めている．さらに，この規定の当該事業年度の収益の金額は，一般に公正妥当と認められる会計処理の基準にしたがって計算されると規定している．よって，実現した利益のみが課税の対象であり，未実現の利益は課税の対象から除外されている．

またこの規定は，資産の無償譲渡，役務の無償の提供，その他の無償の取引から生じる収益も益金であると解釈される．この点において企業会計では，無償で資産を譲渡した場合にその原価相当額（帳簿価額）だけの損失が生じるが，法人税では，通常，受け取るであろう金額（時価）で益金に計上することになる．

ただ，無償取引が，法人税法第37条の寄附金に該当するかどうかという点が問題になる．法人税法は寄附金及びその範囲を次のように規定している．寄附金とは，金銭その他の資産又は経済的利益の贈与又は無償の供与のことである（法人税法第37条7項）．ここで，無償とは，対価又はそれに相当する金銭等の流入を伴わないことを意味すると解釈されている．なお，資産の譲渡や経済的利益の供与が，その時価相当額よりも低い対価で行われた場合，その差額のうち実質的に贈与又は無償の供与をしたと認められる金額については，寄附金の額に含まれる（同8項）．また，法人が自己の製品の広告宣伝のため，無償又は時価より低い価額で譲渡した場合は，その時価又は時価との差額は寄附金ではなく，広告宣伝費に該当すると解釈される．

2．益金の別段の定め

① 受取配当等の益金不算入（通常，損益計算書に「営業外収益」と計上する．しかし収益であるが所得の計算上益金ではない）は，法人税を所得税の前取りとみる考え方によるもので，昭和25年のシャウプ勧告により創設された．第1節で前述したが，株主である会社が受け取った配当金は，配当した会社ですでに法人税が課されており，法人所得の二重課税を避けるため，法人が受取配当等を受け取った段階で法人税の対象から除外する必要があるというものである．

法人が内国法人から受ける受取配当等（利益の配当及び剰余金の分配等）は，その全部又は一部を益金の額に算入しない．平成27年度の税制改正では，受取配当が100％益金不算入となるのは，法人がその3分の1以上を所有している子会社等から利益配当を受け取ったときに限られる．その他の株式の受取配当については50％が益金不算入，非支配目的株式等では20％が益金不算入となった．

② 資産の評価益については，企業会計上，原則として収益に含まれないと解釈されている．その趣旨は，旧商法では債権者保護の立場から，原則として評価益は，各事業年度の所得の金額には計上しないと規定していた（旧商法第34条）．また，企業会計上も，評価益は外部取引による実現利益ではないため，計上しないという趣旨である．しかし，次の場合による評価替えは，評価益を益金に算入すべきであるとしている．会社更正法の適用を受ける場合，法人の組織変更の場合及び保険会社の所有する株式の場合である．法人税においても，所有資産の評価益は未実現利益であることから担税力がないと考えられ，益金に算入しないと規定している（法人税法第25条1項）．なお，平成12年の法人税法改正で，売買目的有価証券やデリバティブ，運用目的の金銭信託は，期末において時価評価を行い，評価損益を益金又は損金に算入することになった．

③ 還付金等について法人税法第26条1項は，法人が還付を受けた金額は益金の額に算入しないとしている．また，有価証券の譲渡益は，法人が有価証券を譲渡し，その譲渡の対価が原価の額を超えるときは，その超えた部分の金額が譲渡利益として益金に算入される．

(4) 損金の額及び別段の定め

1. 損金の額

法人税法第22条3項は，当該事業年度の損金の額に算入すべき金額は，別段の定めがあるものを除き，次のような額としている．

① 当該事業年度の収益に係る売上原価，完成工事原価その他これらに準ずる原価の額．

②　当該事業年度の販売費・一般管理費の額（償却費以外の費用で当該事業年度終了の日までに債務の確定しないものを除く）．
③　当該事業年度の損失の額で資本等取引以外の取引に係るもの．

2. 損金の別段の定め

①　損金の主要な項目のひとつに売上原価がある．この売上原価は，次の算式で求められる．すなわち，「期首棚卸高＋当期仕入高－期末棚卸高＝売上原価」となる．ここで，期首棚卸高と当期仕入高は，すでに客観的なものとしての認識がある．したがって，売上原価の額は，期末棚卸資産の評価によって左右されることから，期末棚卸資産の評価額は重要である．この期末棚卸資産の評価には法人税法上，原価法と低価法がある．原価法には，個別法，先入先出法，後入先出法，総平均法，移動平均法，単純平均法，最終仕入原価法，売価還元法等がある．低価法は，原価と時価を比較していずれか低い価額で評価する方法である．平成21年度の税制改正により，後入先出法と単純平均法は認められなくなった．なお，棚卸資産の評価方法については設立時に届出が必要であるが，届出がない場合は最終仕入原価法によることとなっている．

②　減価償却も損金の重要な項目である．減価償却費として損金の額に算入できる金額は，その法人が損金経理した金額のうち償却限度額までの金額と定められている（法人税法第31条1項）．建物や機械等の固定資産を取得した場合，その固定資産は，法人に長期にわたり収益を生み出す源泉となる．したがって，費用収益対応の原則上，取得原価を取得した年度に一括で費用化するのではなく，その使用可能期間に応じて徐々に費用計上し，収益に対応させていくことが適当である．固定資産のうち，時の経過とともに価値が減少するものを減価償却資産という．この点で各事業年度の減価償却費の損金算入の条件として，法人税法は，企業が減価償却資産の償却費を各事業年度の必要経費ないし損金の額に算入するためには，その事業年度の終了以前に減価償却資産を取得していることが必要である．また，機械設備の完成・設備の請負契約の場合であれば，その引渡を受けていることが必要であると規定している（法人税法第37条

8項).

　減価償却の方法には，定額法，定率法，生産高比例法等がある．また，税務署長の承認を得て使用が認められる級数法といった特別償却方法もある．法人税法施行令は，償却方法については納税者の選択を認めているが，有形減価償却資産のうち，平成10年以降に取得した建物と営業権は定額法に限られる．しかし，機械，車両等その他の有形減価償却資産については定額法，定率法のうちいずれかを選択できるが，あらかじめ税務署に届出をしておく必要がある．届出がない場合は，定率法によることとされている．

　また，平成19年4月1日以降に取得された減価償却資産の償却の方法では，残存価額は廃止され，耐用年数経過時点に1円まで償却できることとされた．具体的には，まず，定額法は，「取得価額×耐用年数に応じた償却率＝償却限度額」の式で計算される．この方法による場合は，償却額が毎期同額になる．ここで耐用年数とは，資産等の使用可能範囲をいう．耐用年数は，「減価償却資産の耐用年数などに関する省令」で細かく区分されている．したがって，省令で決められた耐用年数と異なる耐用年数で償却することは認められていない．

　次に，定率法は，「未償却残高（期首帳簿価額）×耐用年数に応じた定率法の償却率＝償却限度額」の式で計算される．この方法による場合は，初年度の償却費が最も多く，毎年償却額が減少していくことになる．なお，平成19年4月1日から平成24年3月31日までに取得した減価償却資産には250％定率法が導入され，さらに，平成23年度の税制改正では平成24年4月1日以降に取得する減価償却資産については，200％定率法に引き下げられた．

　償却方法は上記のように選択適用であるが，所得計算の適正性を維持するために同一の償却方法を継続的に用いる必要がある．償却方法を変更する場合は，所轄税務署長の許可を受けなければならない．

③　繰延資産は，創立費や開業費等のように法人が実際に所有している資産でなくても，法人が支出した費用で，支出の効果が支出の日以降1年以上に及ぶものをいう．旧商法では繰延資産は資産性が弱く，債権者および株主の利益保護の観点から，繰延資産の計上を積極的には認めず，容認規定となっていた．

これに対し法人税法では，旧商法上の繰延資産よりもその範囲も広く，償却期間や償却計算の方法も具体的に定めている．

④　資産の評価損については，法人税法第33条1項において損金の額に算入されないことを定めている．すなわち，法人税法は，実現した収益のみを益金に算入すること及び発生した損失のみを損金に算入することを原則としている．したがって，法人が資産の評価替えによって帳簿価額を減額したとしても，評価損は損金にはならない．しかし，災害等による資産の著しい損傷等により帳簿価額が減額したときは，その発生の事実により減額分を損金に算入することができる．

⑤　役員給与は，報酬，賞与，退職所得に区分され，この区分により法人税法上の取扱いが異なる．平成18年度の税制改正で，役員給与の損金算入の範囲の見直しが行われ，法人がその役員に対して支給する給与のうち，損金に算入されるものの範囲は次のように制限された．すなわち，(a) 定期同額給与，(b) 事前確定届出給与，(c) 利益連動給与に該当する役員給与の3つである．しかし，これらのうち不相当に高額な部分の金額については損金不算入となる（法人税法第34条2項）．従前より，役員報酬と役員賞与の区分は特に重要であった．役員報酬は株主から委任された職務を行うための対価という性格から法人の損金の額に算入される．すなわち，法人が役員に支給する給与は，原則として損金に算入される．

　一方，役員賞与はいわゆるボーナスであり，一般に役員の役務の対価というより役員の経営努力の結果によるものであり，法人の利益の分配という性質のものである．すなわち役員賞与は利益処分であり，損金には算入されない．しかし実際は，役務の対価か利益処分であるかの判断は難しい．役員報酬や役員賞与が問題となるのは，役員と法人との間に特殊な関係，例えば，同族会社等の関係が認められる場合が多い．

　役員退職所得の性質は，役員報酬の後払いという性質もあり，利益の分配という性質もある．その判断は，法人に一任されている．法人が役員報酬の後払いと判断する場合，役員退職所得は損金に算入される．しかし，利益の分配と

判断された場合は，損金不算入となる．

⑥　寄附金とは，金銭その他の資産又は経済的利益の贈与または無償の供与のことである（法人税法第37条7項）．寄附金は，法人税法第37条1項では，一定の限度額を超える寄附金の額は損金に算入しないことを定めている．しかし，寄附金には事業活動の円滑化やある種の広報活動の必要性及び慈善事業等に対する寄附など，社会通念上その目的により，損金性を認めるべき寄附金もあると考えられる．そこで平成13年度法人税法改正では，法人が支出した寄附金のうち，認定NPO法人の行う特定非営利活動に関する寄附金がある場合は，一般の寄附金の損金算入とは別枠で，特定公益増進法人に対する寄附金と合わせて，一般の寄附金の損金算入限度額を限度として，損金の額に算入することとする特例制度が創設された（法人税法第37条4項）．

⑦　交際費等とは，販売の促進や取引の円滑化のため，取引の交渉相手方等を接待するために利用されるものである．したがって交際費等は事業と直接の関連がある限り損金の額に算入されるべき性質のものであるが，交際費等の損金算入を無制限に認めると法人の冗費・濫費を拡大させるおそれがあるため，資本金が一定の金額を超える法人には損金の算入を認めていない．交際費等は，企業会計上は費用として扱われるが，法人税の算定では損金算入に一定の制限がある．

交際費等としては，接待，供応，慰安，贈答，その他これに類する行為のため支出するものとなっている．しかし，交際費等の意義と範囲は法人にとって重大な利害関係を有する問題である．ある支出が交際費等にあたるのか，寄附金として損金算入限度額の範囲内で損金算入となるのか，利益処分として役員賞与にあたるのか，あるいは広告・宣伝費として損金に算入されるのかといった具合に，費用の分類を巡る解釈上の問題がある．例えば，従業員の慰安のための運動会，演芸会，旅行等の費用は，交際費の範囲から除かれる（租税特別措置法第61条の4第3項）．

また裁判例では，交際費の要件として第1に支出の相手方が事業に関係のある者であること．第2に当該支出が接待，供応，慰安，贈答，その他これ

に類する行為のために支出するものであること,という判例がある(東京高裁平成5年6月28日判決,行集44巻6・7号506頁).さらに,得意先を旅行に招待する費用(長野地裁昭和38年4月9日判決,行集14巻4号790頁),ドライブインの経営者が自己のドライブインに駐車した観光バスの運転手に手渡す手数料(東京地裁昭和50年6月24日判決,行集26巻6号831頁)は交際費にあたるとされた.最近の裁判例では,製薬会社が,医薬品を納入する病院の医師等の英語論文の英文添削のために支出した経費は交際費にはあたらないとした(東京高裁平成15年9月9日,判時1834号28頁).しかし,第1審の東京地裁平成14年9月13日判決では,支出の相手は事業に関連する者であり,支出の目的は取引関係を円滑にすることを図ったのであるから交際費にあたるとした.交際費等の費用区分の解釈を巡っては裁判例も多くある.

交際費は,中小法人以外の法人については,支出する交際費等の全額が損金不算入とされていたが,平成26年度の税制改正で交際費等の額のうち「接待飲食費」の額の50%に相当する金額は,損金の額に算入されることになった.中小法人については,800万円以下の交際費が全額損金算入できることになっている.中小法人は,改正による損金算入(接待飲食費の額の50%相当額)と,800万円までの損金算入の,いずれか有利な方を事業年度ごとに選択適用できる.なお,接待飲食費とは「交際費等のうち飲食その他これに類する行為のために要する費用(専らその法人の役員若しくは従業員又はこれらの親族に対する接待等のために支出するものを除く)であって,法人税法上で整理・保存が義務付けられている帳簿書類(総勘定元帳や飲食店等から受け取った領収書,請求書等)に所要の事項を記載することにより飲食費であることが明らかにされているもの」をいう.なお,1人当たり5,000円以下の飲食費で書類の保存要件を満たしているものについては,従前どおり「交際費等に該当しない」とされている.

(5) 申告調整

1. 申告調整と基本別表

　法人の当期利益に加算・減算する計算は，確定申告書に記載して行われる．法人税の申告書は，多くの明細書から成り立っており，「所得の金額の計算に関する明細書」である別表四において，当期利益に加算あるいは減算を行うことにより所得金額を算出することを申告調整と呼んでいる．別表四は，所得金額算定までの過程を表にしたもので，法人税の申告書の中でも最も重要な明細書といえる．このように，法人税の申告書に記載すべき事項は，法人税法によって定められた「別表」という書式に記入する．そして，表10－3の基本別表は，必ず提出しなければならないことになっている．

表10－3　基本別表

基本別表	別表一（一）	当期における納付税額を算出
	別表一（一）次葉	当期における法人税額，地方法人税額を算出
	別表四	当期における課税標準である所得金額を算出
	別表五（一）	当期末における課税済み所得のうち留保した利益積立金を算出

2. 申告調整の必要な事項

　申告書で必ず調整しなければならない事項には，減価償却超過額，各種引当金の限度超過額，寄附金や交際費の損金不算入額，法人税等の損金不算入額，前5年以内の青色欠損金の損金不算入額及び還付金等の益金不算入額がある．これらを必要的申告調整事項という．

3. 申告調整により認められるもの

　上記のように，申告書で必ず調整しなければならない必要的申告調整事項に対し，申告調整をした方が法人に有利な項目として，受取配当等の益金不算入額，収用等の特別控除，各種の税額控除等がある．これらを任意的申告調整事項という．

(6) 法人税額の計算の仕組み

　法人税額は，別表四で算出した所得金額を基礎に，別表一（一）で計算する．別表一（一）は，差引確定の納付すべき法人税額を計算する明細書である．すなわち納付すべき法人税額は，別表一（一）において課税所得に税率を乗じて算定した税額に，特別控除，特別税額等を加算あるいは減算して算定する．以下に，別表一（一）に基づく計算の仕組みの概略を記しておく．

別表一（一）の計算の仕組み

　　課税標準である所得金額（別表四の最終値）

　<u>×税率</u>

　＝法人税額

　<u>－法人税額の特別控除</u>　（租税特別措置法，例：試験研究費の特別控除等）

　＝差引法人税額

　<u>＋特別税額</u>　（法人税額に加算，例：同族会社の留保金課税等）

　＝法人税額計

　<u>－控除税額</u>　（二重課税を排除，例：外国税額控除等）

　<u>－差引所得に対する法人税額</u>（100円未満切り捨て）

　<u>－中間申告分</u>（前払い分，マイナスの場合還付）

　<u>納付すべき法人税額</u>

設　例

　平成27年度のA社の資料は以下のようである．

［資料］A社の期末資本金は，￥50,000,000円であった．

・A社の平成27年決算書の当期純利益は￥22,807,000である．（別表四1①）

　この中に，株主配当金として￥2,000,000が含まれている．（1③）

・A社が平成27年11月30日に納めた税額（当期費用計上）は以下の通りである．

　当期分中間申告法人税￥1,939,800．地方法人税はない．（2①）

　当期分中間申告道府県民税及び市町村民税￥449,000．（3①）

・納税充当金の額は，￥17,332,700である．（5①）

231

- 前期の納税額に対する過少申告加算税が課せられ¥59,600 納税した．（6 ①）
- 交際費のうち，損金には認められない額，¥1,380,000 がある．（9 ①）
- 駐車違反のため，罰金¥40,000 を費用計上していた．（10 ①）
- 納税充当金から支出した事業税等の金額¥303,000 がある．（13 ①②）
- 受取配当金の益金不算入額として，¥357,000 がある．（14 ①）
- 法人税額から控除される所得税額¥188,700 がある．（29 ①）

参考

- A社は期末資本金5,000万円の中小法人である（期末資本金の額が1億円以下の法人）．
- 法人税，住民税，利子配当等の源泉税は損金不算入とされる．これら以外に損金不算入とされる租税公課の代表例として，延滞税，過少申告加算税，重加算税等の国税の付帯税，また，地方税の延滞金等や罰金等がある．これらは，別表四で加算の調整が必要である．
- 納税充当金（法人税等未払額ともいう）は，期末時点で未払となっている当期確定申告分の法人税等の見積額の計上をいう．そこで，期末までに債務が確定しない「損金計上法人税等未払金」として，全額別表四で加算調整する．また，納税充当金「法人税等未払金」の翌期には，申告・納付が行われる．そのため，事業税は申告によって債務が確定することから，別表四で減算調整がなされる．

　なお，平成26年度の税制改正により，平成26年10月1日以後に開始する事業年度から，地方法人税が課されることになった．これは法人税額計を課税標準とし，これに4.4％の税率を乗じて算出される．この計算については別表一（一）次葉で行う．

第4節　同族会社の課税問題

（1）同族会社の定義

　同族会社とは，法人税法第2条10項において，株主，その他会社の出資者の3人以下及びこれらと特殊の関係のある個人・法人が有する株式総数，又は出資の金額の合計額が，その法人の発行済株式総数，又は出資額がその法人の発行済

第10章　法人税法

法人税の確定申告書（別表四）

所得の金額の計算に関する明細書

| 事業年度 | 27・4・1
28・3・31 | 法人名 | A株式会社 |

別表四　平二八・一・一以後終了事業年度分

区　分		総額①	処分		
			留保②	社外流出③	
当期利益又は当期欠損の額	1	22,807,000 円	20,807,000 円	配当	2,000,000 円
				その他	
加算	損金経理をした法人税、地方法人税（附帯税を除く。）及び復興特別法人税（附帯税を除く。）	2	1,939,800	1,939,800		
	損金経理をした道府県民税（利子割額を除く。）及び市町村民税	3	449,000	449,000		
	損金経理をした道府県民税利子割額	4				
	損金経理をした納税充当金	5	17,332,700	17,332,700		
	損金経理をした附帯税（利子税を除く。）、加算金、延滞金（延納分を除く。）及び過怠税	6	59,600		その他	59,600
	減価償却の償却超過額	7				
	役員給与の損金不算入額	8			その他	
	交際費等の損金不算入額	9	1,380,000		その他	1,380,000
	損金計上罰金等	10	40,000			40,000
	小　計	11	21,201,100	19,721,500		1,479,600
減算	減価償却超過額の当期認容額	12				
	納税充当金から支出した事業税等の金額	13	303,000	303,000		
	受取配当等の益金不算入額（別表八（一）「16」又は「33」）	14	357,000		※	357,000
	外国子会社から受ける剰余金の配当等の益金不算入額（別表八（二）「13」）	15			※	
	受贈益の益金不算入額	16			※	
	適格現物分配に係る益金不算入額	17			※	
	法人税等の中間納付額及び過誤納に係る還付金額	18				
	所得税額等及び欠損金の繰戻しによる還付金額等	19			※	
		20				
	小　計	21	660,000	303,000	外※	357,000
仮計 (1)+(11)-(21)		22	43,348,100	40,225,500	外※	△357,000 3,479,600
関連者等に係る支払利子等の損金不算入額（別表十七（二の二）「25」）		23			その他	
超過利子額の損金算入額（別表十七（二の三）「10」）		24	△		※	△
仮計 (22から24までの計)		25	43,348,100	40,225,500	外※	△357,000 3,479,600
寄附金の損金不算入額（別表十四（二）「24」又は「40」）		26			その他	
沖縄の認定法人の所得の特別控除額（別表十（一）「19」又は「13」）		27	△		※	△
国税関係帳簿における記載事項の特例に係る当期の益金算入額又は損金算入額（別表十（一）「7」又は「9」）		28			※	
法人税額から控除される所得税額（別表六（一）「13」+復興特別法人税申告書別表一「6の③」）		29	188,700		その他	188,700
税額控除の対象となる外国法人税の額（別表六（二の二）「7」）		30			その他	
組合等損失額の損金不算入額又は組合等損失超過合計額の損金算入額（別表九（二）「10」）		31				
対外船舶運航事業者の日本船舶による収入金額に係る所得金額の損金算入額又は益金算入額（別表十（四）「20」、「21」又は「23」）		32			※	
合計 (25)+(26)+(27)±(28)+(29)+(30)+(31)±(32)		33	43,536,800	40,225,500	外※	△357,000 3,668,300
契約者配当の益金算入額（別表九（一）「13」）		34				
特定目的会社等の支払配当又は特定目的信託に係る受託法人の利益の分配の損金算入額（別表七（七）「13」、別表七（八）「11」又は別表十（九）「16」若しくは「33」）		35	△		※	△
非適格合併又は残余財産の全部分配等による移転資産等の譲渡利益額又は譲渡損失額		36			※	
差引計 (33から36までの計)		37	43,536,800	40,225,500	外※	△357,000 3,668,300
欠損金又は災害損失金等の当期控除額（別表七（一）「4の計」+（別表七（二）「9若しくは「21」又は別表七（三）「10」））		38	△		※	△
総計 (37)+(38)		39	43,536,800	40,225,500	外※	△357,000 3,668,300
新鉱床探鉱費又は海外新鉱床探鉱費の特別控除額（別表十（三）「40」）		40	△		※	△
農業経営基盤強化準備金積立額の損金算入額（別表十二（十四）「10」）		41	△	△		
農用地等を取得した場合の圧縮額の損金算入額（別表十二（十四）「43の計」）		42	△	△		
関西国際空港用地整備準備金積立額の損金算入額（別表十二（十一）「15」）		43	△	△		
中部国際空港整備準備金積立額の損金算入額（別表十二（十一）「10」）		44	△	△		
再投資等準備金積立額の損金算入額（別表十二（十二）「12」）		45	△	△		
残余財産の確定の日の属する事業年度に係る事業税の損金算入額		46	△	△		
所得金額又は欠損金額		47	43,536,800	40,225,500	外※	△357,000 3,668,300

法　0301-0401

図 10－2　法人税の確定申告書（別表一（一））

御注意

1　期末の資本金の額又は出資金の額が一億円以下の法人のうち、次の①から③までのいずれかの法人（以下「大法人」といいます。）との間にこれらの大法人による完全支配関係がある法人に該当する場合又は当該法人との間に完全支配関係がある全ての大法人が有する株式及び出資の全部をいずれか一の大法人が有するものとみなしたときにその一の大法人による完全支配関係があることとなる法人に該当する場合には、この表の上段の「非中小法人等」を○で囲みます。
①資本金の額又は出資金の額が五億円以上である法人　②法人税法第4条の7に規定する受託法人（2において「受託法人」といいます。）　③相互会社

2　「48」から「50」までの各欄は、期末の資本金の額若しくは出資金の額が一億円以下の法人、資本若しくは出資を有しない法人、一般社団法人等又は人格のない社団等（1に該当する非中小法人等、相互会社、投資法人、特定目的会社及び受託法人を除きます。）に該当する場合に記載します。

別表一(一)　普通法人（特定の医療法人を除く。）、一般社団法人等及び人格のない社団等の分……平二十八・一・一以後開始事業年度等分

税務署受付印　　平成28年5月31日　税務署長殿

納税地	東京都中央区一番町1－1　電話（　　）　－
（フリガナ）	エーカブシキカイシャ
法人名	A株式会社
法人番号	
（フリガナ）	ヘイセイ　イチロウ
代表者自署押印	平成　一郎　㊞
代表者住所	
事業種目	
期末現在の資本金の額又は出資金の額	50,000,000円　非中小法人等
同上が1億円以下の普通法人のうち中小法人等に該当しないもの	
同非区分	特定同族会社　同族会社　非同族会社
一般社団・財団法人の区分	非営利型法人　普通法人
経理責任者自署押印	㊞
旧納税地及び旧法人名等	
添付書類	貸借対照表、損益計算書、株主（社員）資本等変動計算書又は損益金処分表、勘定科目内訳明細書、事業概況書、組織再編成に係る契約書等の写し、組織再編成に係る移転資産等の明細書

※税務署処理欄	
青色申告	一連番号
整理番号	
事業年度（至）	年　月　日
売上金額	
申告年月日	年　月　日
通信日付印・確認印・庁指定・局指定・指導等・区分	年月日
申告区分	法人税：中間・期限後・修正　地方法人税：中間・期限後・修正

平成 2 7 年 0 4 月 0 1 日 ～ 平成 2 8 年 0 3 月 3 1 日　事業年度分の法人税 確定 申告書／課税事業年度分の地方法人税 確定 申告書
（中間申告の場合の計算期間　平成　年　月　日～平成　年　月　日）

翌年以降送付要否	要・否
適用額明細書提出の有無	有・無
税理士法第30条の書面提出有	有
税理士法第33条の2の書面提出有	有

この申告書による法人税額の計算

項目	番号	金額（円）
所得金額又は欠損金額（別表四「47の①」）	1	43536800
法人税額（54）又は（55）	2	9693104
法人税額の特別控除額	3	
差引法人税額（2）－（3）	4	9693104
連結納税の承認を取り消された場合等における既に控除された法人税額の特別控除額の加算額	5	
土地譲渡利益金 課税土地譲渡利益金額（別表三（二）「24」＋別表三（二の二）「25」＋別表三（三）「20」）	6	000
同上に対する税額（21）＋（22）＋（23）	7	
留保金 課税留保金額（別表三（一）「37」）	8	000
同上に対する税額（別表三（一）「45」）	9	
		00
法人税額計（4）＋（5）＋（7）＋（9）	10	9693104
仮装経理に基づく過大申告の更正に伴う控除法人税額	11	
控除税額（((10)－(11))と(18)のうち少ない金額）	12	188700
差引所得に対する法人税額（10）－（11）－（12）	13	9504400
中間申告分の法人税額	14	1939800
差引確定法人税額（13）－（14）（中間申告の場合はその税額とし、マイナスの場合は、（25）へ記入）	15	7564600

項目	番号	金額（円）
控除税額の計算 所得税の額（別表六（一）「13」）	16	188700
外国税額（別表六（二）「16」）	17	
計（16）＋（17）	18	188700
控除した金額（12）	19	188700
控除しきれなかった金額（18）－（19）	20	
土地譲渡税額の内訳 土地譲渡税額（別表三（二）「27」）	21	0
同上（別表三（二の二）「28」）	22	0
同上（別表三（三）「23」）	23	00
この申告による還付金額 所得税額等の還付金額（20）	24	
中間納付額（14）－（13）	25	
欠損金の繰戻しによる還付請求税額	26	外
計（24）＋（25）＋（26）	27	外
この申告が修正申告である場合 この申告前の所得金額又は欠損金額（60）	28	
この申告により納付すべき法人税額又は減少する還付請求税額（65）	29	外　00
欠損金又は災害損失金等の当期控除額（別表七（一）「4の計」＋（別表七（二）「9」若しくは「21」又は別表七（三）「10」））	30	
翌期へ繰り越す欠損金又は災害損失金（別表七（一）「5の合計」）	31	

この申告書による地方法人税額の計算

項目	番号	金額（円）
課税標準法人税額の計算 所得の金額に対する法人税額（4）＋（5）＋（7）＋（10の外書）	32	9693104
課税留保金額に対する法人税額（9）	33	
課税標準法人税額（32）＋（33）	34	9693000
地方法人税額（58）	35	426492
課税留保金額に係る地方法人税額（59）	36	
所得地方法人税額（35）＋（36）	37	426492
外国税額の控除額（別表六（二）「48」）	38	
仮装経理に基づく過大申告の更正に伴う控除地方法人税額	39	
差引地方法人税額（37）－（38）－（39）	40	426400
中間申告分の地方法人税額	41	00
差引確定地方法人税額（40）－（41）（中間申告の場合はその税額とし、マイナスの場合は（43）へ記入）	42	426400

項目	番号	金額（円）
この申告による還付金額（41）－（40）	43	外
この申告が修正申告である場合 この申告前の所得の金額に対する法人税額（68）	44	
課税留保金額に対する法人税額（69）	45	
課税標準法人税額（70）	46	000
この申告により納付すべき地方法人税額（74）	47	00
剰余金・利益の配当（剰余金の分配）の金額		2000000
残余財産の最後の分配又は引渡しの日		平成　年　月　日
決算確定の日		平成 28 年 5 月 28 日

還付を受けようとする金融機関等：銀行・金庫・組合・農協・漁協　本店・支店・出張所・本所・支所　預金　郵便局名等　口座番号　ゆうちょ銀行の貯金記号番号　－　※税務署処理欄

法 0301-0101

税理士署名押印　㊞

法人税の確定申告書（別表一（一）次葉）

| 事業年度等 | 27・4・1 ～ 28・3・31 | 法人名 | A株式会社 |

別表一（一）次葉　平二六・十・一以後開始事業年度等分

法　人　税　額　の　計　算

中小法人等の場合	(1)の金額又は800万円×12/12 相当額のうち少ない金額 ⑱	8,000,000	⑱の 15 ％相当額 ㊽	1,200,000
	(1)のうち年800万円相当額を超える金額 (1) － ⑱ ㊾	35,536,000	㊾の 25.5 ％相当額 ㊼	8,493,104
	所　得　金　額 ⑱ ＋ ㊾ ㊿	43,536,000	法　人　税　額 ㊼ ＋ ㊼ ㊼	9,693,104
その他の法人の場合	所　得　金　額 (1) ㊼	000	法　人　税　額 (㊼の25.5％相当額) ㊼	

地　方　法　人　税　額　の　計　算

所得の金額に対する法人税額 ㉜ ㊼	9,693,000	㊼の 4.4 ％相当額 ㊼	426,492
課税留保金額に対する法人税額 ㉝ ㊼	000	㊼の 4.4 ％相当額 ㊼	

こ　の　申　告　が　修　正　申　告　で　あ　る　場　合　の　計　算

法人税額の計算	この申告前の	所得金額又は欠損金額 ⑥		地方法人税額の計算	この申告前の	所得の金額に対する法人税額 ⑱	
		課税土地譲渡利益金額 ⑥				課税留保金額に対する法人税額 ⑨	
		課税留保金額 ⑥				課税標準法人税額 (⑱) ＋ (⑨) ⑩	000
		法　人　税　額 ⑥				確定地方法人税額 ⑪	
		還　付　金　額 ⑥	外			中　間　還　付　額 ⑫	
	この申告により納付すべき法人税額又は減少する還付請求税額 ((⑮－⑥)) 若しくは((⑮＋⑥)) 又は(⑥－㉗) ⑥	外 00				欠損金の繰戻しによる還　付　金　額 ⑬	
	この申告前の	欠損金又は災害損失金等の当期控除額 ⑥				この申告により納付すべき地方法人税額 ((㊷－⑪)) 若しくは((㊷＋⑫＋⑬)) 又は((⑫－㊸)＋(⑬－㊸の外書)) ⑭	00
		翌期へ繰り越す欠損金又は災害損失金 ⑥					

株式の総数又は出資金額の 100 分の 50 以上に相当する会社をいう．

　特殊の関係とは，個人株主等において，(a) 株主の親族，(b) 株主等と事実上婚姻関係と同様の関係にある者，(c) 個人株主等の使用人，(d) 上述以外の者で，株主等から受ける金銭その他の資産によって生計を維持している者，(e) 上に掲げる者と生計を一にする者の親族である．

　我が国の法人には，その実態は個人企業と変わらない法人が多い．例えば，家族構成員を役員及びその一族などを従業員として，これらの者に報酬，給与を支払い，所得を分割するという傾向がある．一般にこれらの法人は，一人あるいは少数の株主で構成されており，所有と経営とが結合しているために，同族会社でなければできないような取引をして，法人税の負担を不当に減少させるという問題が少なくない．こうした点に対処するため，法人税法は，その他の法人とは異なる特別の規定を定めている．すなわち，同族会社の留保金課税（法人税法第 67 条），及び同族会社の行為・計算の否認（法人税法第 132 条 1 項）である．

(2) 同族会社の留保金課税制度（同族会社の特別控除）

　法人は利益が出れば株主や出資者に対し，一定の配当を支払うのが通常である．第 2 節の 1 項でも述べたが，法人から配当を受けた株主等には配当所得として所得税が課税される．そして，この配当所得と他の所得とが合算されて累進税率のもとで高額所得者ほど租税負担は大きくなるが，同族会社は，少数株主のみで絶対多数の議決権を有するために，会社がいくら利益が出ても株主等への配当は行わないとする決議が容易にできる．そこで株主等は，同族会社の性質を利用して株主等への配当を行わないといった決議をすれば，配当を行わなくてよいので株主等に配当所得は生じない．このため，株主等の個人所得税の課税が半永久的に繰り延べられることになる．この点で，通常の配当を行う法人と比較すると税負担においては公平性の観点から問題が生じることになる．そのため，同族会社が利益を不当に社内に留保した場合は，その留保金に対して特別に課税されることになる（法人税法第 67 条 1 項）．

　すなわち，同族会社の各事業年度の留保金額が留保控除額を超える場合には，

その同族会社の各事業年度の所得に対する法人税の額は，通常課税される各事業年度の所得に対する法人税額に加え，その超える部分の留保金額の区分に応じて，10〜20％の累進税率による課税が行われる．ここで，留保金額とは，(a) 当該事業年度の所得金額，(b) 益金不算入とされた受取配当及び還付金等，(c) 損金算入された繰越欠損金等の合計額を所得等の金額とし，そこに留保した金額から法人税の額及び税額控除を控除したものである．

一般に企業は，受け入れた資本に対して利益が生じた場合，その利益に応じた分配が行われることが経済的に要請されている．そのため，適正な配当が行われることになる．しかし，会社と株主の意思決定が同一であるような同族会社においては，少数の特定の株主が自由に配当額を決定したり，自己の都合に合わせて配当を行うことが可能である．その結果，利益を内部留保する傾向が強くなっている．一方，個人企業の形態の場合には，利益を得た次期に個人所得税が課税される．そして，その所得金額に応じて累進税率が適用され，税額が算出される．したがって，同族会社において一定の限度額を超えて所得の留保を行ったときは，通常の法人税額の他に留保金に対して特別の税率により税額が加算される制度がとられている．

但し，平成19年度の改正で特定同族会社であっても，資本金の額又は出資の額が1億円以下の中小法人は，資本蓄積促進のため留保金課税は適用対象外となった．

(3) 同族会社の行為・計算の否認規定

法人税法は，同族会社の行為又は計算で，これを容認した場合に法人税の負担を不当に減少させる結果となると認められるものがあるときは，税務署長はその行為又は計算にかかわらず，その認めるところにより，法人税額を計算することができる旨を定めている（法人税法第132条1項）．この法人税などの負担を不当に減少させる結果になるものとは，例えば，会社が役員個人の資産を不当に高い金額で購入する場合や賃借する場合などが該当する．

第5節 その他の法人課税制度

(1) グループ法人税制

　平成14年度の税制改正で，従来の法人個別の課税制度から完全支配関係にある法人グループの連結納税制度が創設された．連結納税制度は，企業グループの一体的運営に着目し，企業グループ内の個々の法人の所得と欠損を通算して所得を計算し，企業グループをひとつの法人のように捉えて課税する制度である．この連結納税制度が定着されつつあるなか，持株会社のような法人の組織形態の多様化に対応するとともに，課税の中立性や公平性等を確保する必要が生じてきたため，平成22年度税制改正において資本に関係する取引等に係る税制の見直しが行われ，グループ法人税制が創設された．改正前のグループ内企業の課税制度は，所得と欠損の通算を前提とする選択適用の連結納税制度であったが，所得通算を前提としないグループ法人（親会社と100％子会社）税制が導入された．この制度は，法人の資本金の額に関係なく適用される制度で，中小会社や個人企業にも影響がある．例えば，同一の株主（個人も含む）が複数の法人を完全に支配している場合，その法人間の取引について適用される．また連結納税制度は選択適用であるが，このグループ法人税制は強制適用である．

(2) グループ法人税制の内容

1．グループ内の法人間の資産の譲渡取引等

　グループ内の内国法人間で固定資産・土地等一定の資産を他のグループ法人に譲渡した場合，その譲渡による譲渡損益に相当する金額は，その譲渡をした事業年度の損金の額又は益金の額に算入する（法人税法第61条の13）．すなわち，グループ外に譲渡するまで譲渡損益は繰り延べられる．

2．寄　附　金

　グループ内の内国法人間の寄附金については，支出法人において全額損金不算入とするとともに，受領法人において全額益金不算入とする（法人税法第25条の

2, 37条2項).

3. 受取配当

内国法人（外国法人の日本支店を含む）が受け取った配当等については，その配当に係る負債の利子を控除せず，その全額が益金不算入とされる（法人税法第23条4項）．

4. 自己株式の譲渡等

内国法人の株式を発行法人に対して譲渡する場合（自己株式の譲渡），当該株式の譲渡損益の計上を行なわない（法人税法第61条の2第16項）．

5. 中小企業向け特例措置の不適用

資本金が5億円以上の法人の100％子会社については，資本金1億円以下の法人に適用できる軽減税率や交際費等の損金不算入制度における定額控除制度等の中小企業特例5項目を適用しない（法人税法第66条6項二など）．

第6節　法人税の申告・納付

(1) 確定申告

内国法人は各事業年度終了の日の翌日から2カ月以内に確定した決算に基づき作成された申告書を税務署長に提出しなければならない（法人税法第74条）．また，確定申告書を提出すべき内国法人が，会計監査人の監査を受けなければならないこと，その他の理由により決算が確定しないため，当該事業年度の申告書を事業年度終了の日の翌日から2カ月以内に提出することができない場合には，その内国法人の申請に基づき，申告書の提出期限を1カ月延長することができる（法人税法第75条の2第1項）．

(2) 中間申告

　事業年度が6カ月を超える内国法人（新設法人を除く）は，その事業年度開始の日以後6カ月を経過した日から2カ月以内に所轄の税務署長に対して中間申告書を提出しなければならない（法人税法第71条）．中間申告には前事業年度の実績に基づいて計算する予定申告と仮決算に基づく中間申告の2つの方法がある．前年度実績による予定申告は，前事業年度の法人税額×6÷前事業年度の月数で計算する．1年決算法人の場合，基本的に前事業年度の法人税額の半分となる．なお，この金額が10万円以下の場合には，中間申告は不要となる（法人税法第71条1項1号）．また，仮決算による中間申告による場合には，確定申告に準じた方法で中間申告を行う．期首から6カ月間を一事業年度とみなして仮決算を行い，その決算に基づいて法人税額を計算し，中間申告をすることになる．仮決算は，前期利益で今期損失の場合などに行う．なお，中間申告書を申告期限までに提出しなかった場合には，前年度実績による予定申告があったものとみなされる（法人税法第73条）．

(3) 納　　付

　中間申告書や確定申告書を提出する場合，法人税も申告期限までに納付しなければならない（法人税法第76条，第77条）．確定申告の場合，納付すべき年税額から中間申告による納付税額を控除した税額を納める．また，法定期限までに納税しなかった場合や期限後申告書や修正申告書，更正決定を受けた場合で納付すべき税額があるときは，法定納期限の翌日から完納の日までの期内国法人は，事業年度終了の日の翌日から2カ月以内に，確定した決算に基づいて確定申告書（図10－2）を作成し，当該事業年度の貸借対照表，損益計算書に応じて延滞税がかかる．さらに無申告の場合に無申告加算税，過少申告の場合に過少申告加算税，隠蔽や仮装がある場合には重加算税が罰則として課される．

(4) 青色申告

　法人税の申告には，白色申告と青色申告がある．青色申告制度は，納税者の記

帳慣行を育成し，申告納税制度の発展に資するために設けられた制度である．青色申告には税法上各種の特典がある．例えば，① 青色欠損金の繰越控除，② 青色欠損金の繰り戻し還付，③ 特別償却・特別控除，④ 推計課税の禁止，更正の理由付記等．

　内国法人は，所轄税務署長の承認を受けた場合には，法人税の申告書を青色の申告書により提出することができる（法人税法第 121 条）．青色申告の承認を受けようとする内国法人は，当該事業年度開始の日の前日までに，当該事業年度開始の日その他所定の事項を記載した申請書を納税地の所轄税務署長に提出しなければならない（法人税法第 122 条 1 項）．また，青色申告法人には，一定の帳簿書類の備え付け，複式簿記の原則に従った取引の記帳，一定期間の帳簿書類の保存等が義務付けられている（法人税法第 126 条）．

参考文献

金子宏『租税法（第 17 版）』弘文堂　2012 年
大淵博義『国税の常識（第 16 版）』税務経理協会　2014 年
青木一郎他編著『政府の経済活動と租税法』学文社　2013 年
江島一彦編『図説日本の税制』（平成 27 年度版）財経詳報社　2015 年

第11章
消費税法

第1節 消費税法の概要

(1) 消費税の創設

　消費税は，昭和63年12月，シャウプ税制改革以来の抜本的税制改革のひとつとして創設され，平成元年4月1日より3％の税率で実施された．この税制改革は，高齢化社会を展望し，来るべき社会に対応できる，公平・中立・簡素な税制，及び所得・消費・資産等の間でバランスのとれた税制の構築という目的で行われたものである．その一環として創設された消費税は，それまでの垂直的公平の観点からの所得税中心の税制の見直しにより，人口構成の少子化，高齢化による租税負担の世代間の平準化の必要性や応益負担による水平的公平の観点から，さまざまな財やサービスの消費に広く公平に負担を求めるというものである．

　従来の消費課税である物品税中心の個別間接税では，物品間の課税のアンバランス，サービス及び多様な消費への対応の不備，また諸外国との貿易摩擦の一因などの問題が生じていた．消費税は，これらの問題の解決や人口構造の変化の中での安定的歳入確保等のために導入されたものである．

　平成6年11月の税制改革では，消費税については税率の2％の引き上げ，地方消費税（税率1％）創設，中小事業者に対する特例措置の見直しなどの改正が行われた．平成15年改正では，事業者免税制度の免税点の引き下げ，簡易課税制度の適用上限の引き下げ，総額表示方式の採用等の改正が行われ，平成16年4月1日から実施された．平成24年2月には「社会保障・税一体改革大綱」を踏まえた，改正法案が国会に提出され，平成26年4月から8％へと引き上げられ，平成27年度財政改正大綱では，平成29年4月の10％への引き上げと同時に軽減税率制度を導入することが予定されている．

(2) 消費税の課税状況

　平成25年度の消費税の納税申告は表11-1に見られるように2,958千件（前年度2,986千件）で，納税申告額は9兆3,826億円（同9兆3,135億円）となっている．一方，還付申告は145千件（同138千件），還付税額は2兆544億円（同

表 11 − 1 消費税の申告件数，納税申告額，還付税額，課税事業者等届出件数

区分	納税申告件数	納税申告額	還付申告件数	還付税額	課税事業者届出件数	課税事業者選択届出件数	新設法人に該当する旨の届出件数
	千件	億円	千件	億円	千件	千件	千件
平成 20 年度	3,377	97,264	161	24,801	3,524	87	25
平成 21 年度	3,332	96,484	161	18,252	3,406	89	18
平成 22 年度	3,234	95,145	151	20,271	3,271	84	15
平成 23 年度	3,066	93,039	143	20,190	3,197	80	13
平成 24 年度	2,986	93,135	138	19,181	3,173	81	13
平成 25 年度	2,958	93,826	145	20,544	3,149	85	13

注）処理事績を含む．
出所）国税庁ホームページ（http://www.nta.go.jp）

1 兆 9,181 億円）となっている．

　また，平成 25 年度の消費税の課税事業者届出件数は 3,149 千件（同 3,173 千件），課税事業者選択届出件数は 85 千件（同 81 千件），新設法人に該当する旨の届出件数は 13 千件（同 13 千件）となっている．

第2節　消費税の仕組み

　消費税は，消費一般に広く公平に負担を求めるという観点から，消費全般（非課税取引等を除く）を課税対象として取引の各段階ごとに税金を徴収する仕組みになっている．わが国の消費税は，EU 諸国を中心に普及している付加価値税と同様に，消費税が事業者の販売する物品やサービスの価格に上乗せされ，転嫁され，最終的には消費者に負担を求める間接税であるが，生産，流通の各段階で二重，三重に課税されるといった税の累積を排除している．

　すなわち，生産製造業者，卸売業者，小売業者などの各段階で，売上げに係る消費税額から仕入れ・経費等に係る消費税額を控除し，その差額を申告・納付する．また，仕入れ・経費等に係る消費税額が売上に係る消費税を上回る場合には控除不足額の還付が行われる仕組みになっている．ただし，還付を受けるには，課税事業者又は課税事業者となることを選択した事業者に限られる．

図 11 − 1　消費税転嫁の仕組み

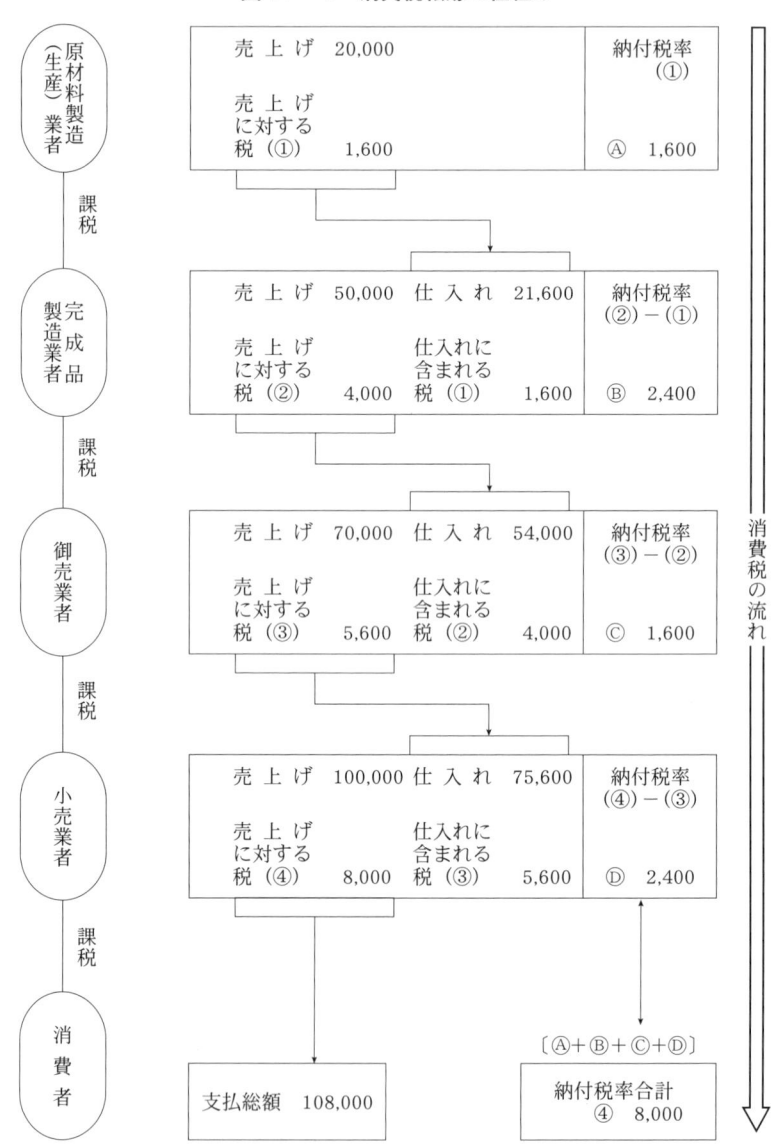

原材料製造(生産)業者	売上げ 20,000　　　　　　　　　　　納付税率 (①) 売上げに対する税 (①) 1,600　　　　　Ⓐ 1,600

↓ 課税

| 完成品製造業者 | 売上げ 50,000　　仕入れ 21,600　　納付税率 (②)−(①)
売上げに対する税 (②) 4,000　　仕入れに含まれる税 (①) 1,600　　Ⓑ 2,400 |

↓ 課税

| 御売業者 | 売上げ 70,000　　仕入れ 54,000　　納付税率 (③)−(②)
売上げに対する税 (③) 5,600　　仕入れに含まれる税 (②) 4,000　　Ⓒ 1,600 |

↓ 課税

| 小売業者 | 売上げ 100,000　仕入れ 75,600　　納付税率 (④)−(③)
売上げに対する税 (④) 8,000　　仕入れに含まれる税 (③) 5,600　　Ⓓ 2,400 |

↓ 課税

消費者

支払総額　108,000

〔Ⓐ+Ⓑ+Ⓒ+Ⓓ〕
納付税率合計　④　8,000

消費税の流れ

出所) 江島一彦『図説日本の税制』平成 27 年度版　財経詳報社　2015 年

第3節 消費税の課税対象

(1) 課税対象取引

　消費税は，原則として国内における事業者が行った資産の譲渡等（資産の譲渡，資産の貸付け，役務の提供）と保税地域から引き取られる外国貨物（輸入取引）を課税対象としている．しかし，消費税は，国内において消費される資産，サービスについて負担を求めるものなので国外で消費されるもの，すなわち輸出取引は免税としている．

1．国内取引

　国内取引の課税対象は，具体的には，次の4つの要件に該当するものをいう．すなわち，① 国内において行うものであること．② 事業者が事業として行うものであること．③ 対価を得て行うものであること．④ 資産の譲渡・資産の貸付け又は役務の提供であること．それぞれの内容は以下の通り．

　① 国内において行うものであること
　　消費税は，国内で消費される財貨やサービスに対して負担を求めるものであり，国外で行われる取引は課税の対象とはならない．国内取引かどうかは，次の基準に応じて，判定することとなる．

　イ．資産の譲渡・貸付けの場合
　　資産の譲渡・貸付けについては，原則として，その譲渡・貸付けが行われた時に，その資産が所在していた場所が国内にあるかどうかにより判定する．
　　また，船舶，航空機・無体財産権等，一定の資産は，資産の譲渡・貸付が行われた時における登録機関の所在地その他一定の場所を基準として判定する．
　ロ．役務の提供の場合
　　役務の提供については，原則として，役務の提供が行われた場所が国内であるかどうかにより判定する．また，役務の提供が，運輸・通信等，国内外にわ

たるものは，出発地・発送地または到着地，差出地，配達地等，一定の場所を基準として判定する．

② 事業者が事業として行うものであること

消費税は，事業者が事業として行うものに課税されるが，「事業者」とは個人事業者及び法人をいい，また，「事業」とは，対価を得て行われる資産の譲渡等が独立の立場で反復，継続して行われることをいう．よって，個人事業者が生活用資産を譲渡しても課税対象とはならない．

なお，個人事業者が，事業に付随して行う行為，例えば，事業の用に供している建物，機械等の売却などは，事業として行われたものとして資産の譲渡等に該当する．

③ 対価を得て行うものであること

消費税は，対価を得て行われる取引に限られている．したがって，無償による資産の譲渡・貸付け並びに役務の提供は，原則として課税の対象とはならない．例外として，個人事業者が，棚卸資産または事業用の資産を家事のために消費または使用した場合，及び法人が資産をその役員に贈与した場合には，対価を得て資産の譲渡が行われたとみなして課税される（みなし譲渡）．

④ 資産の譲渡・貸付け又は役務の提供であること

資産の譲渡とは，棚卸資産，固定資産のような有形資産に限定されず，権利その他の無形資産等，取引の対象となる資産を，他人に移転させることをいう．したがって，移転の原因を問わないことから，保証債務の履行のための資産の譲渡等も資産の譲渡に該当する．資産の貸付けとは，資産に係る権利の設定，その他，賃貸借，消費貸借のほか，特許権等の無体財産権などの使用等，他の者に資産を使用させる一切の行為を含む．役務の提供とは，各種のサービスの提供をいい，弁護士，税理士，作家等の役務の提供も含まれる．

2. 輸入取引

保税地域から引き取られる外国貨物は，原則として，消費税の対象となる．この「保税地域から引き取られる外国貨物」とは，外国から本邦に到着した貨物で輸入が許可される前のもの及び輸出の許可を受けた貨物で，保税地域から引き取られるものをいう．輸入取引の場合，「事業者が事業として」とか「対価を得て」といった国内取引におけるような要件がないため，保税地域から引き取られる外国貨物に係る対価が無償であっても，又事業として行われないものであっても課税対象となる．したがって，個人輸入でも，関税が免税されるもの，課税価格の合計額が1万円以下の外国貨物等，免税規定があるものを除いて課税対象となる．

(2) 非課税取引

消費税は，原則として国内におけるすべて取引及び貨物の輸入を課税対象としているが，消費税の税としての性格からみて課税の対象にならないものや，社会政策的な配慮から課税が適当でないものがある．消費税法ではこれらを非課税取引としている（消費税法第6条第1項別表第1）．この非課税取引には，次のようなものがある．

1. 消費税の性格から非課税とされるもの

① 土地の譲渡及び貸付け
② 有価証券（株式・社債等），支払手段等の譲渡
③ 金融・保険取引
④ 郵便切手，印紙・証紙等の譲渡
⑤ 商品券，プリペイドカード等の譲渡
⑥ 住民票，戸籍謄本等の行政手数料
⑦ 国際郵便為替，国際郵便振替，外国為替取引

2. 社会政策的な配慮から非課税とされるもの

① 各種公的な医療保障制度に基づく療養，医療，施設医療等

② 社会福祉事業・更正保護事業
③ 助産に係る資産の譲渡等
④ 埋葬料，火葬料
⑤ 身体障害者用物品の譲渡
⑥ 学校教育法第1条に規定する学校の，入学金，授業料等
⑦ 教科用図書の譲渡
⑧ 住宅の貸付け

(3) 免税取引

　消費税の課税対象は，国内で消費される財・サービスに限られるため，事業者が国内において行う課税資産の譲渡等のうち輸出取引や国際輸送等の輸出類似取引については，消費税が免除される．これは，消費税は物品等の消費された国で課税されるべきであるという仕向地主義（消費地課税主義）に基づく国際慣行によっている．また，この輸出免税取引は，売上げには課税されないという点では前出の非課税取引と同様であるが，その売上に対応する仕入税額の控除が認められている点で両者の性格は基本的に異なる．なお，この輸出免税を受けるには，輸出許可書，税関長の証明等により，その取引が輸出取引であるということの証明が必要である．この輸出免税の対象となる取引には次のようなものがある．

① 国内からの輸出として行われる資産の譲渡又は貸付け
② 外国貨物の譲渡又は貸付け
③ 国内と国外との間の旅客，貨物の輸送，通信又は郵便
④ 国際運送事業者等に対する船舶または航空機の譲渡・貸付け又は修理
⑤ 外国貨物の荷役，運送，保管，検数又は鑑定等の役務の提供
⑥ 非居住者に対する無形固定資産等の譲渡又は貸付け

　また，輸出物品販売場（免税ショップ）を営む事業者が，外国人旅行者などの非居住者に対して，所定の免税販売の手続きにより輸出携帯品を販売する場合に

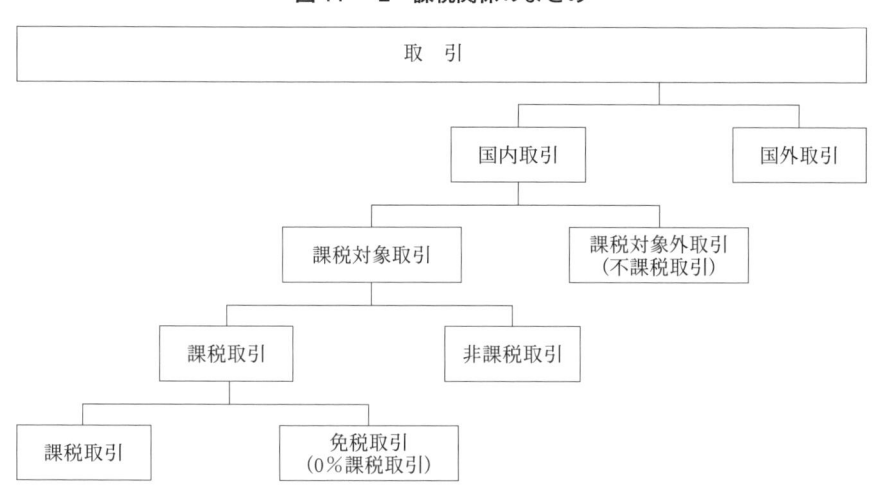

図11－2　課税関係のまとめ

```
                    取　引
                      │
         ┌────────────┴────────────┐
       国内取引                  国外取引
         │
   ┌─────┴─────────────┐
課税対象取引        課税対象外取引
                   （不課税取引）
   │
┌──┴──────────┐
課税取引      非課税取引
   │
┌──┴──────────┐
課税取引    免税取引
           （0％課税取引）
```

は，消費税が免除される．ただし，輸出物品販売場では対価の額の合計額が1万円を超える場合に限り免除の対象となる．

第4節　消費税の納税義務者

(1) 納税義務者
1．国内取引の納税義務者
　国内取引については，課税資産の譲渡を行った事業者である．事業者とは個人事業者及び法人をいい，国，地方公共団体，公共法人，公益法人及び人格のない社団又は財団などの事業者も含まれる．また，ここでいう事業者には，国内で課税資産の譲渡等を行う非居住者及び外国法人も含まれる．

2．輸入取引の納税義務者
　外国貨物については，その課税貨物を保税地域から引き取る者が納税義務者となる．なお，国内取引の納税義務者のように事業者に限定されていないため，免

税事業者や消費者たる個人が輸入する場合でも納税義務者となる．

(2) 免税事業者

　事業者は，原則として納税義務者であるが，小規模零細事業者については，納税事務負担や税務執行面に配慮して，基準期間における課税売上高が1,000万円以下の場合，納税義務が免除される．ここで，「基準期間」とは原則として法人等については，その事業年度（課税期間）の「前々事業年度」，個人事業者については，その課税年（課税期間）の「前々年」をいう．

　平成23年度税制改正により，税収確保と納税者間の公平を確保するため，基準期間における課税売上高が1,000万円以下であっても「特定期間」（法人の場合には前事業年度の最初の6月，個人事業者の場合には，前年1月1日から6月30日）における課税売上高が1,000万円を超える場合には免税事業者の範囲から除外されることとなった．

　新規開業した個人事業者又は新規設立された法人は，事業開始後2年間は基準期間がないため，原則として，納税義務が免除される．

　ただし，その事業年度の基準期間がない法人のうち，その事業年度開始の日における資本又は出資の金額が1,000万円以上である法人については，その新設法人の設立当初2年間の納税義務は免除されない．

図11－3　個人事業者の場合の基準期間と課税期間

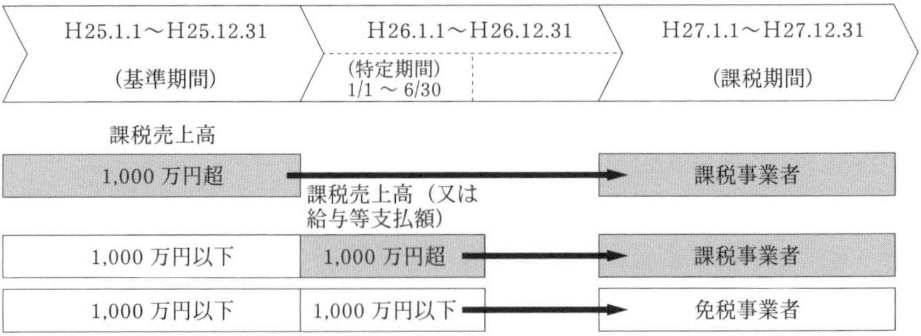

H25.1.1～H25.12.31	H26.1.1～H26.12.31	H27.1.1～H27.12.31
（基準期間）	（特定期間） 1/1～6/30	（課税期間）

課税売上高

1,000万円超		課税事業者
	課税売上高（又は給与等支払額）	
1,000万円以下	1,000万円超	課税事業者
1,000万円以下	1,000万円以下	免税事業者

出所）国税庁ホームページ（http://www.nta.go.jp/）

また，課税事業者選択の届出書を所轄税務署長に提出して，納税義務者になることを選択することができる．これは，輸出業者のように仕入税額控除により経常的に還付が生じる場合，免税業者のままでは還付が受けられないためである．ただし，これを選択した場合，2年間は継続して課税事業者となる．

(3) 納税義務の成立時期

消費税の納税義務の成立する時期は，国内取引については，課税資産の譲渡・貸付け，及び役務の提供を行った時である．また，輸入取引については，課税貨物を保税地域からの引取時とされている．この課税資産の譲渡等を行った時は，基本的には，所得税，法人税の課税所得の計算において，総収入金額又は益金の額に算入すべき時期と同じであり，引渡基準を原則としている．

第5節　課税標準

(1) 国内取引

国内取引に係る消費税の課税標準は，課税資産の譲渡等の対価の額である．課税資産の譲渡等の対価の額は，課税資産の譲渡等の対価として収受し，又は収受すべき一切の金銭又は金銭以外の物もしくは権利その他経済的な利益の額である．ただし，課税資産の譲渡等により課される消費税相当額を含まないものとされている．

また，個人事業者が事業用の資産を家事消費した場合や，法人が資産をその役員に対して贈与した場合などのいわゆる「みなし譲渡」も課税対象となるが，この場合は，それぞれの資産の価額に相当する金額（時価）を対価の額とみなす．さらに，法人が資産を役員に対して著しく低い対価により譲渡した場合においても，その資産の価額に相当する金額をその対価の額とみなす．

(2) 輸入取引

保税地域から引き取られる課税貨物に係る消費税の課税標準は，その貨物につ

き関税課税価格（通常は CIF 価格），関税額及び消費税以外の個別消費税額の合計額である．

第6節　消費税額の計算

(1) 税率と納付税額の計算

　消費税の税率は 6.3% の単一税率である．地方消費税は，消費税額を課税標準とし，その税率は消費税額の 17/63 であり，消費税と地方消費税とを合わせた税率は 8% となる．なお，今後消費税と地方消費税とを合わせた税率が 10% に引き上げられた場合，消費税 7.8%，地方消費税は消費税額の 22/78 となる予定である．納付税額の計算は基本的に以下の方法による．

納付税額 ＝ 課税標準額 × 6.3% － 仕入れに係る消費税額等

　課税標準額は，その課税期間における課税資産の譲渡等の対価の額（税抜き）の合計額をいうが，それは，原則として，税込みの課税売上高の合計額に 108 分の 100 を乗じて算定する（1,000 円未満の端数切り捨て）．また，税抜き経理をしている場合，すなわち，事業者がその取引において，課税資産の譲渡等の対価の額（本体価格）と，それに係る消費税額とを区分して代金を領収している場合には，その対価の額の合計額が課税標準額であり，消費税額の合計額をもって，その課税期間の課税標準額に対する消費税額（売上げに係る消費税額）とすることができる．

(2) 仕入に係る消費税額の控除

1．原則的方法

　消費税の納付すべき税額は，課税期間の売上げに係る消費税額から課税仕入れに係る消費税額を控除して計算される．この課税仕入れに係る消費税額は当該課税仕入れに係る支払対価の額を基礎として算出したもので課税仕入れに係る消費税額に 108 分の 6.3 を乗じて求める．これを仕入控除税額という．

　売上の中に非課税売上がある場合，基本的に，これに対応する仕入れに係る消

費税を控除することはできない．仕入控除税額の計算方法は，その課税期間中の課税売上高が5億円以下，かつ，課税売上割合が95％以上であるか，課税期間中の課税売上高が5億円超又は95％未満であるかにより異なる．

$$課税売上割合＝\frac{その課税期間中の課税売上の額}{その課税期間中の課税売上の額＋その課税期間中の非課税売上の額}$$

① 課税売上高が5億円以下，かつ，課税売上割合が95％以上の場合

　この場合には，その課税期間の課税仕入れ等に係る消費税額は事務処理の簡便化のため全額を控除することとされている．

② 課税売上高が5億円超又は課税売上割合が95％未満の場合

　この場合の仕入税額控除の対象となる消費税額は，課税売上に対応する課税仕入れ等に係る消費税額とされ，次の二つの方法のいずれかによって計算することとされている．

イ．個別対応方式

　課税仕入れ等に係る消費税額を，①課税売上のみに対応するもの，②非課税売上のみに対応するもの，③共通の売上に対応するものとの区分が明らかな場合については，次の計算式により算出する．

控除対象の消費税額 ＝ ① ＋ ③ × 課税売上割合

ロ．一括比例配分方式

　その課税期間の課税仕入れ等に係る消費税額を課税売上割合で一括して按分する方法であり，次の計算式により算出する．

控除する消費税額 ＝ 課税仕入れに係る消費税額 × 課税売上割合

　この方式は，上記の個別対応方式に比べ簡便な方式といえるが，この方式を選択した場合は，2年間継続適用することとされている．

【設　例】　原則課税の場合

次の資料により，当課税期間（平成×年1月1日～平成×年12月31日）に係る納付すべき消費税額を計算しなさい．

【資　料】

(1) 消費税の経理方式として税込経理方式を採用している．
(2) 当課税期間の課税売上高　3,780万円
(3) 当課税期間の課税仕入高　2,700万円

《計　算》

Ⅰ　消費税（6.3％）の税額の計算

1　課税標準額に対する消費税額

① 課税標準額

$$3,780\text{万円} \times \frac{100}{108} = 3,500\text{万円（千円未満切り捨て）}$$

② 課税標準額に対する消費税額

①　$3,500\text{万円} \times 6.3\% = 220.5\text{万円}$

2　控除税額

$$2,700\text{万円} \times \frac{6.3}{108} = 157.5\text{万円}$$

3　納付税額

① 差引税額

1②－2＝220.5万円－157.5万円＝63万円（100円未満切り捨て）

② 納付税額

630,000円

Ⅱ　地方消費税額（17/63）の税額の計算

$$630,000\text{円} \times \frac{17}{63} = 170,000\text{円}$$

Ⅲ　消費税及び地方消費税の合計税額

630,000円＋170,000円＝800,000円

2．帳簿等の記帳と保存

以上のような原則的方法による課税仕入等に係る税額の控除を受けるためには，課税仕入れ等の事実を記載した帳簿及び課税仕入れ等の事実を証する請求書等を保存しなければならない．これらの帳簿及び請求書等は，課税期間の末日の翌日から2ヵ月を経過した日から7年間保存しなければならない．

平成9年から請求書等の保存も必要になった背景には，従来の帳簿方式からインボイス（送り状）方式への移行が検討されているからである．このインボイス方式の採用は，計算精度の高さから益税問題等の緩和に役立と考えられているので，2015年12月12日に自民・公明両党は消費税改正の合意文書に「2021年4月にインボイス制度を導入する」ことを明記した．

3. 簡易課税制度による仕入税額控除

簡易課税制度は，前述の仕入税額控除の原則的な計算方法に代えて，その課税期間における課税標準額に対する消費税額に「みなし仕入率」を乗じて計算した金額が，控除する課税仕入れ等に係る消費税額とみなされる制度である．

仕入税額控除の税額 ＝ 課税標準額に対する消費税額 × みなし仕入率

「みなし仕入率」は，次の表のように業種ごとに法定されている．

　簡易課税制度の適用を受けるためには，次の要件を満たしている必要がある．
① 課税事業者の基準期間における課税売上高が5,000万円以下であること．
② 適用を受ける旨の届出書を所轄税務署長に提出していること．
　なお，簡易課税制度を選択した場合は，2年間継続適用しなければならない．
　また，事業者が2種類以上の事業を行っている場合には，原則として，それぞれの事業区分ごとの売上げに係る消費税額に，それぞれのみなし仕入率を乗じ

表11－2　みなし仕入率

事業区分	具体的業種	みなし仕入率
第一種事業	卸売業	90%
第二種事業	小売業	80%
第三種事業	農業，林業，漁業，鉱業，建設業，製造業（製造小売業を含む）など	70%
第四種事業	飲食店業など	60%
第五種事業	運輸通信業，金融・保険業，サービス業（飲食店業を除く）など	50%
第六種事業	不動産業	40%

たものの加重平均値であるが，計算の簡便化のために次のような特例がある．第1に，2種類以上の事業を営む場合において，例えば，第1種事業の課税売上高が全体の75％以上である場合には，みなし仕入率90％を全体の課税売上高に対して適用することができる．第2に，3種類以上の事業を営む場合において，たとえば，そのうちの第1種事業と第2種事業の課税売上高の合計額が全体の課税売上高の75％以上となる場合，みなし仕入率80％を第1種事業以外の課税売上高に適用することができる．

(3) 簡易課税制度における計算

$$納付税額 = 課税売上に係る消費税額 - \left(課税仕入れに係る消費税額 + 売上対価の返還等に係る消費税額 + 貸倒れに係る消費税額\right)$$

[課税仕入れに係る消費税額の計算]

① 1種類の事業のみを営む事業者の場合の課税仕入れに係る消費税額

$$仕入控除税額 = \left(課税標準額に対する消費税額 - 売上げに係る対価の返還等の金額に係る消費税額\right)$$

$$\times みなし仕入率 \begin{bmatrix} \cdot 第1種事業 & 90\% \\ \cdot 第2種事業 & 80\% \\ \cdot 第3種事業 & 70\% \\ \cdot 第4種事業 & 60\% \\ \cdot 第5種事業 & 50\% \\ \cdot 第6種事業 & 40\% \end{bmatrix}$$

② 2種類以上の事業を営む事業者の場合の課税仕入れに係る消費税額

㋐ 原則

$$仕入控除税額 = \left(課税標準額に対する消費税額 - 売上げに係る対価の返還等の金額に係る消費税額\right)$$

$$\times \frac{\substack{第1種事\\業に係る\\消費税額} \times 90\% + \substack{第2種事\\業に係る\\消費税額} \times 80\% + \substack{第3種事\\業に係る\\消費税額} \times 70\% + \substack{第4種事\\業に係る\\消費税額} \times 60\% + \substack{第5種事\\業に係る\\消費税額} \times 50\% + \substack{第6種事\\業に係る\\消費税額} \times 40\%}{\substack{第1種事業に\\係る消費税額} + \substack{第2種事業に\\係る消費税額} + \substack{第3種事業に\\係る消費税額} + \substack{第4種事業に\\係る消費税額} + \substack{第5種事業に\\係る消費税額} + \substack{第6種事業に\\係る消費税額}}$$

【設　例】　簡易課税の場合

次の資料により，当課税期間（平成×年 1 月 1 日～平成×年 12 月 31 日）に係る納付すべき消費税額を計算しなさい．小売業（第 2 種事業）の場合．

【資　料】
(1)　消費税の経理方式として税込経理方式を採用している．
(2)　当課税期間の課税売上高　3,780 万円
(3)　当課税期間の課税仕入高　2,700 万円

《計　算》

I　消費税（6.3％）の税額の計算

1　課税標準額に対する消費税額

①　課税標準額

$$3{,}780 \text{ 万円} \times \frac{100}{108} = 3{,}500 \text{ 万円（千円未満切り捨て）}$$

②　課税標準額に対する消費税額

①　3,500 万円 × 6.3％ ＝ 220.5 万円

2　控除税額

220.5 万円 × 80％（みなし仕入率）＝ 176.4 万円

3　納付税額

①　差引税額

1 ② － 2 ＝ 220.5 万円 － 176.4 万円 ＝ 44.1 万円（100 円未満切捨）

②　納付税額

441,000 円

II　地方消費税額（17/63）の税額の計算

$$441{,}000 \text{ 円} \times \frac{17}{63} = 119{,}000 \text{ 円}$$

III　消費税及び地方消費税の合計税額

441,000 円 ＋ 119,000 円 ＝ 560,000 円

(ロ) 簡便法

次の A 及び B のいずれにも該当しない場合は，次の算式により計算してもよい．

A　貸倒回収額がある場合

B　売上対価の返還等がある場合で，各種事業に係る消費税額からそれぞれの事業の売上対価の返還等に係る消費税額を控除して控除しきれない場合

仕入控除額 ＝ 第1種事業に係る消費税額 ×90％ ＋ 第2種事業に係る消費税額 ×80％ ＋ 第3種事業に係る消費税額 ×70％ ＋ 第4種事業に係る消費税額 ×60％ ＋ 第5種事業に係る消費税額 ×50％ ＋ 第6種事業に係る消費税額 ×40％

出所）国税庁ホームページ（http://www.nta.go.jp/）

なお，2種類以上の事業を営む事業者が，売上の内容を事業ごとに区分していない場合には，その事業者が行っている事業のうち最も低い事業に係るみなし仕入率を適用しなければならない．例えば，第1種と第2種の事業を営んでいて，売上の区分をしていない場合，みなし仕入率は，80％を全体に適用する．

第7節　消費税の申告と納付

事業者（免税事業者を除く）は，課税期間（個人事業者は暦年の1月1日から12月31日，法人は法人税法上の事業年度）ごとに，課税期間の終了後2ヵ月（個人事業者は，当分の間翌年3月末日）以内に所轄税務署長に確定申告書を提出するとともに，その申告書に係る消費税額をその日までに納付しなければならない．また，課税資産の譲渡等に係る消費税額より仕入れに係る消費税額の金額の方が大きい場合や中間申告の税額が確定申告の税額を上回る場合には，確定申告により還付を受けることができるが，免税事業者の場合には還付を受けることはできない．

なお，中間申告・中間納付の制度があり，直前の課税期間の確定消費税額により申告・納付方法が次のようになっている．

① 課税期間が6ヵ月超える事業者で，直前の課税期間の確定消費税額の年換算が48万円を超え400万円以下である場合は，課税期間開始後6ヵ月を経過

図11－4　消費税の申告書

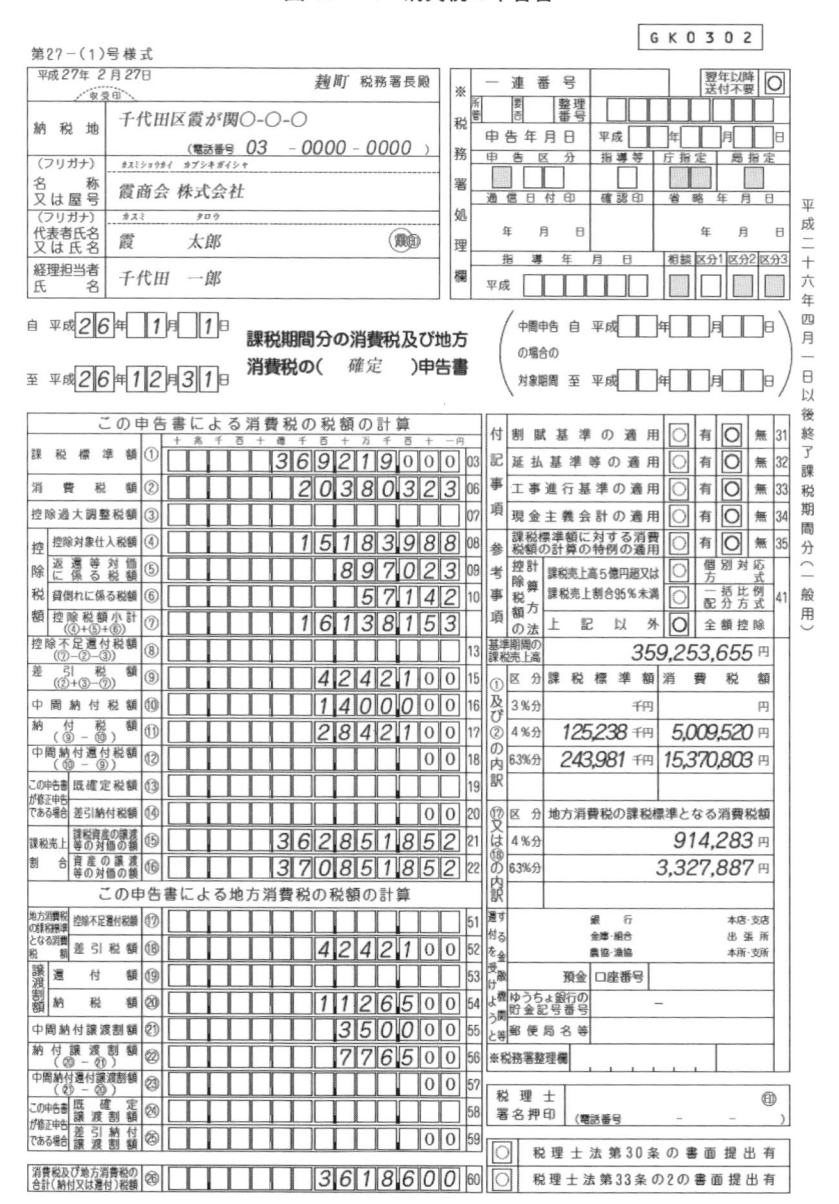

したところで（年1回），その2分の1の金額の中間申告・納付をしなければならない．

② 課税期間が3ヵ月超える事業者で，直前の課税期間の確定消費税額の年換算が400万円を超える場合，課税期間開始後3ヵ月ごとに（年3回），その4分の1の金額の中間申告・納付をしなければならない．

③ 直前の課税期間の確定消費税額の年換算が4,800円を超える場合は，毎月（年11回），原則として，その12分の1の金額の中間申告・納付をしなければならない．

また，輸入取引の場合には，課税貨物を保税地域から引き取ろうとする者は，申告書を所轄税関長に提出して，その貨物を引き取る時までに課税貨物に課される消費税額を納付する必要がある．

第8節　消費税の届出書

消費税では，一定の事実の発生や簡易課税制度の選択などの場合に，所定の届出

表11－3　課税に直接影響する届出書

届出が必要な場合		届出書名	提出期限等
①	免税事業者が課税事業者になることを選択しようとするとき	消費税課税事業者選択届出書	選択しようとする課税期間の初日の前日まで
②	課税事業者を選択していた事業者が免税事業者に戻ろうとするとき	消費税課税事業者選択不適用届出書	選択をやめようとする課税期間の初日の前日まで
③	簡易課税制度を選択しようとするとき	消費税簡易課税制度選択届出書	適用を受けようとする課税期間の初日の前日まで
④	簡易課税制度の選択をやめようとするとき	消費税簡易課税制度選択不適用届出書	選択をやめようとする課税期間の初日の前日まで
⑤	課税期間の特例を選択又は変更しようとするとき	消費税課税期間特例選択・変更届出書	特例（短縮）に係る課税期間の初日の前日まで
⑥	課税期間の特例の適用をやめようとするとき	消費税課税期間特例選択不適用届出書	適用をやめようとする課税期間の初日の前日まで

表 11 − 4　その他の届出書

届出が必要な場合	届出書名	提出期限等
基準期間における課税売上高が 1,000 万円超となったとき	消費税課税事業者届出書	事由が生じた場合，速やかに提出する
特定期間における課税売上高が 1,000 万円超となったとき	消費税課税事業者届出書	事由が生じた場合，速やかに提出する
基準期間における課税売上高が 1,000 万円以下となったとき	消費税の納税義務者でなくなった旨の届出書	事由が生じた場合，速やかに提出する
新設法人に該当することとなったとき	消費税の新設法人に該当する旨の届出書	事由が生じた場合，速やかに提出する
任意の中間申告制度を適用しようとするとき	任意の中間申告書を提出する旨の届出書	適用を受けようとする 6 月中間申告対象期間の末日まで
任意の中間申告制度を適用をやめようとするとき	任意の中間申告書を提出することの取りやめ届出書	適用をやめようとする 6 月中間申告対象期間の末日まで

出所）国税庁ホームページ (http://www.nta.go.jp/)

書を提出しなければならない．また，期限までに提出しないと課税の特例等が受けられず，課税に影響を及ぼす場合がある．

参考文献

金子宏『租税法（第 20 版）』弘文堂　2015 年
小池敏範『消費税の常識（第 13 版）』税務経理協会　2014 年
大淵博義『国税の常識（第 17 版）』税務経理協会　2015 年
速水昇編著『公共経済と租税』学文社　2010 年
江島一彦編著『図説日本の税制（平成 27 年度版）』財経詳報社　2015 年

第12章 地方税

第1節　地方税の仕組みと地方税原則

(1) 地方税の仕組み

　平成26年1月現在，日本には1,718（総務省の発表）の地方公共団体が存在し，それぞれの地域の産業，経済力はさまざまである．第4章で説明したように，地方公共団体間の財政力の格差を是正するのが，地方交付税等の果たすべき役割であるが，近年その機能が弱まってきている．本格的な地方分権時代が議論されている今日，地方自治の元となる自己決定・自己責任が果たされる地方公共団体の経済活動には，地方税の充実が最も重要となる．なぜなら，地方税は，使途を特定しない一般財源であり，自分たちで調達できる自主財源である．しかし，現実には，総務省の地方税制度（地方税収等の現況　平成25年度決算）による発表では，自主財源が20％未満の都道府県が19（40.4％），市町村では486（28.3％）と1番多く，全国平均は都道府県で32.6％，市町村で32.6％を占める程度に過ぎない．また，それが地域によって大きな差を生み出している．

　地方税は，地方税法第2条において，「地方団体は，この法律の定めるところによって地方税を賦課徴収することができる」としている．実際の課税に当たっては，当該自治体議会の議決を経て条例とし，それによって賦課徴収するという仕組みになっている．つまり，地方税は，自分たちの代表者である議会が決定するが，徴収する税の種類（税目）についても，税率についても地方税法の制限を受ける形になっている．

　地方税に対する課税は，国税とのバランスを考えなければならない．なぜなら，地方税の基幹税は，そのほとんどが国税と同じ課税標準となっている（付加税）からである．また，国・地方の主な税目及び税収の配分をみる必要もある．

　表12－1が示す通り，国税は，所得課税，消費課税が中心になっているが，地方の場合，道府県税の場合は，所得課税が59.6％を占め，残りの約37.8％が消費課税となっている．また，市町村税の場合は，所得課税は全体の約44.5％割程度で，残りは固定資産税を中心とする資産課税等が49.7％である．国と地方全体で見てみると，国は消費課税が中心であるが，地方は資産課税が中心とな

表 12 − 1　国・地方の主な税目及び税収配分の概要

( ) 内は，平成 25 年度決算額．単位：兆円

		所得課税	消費課税	資産課税等	計
国		所得税　　　　(15.5) 法人税　　　　(10.5) 　　　等	消費税　　　　(10.8) 揮発油税　　　　(2.6) 酒税　　　　　　(1.4) たばこ税　　　　(1.0) 自動車重量税　　(0.4) 石油ガス税　　　(0.0) 　　　等	相続税　　　　(1.6) 　　　等	
		個人(31%)　法人(26.7%) 57.7%(29.6兆円)	37.0%(19.0兆円)	5.3%(2.7兆円)	100.0%(51.2兆円)
地方	道府県	法人事業税等　　(2.7) 個人道府県民税　(5.0) 法人道府県民税　(0.8) 道府県税利子割　(0.1) 個人事業税　　　(0.2)	地方消費税　　　(2.6) 自動車税　　　　(1.6) 軽油引取税　　　(0.9) 自動車取得税　　(0.2) 道府県たばこ税　(0.2) 　　　等	不動産取得税　　(0.4) 　　　等	
		個人(35.7%)　法人(23.9%) 59.6%(8.8兆円)	37.8%(5.6兆円)	2.6%(0.4兆円)	100.0%(14.8兆円)
	市町村	個人市町村民税　(7.0) 法人市町村民税　(2.2)	市町村たばこ税　(1.0) 軽自動車税　　　(0.2) 　　　等	固定資産税　　　(8.7) 都市計画税　　　(1.2) 特別土地保有税　(0.0) 事業所税　　　　(0.3) 　　　等	
		個人(34.1%)　法人(10.5%) 44.5%(9.2兆円)	5.8%(1.2兆円)	49.7%(10.2兆円)	100.0%(20.6兆円)
		50.8%(18.0兆円)	19.2%(6.8兆円)	30.0%(10.6兆円)	100.0%(35.4兆円)
計		54.9%(47.5兆円)	29.7%(25.7兆円)	15.4%(13.3兆円)	100.0%(86.6兆円)

(再　掲)

	所得課税	消費課税	資産課税等	計
国	62.2%	73.7%	20.3%	59.2%
道府県	18.5%	21.7%	2.9%	17.1%
市町村	19.3%	4.6%	76.8%	23.8%
地方	37.8%	26.3%	79.7%	40.8%
計	100.0%	100.0%	100.0%	100.0%

注）1．国税は特別会計分を含み，地方税は超過課税分及び法定外税を含む．
　　2．国税は地方法人特別税を含み，地方税は地方法人特別譲与税を含まない．
　　3．下線を付した税目以外の地方税目は課税標準が国税に準拠し又は国税に類似しているもの．
　　4．表中における計数は，それぞれ四捨五入によっており，計と一致しない場合がある．
　　5．計数は精査中であり，異動する場合がある．
出所）総務省「地方税制度（地方税収等の現況）平成 27 年度」

っている．

(2) 地方税原則

　国税に「公平」「中立」「簡素」という税制の基本的原則がある．地方税には，国と同様の税制の基本的原則が適用されるだけではなく，地方税ならではの租税原則がある．①税源の普遍性の原則，②安定性と伸長性の原則，③応益原則と応能原則，④負担分任の原則，⑤税収の自主性の原則，である．以下，これらについて説明する．

1. 税源の普遍性の原則

　税源の普遍性とは，全国どの自治体においても同じように税源を確保できる税目に課税するということである．特定の地域には税源が集中しているが，特定の地域には存在しないというのは望ましくない．そこで，全国どの自治体においても存在するものを税源とするように，個人住民税や固定資産税，地方たばこ税を税目に入れている．

2. 安定性と伸長性の原則

　安定性とは景気動向に左右されない安定的な税源を税目とするべきという考え方である．それに相対立するものが伸長性の原則で，社会経済の変化に即応して，できるだけ弾力的に税収が伸びるような税源を税目にするという考え方である．地方自治体は，社会経済状況の変化に伴い地域の成長・発展を促す役割を有する．同時に，景気動向や国の対応等といった社会経済状況が著しく変化した場合でも，一番身近な政府として住民の生活を守る主体としての役割がある．

　安定性については，市町村に求められることが多い．地方自治体の仕事は，教育や福祉といった生活に密着した行政サービスが多い．そのため，景気の動向にかかわりなく，安定した財源が必要になってくる．固定資産税が市町村税になっているのも，この理由によるものである．無論，都道府県も地方政府である以上，景気動向に左右されない安定性のある税目も必要である．自動車税は，公共交通の整備が未整備の地域においては，自動車が必需財の役割を果たしているので，景気の動向にかかわらず，自動車税は安定的な税源となる．

伸長性については，都道府県に求められることが多い．地域の経済発展の柱となる大規模な企業誘致や産業政策は，主に都道府県の仕事であるから，都道府県は，社会経済状況の変化に即応した行政需要やそれに伴う財政需要に的確に応えられるよう，弾力的でかつ慎重性のある税源を税目に組み入れられなければならない．そのため，都道府県には伸長性のある税源，例えば，事業税等が組み入れられている．しかし，同じものを税源にしても，対象とする地域が違えば，税目の性格も変わってくるケースも見られる．

3. 応益原則と応能原則

応益原則とは，その便益（受益）に応じて課税すべきという考え方であり，応能原則とは税の負担能力（担税力）に応じて課税するという考え方である．地方税は，国税と違って，受益と負担の関係が明確になり易いため，応益原則は特に重要視される．地方公共団体は，あくまで当該地域というひとつの「範域」に行政サービスを提供し，その「範域」に住む住民や企業が負担することになる．地域住民や当該地域に存在する企業は，当該市町村から何らかの便益を得ている．その便益を得ているものがその便益に応じて税を負担するのは当然のことに思われる．市町村税における固定資産税，道府県税における外形標準課税による事業税は，この原則をもとに課税されるともいえる．

4. 負担分任の原則

地域住民は，自分たちが住む地方公共団体から様々なサービスの提供を受けている．その当該地方公共団体が提供するサービスの費用負担を，その団体の構成員である地域住民がその負担を分け合う，これが，負担分任の原則である．自分の住んでいる自治体を自分たちで負担を分け合うのは当然のことと容認されやすい．住民税の均等割は，この考え方によって課税されているものである．

5. 税収の自主性の原則

それぞれの地方公共団体は，それぞれが自主的に自分たちの問題を解決できる

ことが望ましい．そのためには，その税収も自分たちで確保できるようになることが望ましい．税収入の自主性とは，それぞれの地方公共団体がそれぞれの団体の判断で，自主的に自分たちの税収を調整できることが望ましい．この考え方に基づくと，法定外税，超過課税は特に重要である．

第2節　道府県税

(1) 地方税の仕組み

　地方税は，地方税の税目を見れば明らかなように，各々標準税率が決められている．この税率は，必要に応じて税率を変更することも可能である．また，制限税率といわれる一定の制限を設けて税率を設定するケース，一定の税率で課税するケース，地方公共団体の判断に任せる任意税率と呼ばれる方法等がある．また，標準税率を超えて課税する超過税率と呼ばれるケースもある．

　基本的には，地方税法で掲げられた税目について賦課徴収することになっている．これを法定税とよぶ．しかし，それぞれの地域には，それぞれの地域の実情があり，その問題解決に向けては，それぞれの地域にあった財源確保のやり方が必要になってくる．

　その場合には，住民の意思に基づき，地方税法で定められたもの以外の税目についても課税することが可能となる．これを法定外税と呼ぶ．法定外税には，使途を特定しない法定外普通税と使途を特定した法定外目的税がある．

　地方税には道府県税と市町村税がある．道府県税にも市町村税にも使途が制限されていない税（普通税）と，使途が制限されている税（目的税）がある．東京都の場合は，特別区（23区）に住所のある個人が納める税金は，道府県民税に相当する税は都民税として，市町村民税に相当する税は特別区民税として課税される．

(2) 道府県税の普通税

　表12−2は道府県税の構成比を累年比較したものである．これを見ると明ら

かなように，普通税として，道府県民税，事業税，地方消費税，自動車税，道府県たばこ税，法定外普通税等があり，法定外目的税として，狩猟税等がある．平成21年度の改正により，自動車取得税，軽油引取税，自動車税は，普通税になった．

表 12 − 2　道府県税収入の構成の累年比較

(単位：億円)

区　　　分	平成2年度 金額	構成比	平成7年度 金額	構成比	平成12年度 金額	構成比	平成17年度 金額	構成比	平成22年度 金額	構成比	平成27年度 金額	構成比
	億円	%	億円	%	億円	%	億円	%	億円	%	億円	%
普　通　税	141,874	90.7	119,637	86.0	139,120	89.3	136,796	89.8	140,164	99.9	170,389	100.0
道府県民税	50,887	32.6	44,603	32.1	45,004	28.9	35,854	23.5	54,767	39.0	57,416	33.7
個　　人	24,576	15.8	26,629	19.1	23,863	15.3	22,329	14.8	44,905	32.0	47,181	27.7
法　　人	10,074	6.4	8,055	5.8	8,246	5.3	22,543	5.6	7,579	5.4	7,078	4.2
利子割	16,237	10.4	9,919	7.1	12,895	8.3	9,661	6.3	1,502	1.1	1,114	0.7
配当割							1,774	1.2	581	0.4	1,340	0.8
株式譲渡所得割							1,091	0.7	200	0.1	703	0.4
事　業　税	65,413	41.8	44,856	32.2	41,410	26.6	49,142	32.3	24,371	17.4	36,042	21.2
個　　人	2,487	1.6	2,504	1.8	2,230	1.4	2,158	1.4	1,840	1.3	1,887	1.1
法　　人	62,926	40.2	42,352	30.4	39,180	25.1	39,180	25.1	26,419	18.8	34,155	20.0
地方消費税					25,282	16.2	25,512	16.8	26,419	18.8	45,568	26.7
不動産取得税	5,962	3.8	7,836	5.7	5,667	3.6	4,767	3.1	3,789	2.7	3,531	2.1
道府県たばこ税	3,605	2.3	3,783	2.7	2,815	1.8	2,752	1.8	2,561	1.8	1,472	0.9
ゴルフ場利用税	904	0.6	977	0.7	814	0.5	620	0.4	546	0.4	465	0.3
特別地方消費税	1,945	1.2	1,330	1.0	116	0.0	1	0.0				
自動車取得税									1,916	1.4	1,096	0.6
軽油取引税									9,180	6.5	9,383	5.5
自　動　車　税	12,762	8.3	15,873	11.4	17,645	11.3	17,528	11.5	16,155	11.5	15,397	9.0
鉱　区　税	7	0.0	6	0.0	5	0.0	4	0.0	4	4.0	0	0.0
狩猟者登録税	23	0.0	20	0.0	17	0.0						
固定資産税(特例)	151	0.1	100	0.1	112	0.1	164	0.1	52	0.0	16	0.0
法定外普通税・その他	215	0.1	213	0.2	233	0.1	453	0.3	404	0.3		
目　的　税	14,482	9.3	19,453	14.0	16,729	10.7	15,237	10.2	99	0.1	10	0.0
自動車取得税	6,131	3.9	6,112	4.4	4,641	3.0	4,528	3.0				
軽油取引税	8,335	5.3	13,322	9.6	12,076	7.7	10,859	7.1				
狩　猟　税									25.0	0.0	10	0.0
旧法による税収入	107	─	5	0.0	1	0.0	─	─	─	─	─	─
東日本大震災による免税等									▲39	0.0		
道府県税計	156,463	100.0	139,090	100.0	155,850	100.0	152,269	100.0	140,262	100.0	170,360	100.0

注） 1．平成22年以前は決算額、平成27年度は地方財政計画．
　　2．平成16年度より狩猟者登録税が廃止され狩猟税が目的税として新設された．
　　3．自動車取得税，軽油引取税は平成21年度の税制改革によって使途が特定されない普通税になった．
出所）『図説　日本の財政』財政詳報社　各年度版より作成

(3) 道府県民税

　道府県民税および市町村民税のことを総称して住民税と呼ぶ．これら住民税は，国税の所得税同様，所得に対して課税されるものである．国税の所得税同様に所得に対して課税されるので，所得再分配の意味合いが強い．住民税にもこうした所得再分配の意味合いもあるが，それより地方税原則の負担分任の考え方に基づき，自分たちの地域を維持するコストは自分たちみんなで負担を分け合おうという考え方によって課税されている．

　所得税は，国が日本国内に住所又は居所を有する個人等に課税するものであるが，個人住民税は，賦課期日である1月1日現在の住所地の市（区）町村及び都道府県が課税する．所得税の場合は，申告納税方式つまり納税者又は源泉徴収義務者の申告・年末調整により税額を確定するので，所得が発生した年（現年）の所得金額が課税標準となるが，個人住民税の所得割は，前年中の所得金額が課税標準となるので，納税は1年遅れとなる．

1．個人道府県民税

　道府県民税は，①道府県内に住所を持っている住民，②道府県内に事務所や事業所又は家屋敷を持っているが，そこに住所をもっていない人が納税義務者となる．①の住民は，均等割額と所得割額の合算額によって課税され，②の場合は，均等割によって課税される．

　表12-3に見られるように均等割の年額は，道府県民税で一律1,000円，市町村民税で年額3,000円となっているが，東日本大震災に対する対応のために，平成26年度から平成35年度まで道府県税の均等割は1,500円となる．均等割は，負担分任の原則に基づいて課税するものであるが，生活扶助を受けているものや一定の低所得者については非課税になっている．

　所得割は，前年の所得に対して課税される（前年課税方式）．これは，国税の所得税が現年の所得に課税するのと異なっているが，所得金額については所得税と同様の方式によって算定される．課税標準は，①課税総所得金額，課税退職金額又は課税山林所得金額に対しては，標準税率100分の4で課税する．②課税

表12－3　住民税の主な税率改正の推移

	昭和60年度	昭和63年度	平成元年度	平成7年度	平成11年度	平成19年度
所得割	(1)道府県 (標準税率) 150万円以下の金額 　2％ 150万円を超える金額 　4％ (2)市町村 (標準税率) 20万円以下の金額 　2.5％ 20万円を超える金額 　3％ 45万円を超える金額 　4％ 70万円を超える金額 　6％ 95万円を超える金額 　7％ 120万円を超える金額 　8％ 220万円を超える金額 　9％ 370万円を超える金額 　10％ 570万円を超える金額 　11％ 1,900万円を超える金額 　12％ 2,900万円を超える金額 　13％ 4,900万円を超える金額 　14％	(1)道府県 (標準税率) 130万円以下の金額 　2％ 130万円を超える金額 　3％ 260万円を超える金額 　4％ (2)市町村 (標準税率) 60万円以下の金額 　3％ 60万円を超える金額 　5％ 130万円を超える金額 　7％ 260万円を超える金額 　8％ 460万円を超える金額 　10％ 950万円を超える金額 　11％ 1,900万円を超える金額 　12％	(1)道府県 (標準税率) 700万円以下の金額 　2％ 700万円を超える金額 　4％ (2)市町村 (標準税率) 200万円以下の金額 　3％ 200万円を超える金額 　8％ 700万円を超える金額 　11％	(1)道府県 (標準税率) 700万円以下の金額 　2％ 700万円を超える金額 　4％ (2)市町村 (標準税率) 200万円以下の金額 　3％ 200万円を超える金額 　8％ 700万円を超える金額 　12％	(1)道府県 (標準税率) 700万円以下の金額 　2％ 700万円を超える金額 　3％ (2)市町村 (標準税率) 200万円以下の金額 　3％ 200万円を超える金額 　8％ 700万円を超える金額 　10％	(1)道府県 (標準税率) 　一律4％ (2)市町村 (標準税率) 　一律6％
均等割	(1)道府県 (標準税率) 　　　　700円 (2)市町村 (標準税率) 人口50万人以上の都市 　　　2,500円 人口5万以上50万未満の市 　　　2,000円 その他の市町村 　　　1,500円 ＊昭和55年度よりこの税率	同左	同左	(1)道府県 (標準税率) 　　　1,000円 (2)市町村 (標準税率) 人口50万人以上の都市 　　　2,500円 人口5万以上50万未満の市 　　　2,000円 その他の市町村 　　　1,500円 ＊平成8年度よりこの税率	(1)道府県 (標準税率) 　　　1,000円 (2)市町村 (標準税率) 人口50万人以上の都市 　　　3,000円 人口5万以上50万未満の市 　　　2,500円 その他の市町村 　　　2,000円	(1)道府県 (標準税率) 　　　1,500円 (2)市町村 (標準税率) 　　　3,500円 ＊平成16年度より人口に応じた区分が廃止

出所）財務省　財務総合政策研究会「財政金融統計月報」各年度租税特集より作成
注）東日本大震災の対応のため平成26年度から平成35年度まで道府県の均等割は1,500円，市町村の均等割は3,500円になった．

長期譲渡所得金額に対しては，100分の2，③分離課税に関わる退職所得金額は100分の4が標準税率になっている．住民税全体でみると，所得割の税率は，三位一体の改革における個人住民税を増収するために，表12－3のように平成19年度より一律10％（市町村民税6％，道府県民税4％）の税率になった．

利子割については，利子を得るものが，利子等を支払う金融機関の所在地において，他の所得と区別して課税される．利子等に関する分離課税分について100分の5の一定税率で課税される．利子割は個人住民税であるから，都道府県が徴収した利子の中から市町村に対し利子割交付金が交付される．配当割については，株式会社等から受け取る特定配当等について支払いの時に課税するものである．特定配当とは①上場株式等の配当等，②証券投資信託の収益の分配に係る配当等，③特定投資法人の投資口の配当等のことをいう．平成25年12月31日までは，一定の上場株式等の配当等の金額に一定税率100分の3を課税する．それ以降は，100分の5を課税することになる．

株式等譲渡所得割は，源泉徴収口座における上場株式等の譲渡の対価等に掛かる所得金額の100分の3（一定税率）を課税する．ただし，これも平成25年12月31日までであり，それ以降は100分の5となる．

平成20年度からは，「ふるさと納税」が可能になった．自分が貢献したいと思う都道府県・市区町村に納める寄附金のことをいい，個人が2,000円を超える寄附を行った場合，住民税の5,000円を超える部分と所得税の2,000円を超える部分に対し一定の控除を受けることが可能になった．

2．法人道府県民税

法人道府県民税は①都道府県内に事務所，事業所を有する法人，②都道府県内に寮等を有するが，事務所や事業所のない法人，③都道府県内に事務所，事業所，寮等を有し，法人課税信託の引受けを行うことにより法人税を課税される個人が納税義務者となる．①の法人は均等割及び法人税割の合算額，②の法人は均等割，③の個人は法人税割のみが課税される．均等割については，所得の有無ではなく，資本金の額によって5段階に分けられる．

法人税割については，課税標準が法人税額又は個人帰属法人税額となっている．標準税率は，100分の5であるが，制限税率100分の6まで課税することができる．この法人税割は，法人事業税とともに，地域経済の実情に税収が敏感に反応するものであり，また，景気動向によって大きく変動する税である．

　事務所又は事業所が2つ以上の都道府県にある場合は，それぞれの事務所に均等割の税額を納付し，法人税割は従業員数によって分割することになっている．

　利子割については，納税義務者（利子を得るもの）の住所地にかかわらず，利子を支払う金融機関の所在地の都道府県が課税するものである．利子等に係る分離課税分に対して100分の5の一定税率をかけて課税する．国税である所得税（利子所得課税15％）と合わせると20％課税されることになる．

　納税義務者は個人，法人の双方である．但し，法人に対しては法人税割の課税の際に，いったん課税された利子割相当額を控除（控除しきれない場合は還付）するので，利子割は，実質的には個人の利子所得についてのみ課税される．また，前年課税の所得割とは異なり，現年課税とするところにも特徴がある．

(4) 事　業　税

1. 個人事業税

　個人事業税は，個人が行う事業を3種類に分類し，そこから生じた前年中の所得を課税標準とするものである．第1種事業とは，主に物品販売業，保険業，製造業等の37事業のことをいう．標準税率は5％で課税される．第2種事業とは畜産業，水産業や薪炭製造業のことである．これらの標準税率は4％である．第3種事業は医業，歯科医業，弁護士業等の28事業と助産婦業，あんま，マッサージ，指圧，針灸等といった自由業のことをいう．第3種事業において医業，歯科医業，弁護士業等の28事業の標準税率は5％であるが，助産婦業，あんま，マッサージ，指圧，針灸など特定のものは，担税力に対するは配慮がなされ，3％と税率が軽減されている．また，課税標準の算定に当たっては，低所得者に対する配慮として，事業税独自の事業主控除（年間290万円）が設けられている．なお，制限税率は，個人，法人ともに標準税率の1.1倍と定められている．

表12-4　法人事業税の税率　（平成28年度4月1日より）

特別法人	
所得のうち400万円以下の金額	3.4%
所得のうち400万円を超える金額	4.6%
資本金の額又は出資金の額が1億円超の法人	
所得のうち400万円以下の金額	0.9%
所得のうち400万円を超え、800万円以下の金額	1.4%
所得のうち800万円を超える金額	1.9%
資本金の額又は出資金の額が1億円以下の法人	
所得のうち400万円以下の金額	3.4%
所得のうち400万円を超え、800万円以下の金額	5.1%
所得のうち800万円を超える金額	6.7%
電気・ガス供給業又は保険業を行う法人	
収入金額	0.9%

出所）総務省

2. 法人事業税

　法人事業税は，法人住民税と共に法人二税と呼ばれ道府県税の中心をなすものである．しかし，法人事業税は，所得を課税標準とするが故に，景気動向に左右されやすく，地域による税源の偏在が大きい等の問題があった．また，都道府県の行政サービスを充分受けているにもかかわらず，事業が赤字であれば事業税を納めなくてもすむという旧来の仕組みは，都道府県が提供する行政サービスと企業の事業活動との応益性の観点から見て問題があった．このような問題を解消するために，平成15年度の税制改正により，資本金1億円超の法人については，付加価値割・資本割といわれる2つの外形標準によって課税されることになった．この外形標準課税の導入により，税収の安定性が配慮されると同時に，事業税の持つ応益性にも配慮されるようになった．

　法人事業税は，内国法人・外国法人にかかわらず，法人の行う事業を課税対象としている．人格のない社団等の事業の所得であっても収益事業に係るものについては課税するが，国・地方団体，各種公団等の公共法人の行う事業（非収益事業）や林業・鉱物掘削事業等や特定の農業組合法人が行う農業は，課税されない．

　平成20年度税制改正にいて、税制の抜本的な改革において偏存性の小さい地

方税体系の構築が行われるまでの間の暫定処置として、法人の事業税の税率の引下げを行うとともに、地方法人特別税を創設し、その収入額を地方法人特別譲与税として都道府県に譲与することとされた．これにより、各事業年度に係る法人の事業税について、標準税率は引下げられている（所得税・収入割）．

なお，2以上の都道府県にまたがり事務所などを設けて事業を行っている法人については，それぞれの都道府県に対して従業員数や固定資産額，事業所数等に基づく分割基準に従って関係都道府県に分割納付することになっている．

(5) 地方法人特別税・地方法人特別譲与税

大企業が多い都市部では法人住民税・法人事業税の税収が多いが，大企業の少ない地方ではこの法人二税の税収が少ないため，地域間の税源の偏在化が問題になっていた．そこでこの問題を解決するため，平成20年度の改正により法人事業税の税率を引き下げ，地方法人特別税と地方法人譲与税が創設された．地方法人特別税は国税と位置付けされているが，その賦課徴収は法人事業税と合わせて都道府県が行うことになっている．地方法人税の税収は国が都道府県に地方特別譲与税として再配分する制度で偏在性を是正することに目的がある．その際の譲与基準は，人口と従業者数（それぞれ2分の1ずつ）である．

(6) 地方消費税

地方消費税は地方分権の推進，地域福祉の充実等のため，地方税源の充実を図る観点から，平成9年4月1日から施行された地方税である．地方消費税には，譲渡割と貨物割がある．譲渡割は，国内の商品・サービスの販売・提供を行った事業者に賦課されるもので，消費税の課税標準額に対する消費税額から課税仕入れ等に係る消費税額を控除した後の消費税額の25％となる．貨物割は外国貨物を保税地域から引き取る法人又は個人に賦課されるもので，輸入される貨物に係る消費税額の25％となる．この25％というのは消費税の税率に換算すると1％相当の税率となり，消費税4％と地方消費税1％の合計5％により，販売価格に転嫁する税額の計算を行うことになる．地方消費税は，地方税だが納税者の事務

負担の軽減を考慮して，当分の間国が国税消費税と合わせて集めることになっている．このため，譲渡割は税務署に申告し，貨物割は税関に申告する．国は地方消費税の納付があった月の翌々月の末日までに都道府県に払い込むことになっている．都道府県に払い込まれた地方消費税は，「都道府県ごとの消費に相当する額」（商業統計に基づく小売年間販売額とサービス業のうち対個人事業収入額の合計額，国勢調査に基づく人口，事業所・企業統計に基づく従業者数）に応じて按分され，各都道府県間で清算を行う．都道府県間の清算を終えた地方消費税の2分の1に相当する金額については，人口と従業者数で按分して，都道府県内の市町村に交付される．なお，消費税は，社会保障と税の一体改革により，平成26（2014）年4月1日より消費税率が現行の5％から8％に引き上げられた．それにともない消費税は4％から6.3％，地方消費税は1％から1.7％となった．平成29（2017）年4月1日より消費税率は10％となる予定であるが，それにともない国に入る消費税は7.8％，地方消費税は2.2％となる．

(7) そ の 他

1. 不動産取得税

　不動産取得税は，取得時の不動産の価格（家屋の改築の場合には増加した価格）に対して課される税である．不動産の取得者（改築も含む）は，この税を所在する都道府県に支払わねばならない．標準税率は4％である．なお，国，地方公共団体は非課税であり，住宅等の取得に対しては軽減措置が設けられている．

2. 道府県たばこ税

　道府県のたばこ税は，たばこ製造者（日本たばこ産業株式会社，たばこ輸入業者等）が，たばこを小売業者に売り渡す段階で課税され，たばこ製造者が納税する．しかし，課税額はたばこの販売価格に転嫁され，その最終的な負担はたばこの消費者に帰着する．道府県たばこ税の税率は，紙巻たばこについては1,000本につき都道府県分1,074円，旧3級品の紙巻たばこについては1,000本につき511円である．この税率は一定税率であって，これ以外の税率によることは許さ

れない．

3. ゴルフ場利用税

ゴルフ場の利用に対して，利用の日ごとに定額によって，そのゴルフ場所在の都道府県において，その利用者に賦課される．標準税率は，1日につき800円で，制限税率は1,200円である．

4. 自動車税

自動車税は，自動車の主たる定置場所が所在する都道府県が，その自動車の所有者に課する税である．ここでいう自動車は，軽自動車（軽自動車税が課される）と大型特殊自動車（固定資産税が課される）及び国，地方団体の所有する自動車を除くものである．標準税率は車種，営業用自家用の別，排気量等によって異なる．例えば，自家用の乗用車で，排気量1.5ℓのものは，年額3万4,500円であり（積雪地ではさらに低い税率が適用可能），制限税率は標準税率の1.5倍となっている．また，環境負荷の小さい自動車（電気自動車等）に対しては軽減税率（概ね50％）が適用されている．

5. 鉱区税

鉱物を採掘するという権利（鉱業権）を与えられていることに対してかかる税である．納税者は4月1日現在の鉱業権（鉱物を採掘する権利）をもっている鉱業権者に対して課税される．税率は，一定税率であり，砂鉱を目的としない鉱区における税率は，試掘鉱区で面積100アールごとに年額200円，採掘鉱区で面積100アールごとに年額400円と定められている．

6. 法定外普通税

地方税法の規定に無い税であり，自治体が独自に条例を制定して課税するもので，法定外普通税を新設する場合は，総務大臣と協議しその合意を得なければならない（地方税法第261条，第671条，第733条3．道府県税の目的税，市町村税の

目的税等参照).

7. 自動車取得税

　自動車取得税は，平成21年4月に，目的税から普通税に改正され，使途制限が廃止された．取得価額が50万円を超える自動車の取得に対し，その取得者に課す税金で，普通自動車（3輪以上のもの）は取得価格の3％，営業用自動車・軽自動車は取得価格の2％が一定税率として課税される．ただし，低公害車に係る特例措置として，電気自動車，ハイブリッド自動車などのエコカーは平成24年4月1日〜平成29年3月31日までの間に取得するときは非課税になっている．自動車の定置場所のある都道府県に対し，自動車の取得者は納税義務を負うことになっている．なお，平成27年度税制改正大綱では，平成29年4月から廃止することが明記された．

8. 軽油引取税

　平成21年度税制改正により，地方道路特定財源制度が廃止され一般財源化されたことから，軽油引取税が目的税から普通税に移行され，使途制限が廃止された．この税は，卸売段階の業者及び元売業者（石油の精製，輸入業者）からの軽油の納入に際し，その引取量に応じて引取者に課される税である．軽油の引取者は，所在する都道府県に納税する．税率は一定税率で，1kℓにつき3万2,100円である．

9. その他目的税

　その他目的税として狩猟税，水利地益税がある．狩猟税は，鳥獣保護，狩猟に関する行政に充てるために徴収する税で，一部の例外を除き当該都道府県知事の狩猟者登録を受ける者に課税される．税率は一定税率で，網・わな猟免許又は第一種銃猟免許に係る狩猟者の登録を受ける者で特定のケースを除き，1万6,500円である．

　水利地益税は，水利に関する事業・都市計画法に基づいて行う事業・林道事業

等の費用に充てるため，その事業により特に利益を受ける土地・家屋に対して課する目的税であり，都道府県，市町村いずれも課税できるが，実例は少ない．

第3節　市町村税

市町村税は表12-5に見られるように，普通税として，市町村民税，固定資産税，軽自動車税，市町村たばこ税，法定外普通税等があり，目的税として，入湯税，事業所税，都市計画税等がある．

(1) 市町村民税
1. 個人市町村民税

市町村の行政事務に要する経費を，身近な住民に分担させるため，その市町村内に住所や事務所を有するものが応分の負担をしようとする趣旨から設けられた税金である．個人市町村民税の納税義務者は，①市町村に住所を持つ個人，②市町村には住所はないが，事業所，事務所，家屋敷がある人とされている．表12-3にあるように均等割の標準税率は，これまでは，50万人以上の都市，5万以上50万未満の市，その他の市町村の3つに区分されて金額が違っていたが，平成16年度から，この区分が廃止され一律年額3,000円となった．（ただし，平成26年度から平成35年度までは，東日本大震災への対応分を含めるので一律年額3,500円になっている）そして，平成19年度の税制改正によって，所得割の標準税率は，国税所得税から個人住民税への税源移譲があるため，それ以前の累進税率から一律6％の比例税率となった．

2. 法人市町村民税

法人市町村住民税にも，均等割と法人税割がある．法人に対して課される均等割も，課税方法は個人の場合と同様である．ただし，法人に対する均等割の場合には，その法人の資本金の額や従業員数によって支払う額が異なる．市町村では，①資本金が1,000万円以下である法人及び一定の公益法人等で，従業員数が

表12-5 市町村税収入の構成の累年比較 (単位:億円)

区分	平成2年度 金額	平成2年度 構成比	平成7年度 金額	平成7年度 構成比	平成12年度 金額	平成12年度 構成比	平成17年度 金額	平成17年度 構成比	平成22年度 金額	平成22年度 構成比	平成27年度(計画) 金額	平成27年度(計画) 構成比
	億円	%	億円	%	億円	%	億円	%	億円	%	億円	%
普通税	156,807	92.7	180,670	91.4	182,103	91.2	179,142	91.5	485,847	91.6	188,339	91.8
市町村民税	92,750	54.3	88,061	44.6	82,206	41.2	81,555	41.7	87,485	46.1	91,135	44.4
個人	59,231	36.3	65,323	33.0	60,444	30.3	56,985	29.1	67,950	33.5	71,396	34.8
法人	33,519	18.0	22,738	11.5	21,762	10.9	24,570	12.6	19,535	9.6	19,739	9.6
固定資産税	56,434	33.5	83,627	42.3	89,551	44.9	87,545	44.7	88,650	43.7	86,172	42.0
土地	23,209	13.3	34,892	17.7	37,469	18.8	34,058	17.4	34,762	17.1	33,596	16.4
家屋	21,708	13.2	32,218	16.3	34,686	17.4	37,651	19.2	37,816	18.6	36,576	17.8
償却資産	11,517	7.0	16,517	8.4	17,396	8.7	15,839	8.1	16,072	7.9	16,000	7.8
軽自動車税	849	0.5	1,055	0.5	1,249	0.6	1,515	0.8	1,776	0.9	1,999	1.0
市町村たばこ税	5,650	3.6	6,691	3.4	8,652	4.3	8,453	4.3	7,876	3.6	9,007	4.4
鉱産税	29	0.0	22	0.0	15	0.0	16	0.0	18	0	20	0.0
特別土地保有税	962	0.7	1,208	0.6	425	0.2	43	0.0	29	0	6	0.0
法定外普通税	133	0.1	6	0.0	5	0.0	14	0.0	14	0	—	—
目的税	11,861	7.0	16,322	8.3	16,653	8.3	15,559	7.9	16,091	7.9	16,157	7.9
入湯税	172	0.1	208	0.1	234	0.1	244	0.1	223	0.1	226	0.1
事業所税	2,646	1.6	3,067	1.6	3,238	1.6	2,970	1.5	3,295	1.6	3,609	1.8
都市計画税	9,040	5.3	13,045	6.6	13,180	6.6	12,330	6.3	12,555	6.2	12,322	6.0
法定外目的税	3	0.0	2	0.0	1	0.0	15	0.0	18	0	—	—
旧法による税収入	1,299	0.0	—	—	—	—	—	—	—	—	—	—
固定資産所在市町村												
交付金	443	0.3	668	0.3	858	0.4	963	0.5	963	0.5	907	0.4
納付金	—	—	—	—	—	—	111	0.1	—	—	—	—
東日本大震災による減免等											▲136	▲0.1
市町村税計	170,410	100.0	178,041	100.0	197,660	100.0	199,614	100.0	202,901	100.0	205,267	100.0

出所)『図説 日本の税制』財政詳報社 各年度版より作成

50人以下の事務所等は5万円, 50人を超える事務所等は12万円, ②1,000万円を超え1億円以下の法人で50人以下の事務所等は13万円, 50人を超える事務所等は15万円, ③1億円を超え10億円以下の法人で, 50人以下の事務所等は16万円, 50人を超える事務所等は40万円, ④10億円を超え50億円以下の法人で, 50人以下の事務所等は41万円, 50人を超える事務所等は175万円, ⑤50億円を超える法人で, 50人以下の事務等は41万円, 50人を超える事務所等は300万円となっている. なお, この標準税率の1.2倍が制限税率として定められている. そして法人税割の標準税率は12.3%であるが, 制限税率は14.7%に定められている.

法人市町村民税の納税義務者は, ①市町村内に事務所, 事業所を有する法人,

②市町村内に寮等を有する法人，③市町村内に事務所，事業所，寮等を有する非法人の社団・財団等である．

(2) 固定資産税

　固定資産税（地方税法第 341 条〜 441 条）は，市町村税の中で基幹税目であり，個人または法人の所有する固定資産，すなわち土地，家屋，償却資産の適正な時価に課税される．標準税率は地方税法 350 条において 1.4％になっているが，宗教法人，学校法人，社会福祉法人，農業協同組合等の組合等は非課税になっている（地方税法第 348 条）．固定資産税は土地，家屋，償却資産に分けられる．

　土地については土地登記簿または土地補充課税台帳に登記されている土地の所有者に課税され，地目別に定められた評価方式により評価する．地目は宅地，田及び畑（農地），鉱泉地，池沼，山林，牧場，原野及び雑種地をいい，土地の面積（地積）は原則として土地登記簿謄本に登記されているものとする．価格は課税台帳に登記された課税標準額となる．これは，売買実例価格や，付近の国や県が示した基準となる土地の評価額に基づいて評価され決定する．ただし，宅地用地については，税負担を軽減するために課税標準の特例措置を設けており，課税標準額が 30 万円に満たない場合は課税されない．土地の評価額は 3 年ごとに見直す制度がとられているが，バブル崩壊後は地価の急激な下落が起こったことから，評価額を据え置くことが適当でないときは，3 年以内でも評価額を修正できることになっている．特に平成 6 年度の評価替えから，宅地の評価は地価公示価格の 7 割を目処に評価の適正化を図っている．

　家屋は建物登記簿又は家屋補充課税台帳に登記されている所有者に課税され，固定資産評価基準に基づき，「評価額＝再建築価格 × 終年減点補正率」で計算される．再建築価格とは評価の対象となった家屋と同一のものを，評価の時点（その年の 1 月 1 日）で，その場所に新築するとした場合に必要とされる固定資産評価基準上の建築費（建築業者に支払った金額ではない）である．終年減点補正率とは，家屋建築後の年数の経過により生ずる消耗の減価率をいう．

　住宅を新築したときは，居住部分の床面積が 50 ㎡以上 280 ㎡以下の建物等は，

新築後3年度分の固定資産税額が2分の1に減額される．また，家屋の評価額が20万円に満たない場合は固定資産税が課税されない．評価額は土地と同様に3年ごとに評価替えを行うが，新築でない家屋の場合は建築年度からの物価の上昇や経過年数等を考慮して評価する．

償却資産とは，法人や個人が事業のために用いる機械・器具，備品等をいう．具体的には①構築物（煙突，鉄塔，舗装路面等），②機械及び装置（旋盤，ポンプ，動力配線設備，土木建築機械等），③航空機（ヘリコプター等），④船舶（モーターボート等），⑤車両及び運搬具（大型特殊自動車，貨物車，客車等），⑥工具，器具，備品（測定器具，机，いす，ロッカー，パソコン等）等の事業用資産である．ただし，車両のうち自動車税・軽自動車税の対象となるものは除かれる．償却資産は毎年評価を行うことになっているが，課税標準額が150万円に満たない場合は課税されない．

(3) その他市町村普通税

1. 軽自動車税

軽自動車は，原動機付き自転車，軽自動車，二輪の小型自動車等の主たる定置場所が所在する市町村が，毎年4月1日におけるその所有者に課税する財産税である．標準税率は，車種，営業用自家用の別，排気量等によって異なる．例えば，四輪自家用の軽自動車（貨物用でなく乗用）は年額1万800円であり，制限税率は標準税率の1.5倍になっている．

2. 市町村たばこ税

税率は紙巻たばこについては1,000本につき3,298円，旧3級品の紙巻たばこについては1,000本につき1,564円のほかは，道府県たばこ税と同じである．

3. 鉱産税

鉱物の掘採事業に対し，その掘採した鉱物の価格を課税標準として課税される収得税である．税率は（一部の例外を除き）標準税率が掘採された鉱物価格の

100 分の 1 であり，制限税率が 100 分の 1.2 である．

4．法定外普通税

地方税法の規定に無い税であり，市町村が独自に条例を制定して課税するもので，法定外普通税を新設する場合は，総務大臣と協議しその合意を得なければならない．これについては第 6 節で説明する．

(4) その他市町村税の目的税等

1．入 湯 税

入湯税は，鉱泉浴場における入湯客の入湯行為に対してかかる税金である．税額は，入湯客一人 1 日について 150 円を標準としている．所在市町村において特に要請される環境衛生施設，その他観光施設，消防施設の整備に要する費用に充てられる．

2．事業所税

事業所税は，人口 30 万以上の都市等で都市環境の整備及び改善に関する事業の費用に充てられる．具体的には，道路，都市高速鉄道駐車場といった交通施設の整備事業，公園，緑地等の公共空地の整備事業，水道，下水道，廃棄物処理施設，学校図書館等の教育文化施設，病院，保育所等の医療施設や社会福祉施設の整備事業等の費用に充てられる．

これは市内の事務所・事業所で事業を行う事業主に対して課税されるもので，事務所や事業所の延べ面積が 1,000 ㎡，従業員が 100 人を，どちらか一方でも超えている場合に課税され，税率（一定税率）は，床面積 1 ㎡につき 600 円，従業員給与総額の 0.25% の一定税率となっている．

3．都市計画税

都市計画税は，都市計画区域を有する市町村が課税主体となって，都市計画法に基づく事業又は土地区画整理法に基づく土地区画整理事業のために必要な費用

のための税金である．道路，公園，下水道などまちづくりのための基盤や環境整備などの経費に充当される．原則として市街化区域内の土地及び家屋に対して，その所有者に課税され，国，地方公共団体は非課税である．都市計画税の算定に用いられる土地，家屋の価格は，固定資産税を算定する際に用いられる土地，家屋の価格と同じである．制限税率のみが法定されている．現在は 0.3％である．市は 0.3％の範囲内で税率を定め，原則として固定資産税と合わせて徴収する．

4. そ の 他

国民健康保険税は，国民健康保険の費用に充てるための目的税である．医療保険の負担は，保険料として負担するべきものである．しかし，保険料の徴収が良好でないといった場合「税」として徴収するといった徴収の便宜から，保険「税」の形式をとって徴収している地方公共団体もある．地方税の中では特異な存在といえる．

宅地開発税は，共同施設により利益を受けるものに課す税である．宅地開発にともない道路，排水路，公園等当該宅地の利用価値を高めるために様々な施設を整備することが求められることがある．それに必要な経費にあてるのが，宅地開発税である．これは，宅地開発を行う者に対して課することができる税であるが，現在課税している団体はない．

水利地益税は水利に関する事業等により利益を受けるものに課す税であり，岐阜県羽島市，富山県朝日町などで徴収しているが実例は少ない．

第4節　住民税の計算

すでに述べたように，道府県民税及び市町村民税のことを総称して住民税と呼んでいる．これは所得税同様に，所得に対して課税されるものであるが，所得控除の金額が国税と地方税では違っている．そこで，第 8 章の 4 節で説明した所得税と住民税の所得控除金額を整理すると表 12 － 6 のようになる．

表12－6　所得税と住民税の所得控除

種　　類	所　得　税		住　民　税
生命保険控除	（証明書の添付が必要）	最高5万円	最高3.5万円
地震保険控除	（証明書の添付が必要）	最高5万円	最高2.5万円
寄付金控除	特定寄付金の支払額あるいは所得の40％（住民税は30％）のいずれか少ない額－5千円		いずれか少ない額－2千円（自治体，共同募金に限る）
障害者控除	一人につき	27万円	26万円
	特別障害者	40万円	30万円
寡婦控除		27万円	26万円
寡夫控除		27万円	26万円
勤労学生控除		27万円	26万円
配偶者特別控除		38万円	33万円
扶養控除	一般扶養親族（23歳以上70歳未満）	38万円	33万円
	（16歳以上19歳未満）	38万円	33万円
	特定扶養親族（年齢19歳以上23歳未満）	63万円	45万円
	老人扶養親族（70歳以上）	48万円	38万円
基礎控除		38万円	33万円

出所）総務省統計局　住民税の所得控除　平成28年

設問

給与所得800万円，夫婦子供2人（子供は，大学生20歳と高校生17歳）の住民税はいくらか計算しなさい．なお計算の簡便化のために，社会保険料控除は所得の1割とする．

給与所得控除は表8－1より

　　給与所得控除　：800万円×0.1＋120万円＝200万円

　　給　与　所　得：800万円－200万円＝600万円

　　社会保険控除　：80万円（給与の1割）

　　配偶者控除　　：33万円

　　扶　養　控　除：45万円＋33万円＝78万円

　　基　礎　控　除：33万円

　　課　税　所　得：600万円－80万円－33万円－78万円－33万円

　　　　　　　　　　　　　　　　　　　　　　　　　＝376万円

道府県民税・市町村民税は表12－3より，

道府県民税：376 万円× 0.04 ＋ 1,500 円＝ 15 万 1,900 円

市町村民税：376 万円× 0.06 ＋ 3,500 円＝ 22 万 9,100 円

住民税：15 万 1,900 円＋ 22 万 9,100 円＝ 38 万 1,000 円

　この計算より住民税は 38 万 1,000 円になる．給与所得が 800 万円の所得税は 25 万 8,500 円であるので，住民税のほうが税金が高い．結局，給与所得が 800 万円の人は，国税と地方税を合わせて 63 万 9,500 円の税金を払うことになる．特に住民税は翌年の支払いになるため，定年等で所得がなくなった時に，多額の住民税の振込用紙が送られてくるので，退職金等を使ってしまわないことが肝心である．

第5節　地方自治と地方税

1．法定外税

　法定外普通税の導入は，平成 12 年 4 月の地方分権一括法の施行を機に，各地で導入が相次ぎ，地方公共団体は，地方税法に定める税目（法定税）以外に，条例によって新たに税目を新設することができることになっている（法定外税）．この法定外税は，表 12 － 7 のような法定外普通税と表 12 － 8 のような法定外目的税に分かれている．平成 12 年 4 月には，旧来の法定外普通税の許可制から同意を要する協議制となり，平成 16 年度からは，既存の法定外税については，税率の引き下げ，廃止，課税期間の短縮を行う場合には，総務大臣への協議・同意の手続きが不要になった．また，特定の納税義務者（法定外税）の納税額が，全納税額の 10 分の 1 を継続的に超えると見込まれる場合，条例制定前に議会でその納税義務者の意見を聴取するという制度も創設されている．地方自治体が課税することを決めた法定外新税は，①国税又は当該地の他の地方税と課税標準を同じくし，かつ，住民の負担が著しく過重となること，②地方団体間におけるものの流通に重大な障害を与えること，③　①及び②のほか，国の経済施策に照らして適当でないこと，といった 3 つのいずれかの状況に該当する場合を除き，総

表12－7　法定外普通税　　　(平成25年度決算額)

税　目	[都道府県]	収入額(億円)
石油価格調整税	沖縄県	10
核燃料税	福井県，愛媛県，佐賀県，島根県，静岡県，鹿児島県，宮城県，新潟県，北海道，石川県	73
核燃料等取扱税	茨城県	6
核燃料物質等取扱税	青森県	152
計	13件	242
税　目	[市区町村]	収入額(億円)
砂利採取税等	山北町(神奈川県)	0.4
別荘等所有税	熱海市(静岡県)	6
歴史と文化の環境税	太宰府市(福岡県)	0.7
使用済核燃料税	薩摩川内市(鹿児島県)	4
狭小住戸集合住宅税	豊島区(東京都)	6
空港連絡橋利用税	泉佐野市(大阪府)	3
計	6件	14
合計	19件	261

出所）総務省地方税制度（法定外税の状況）平成27年

表12－8　法定外目的税　　　(平成25年度決算額)

税　目	[都道府県]	収入額(億円)
産業廃棄物税*1	三重県，島根県，岡山県，広島県，青森県，岩手県，秋田県，滋賀県，奈良県，新潟県，山口県，宮城県，京都府，鳥取県，福岡県，佐賀県，長崎県，大分県，鹿児島県，熊本県，宮崎県，福島県，愛知県，沖縄県，北海道，山形県，愛媛県	67
宿泊税	東京都	13
乗鞍環境保全税	岐阜県	0.2
計	29件	81
税　目	[市区町村]	収入額(億円)
山砂利採取税	城陽市(京都府)	0.2
遊猟税	富士河口湖町(山梨県)	0.1
環境未来税	北九州市(福岡県)	7
使用済核燃料税	柏崎市(新潟県)	6
環境協力税	伊是名村(沖縄県)，伊平屋村(沖縄県)，渡嘉敷村(沖縄県)	0.2
計	7件	13
合計	36件	94

*1　産業廃棄物処理税（岡山県），産業廃棄物埋立税（広島県），産業廃棄物処分税（鳥取県），産業廃棄物減量税（島根県），循環資源利用促進税（北海道）など，実施団体により名称に差異があるが，最終処分場等への産業廃棄物の搬入を課税客体とすることに着目して課税するものをまとめて掲載している．
*2　端数処理のため，収入金額の計が一致しない．
出所）総務省地方税制度（法定外税の状況）平成27年

務大臣はこれに合意しなければならないとされている．こうした法定外税は，平成24年4月1日現在地方税収額に占める割合は，まだ0.15％にしか過ぎない．

　法定外税は，平成27年4月1日現在，法定外普通税で19件，法定外目的税

で 36 件ある．これらで特に特徴的なことは，納税義務者の多くが，当該地域の選挙権を持った人ではないというケースが多いことである．例えば，核燃料税の納税義務者は，発電用原子炉の設置者，産廃税の納税義務者は，最終処分場に搬入される産業廃棄物の排出事業者及び中間処理事業者である．太宰府市の歴史と文化の環境税は，有料駐車場に駐車する行為に対して課税する．そのため，納税義務者は有料駐車場利用者となる．このように法定外税は，条例化するので，地方議会での承認が必要になる．課税自主権の行使は，地方分権時代の地方公共団体の財源調達の観点からすると望ましいと考えられるが，その一方で，課税をする主体と実際に負担する主体が違う「租税輸出」を招いているケースが非常に多い．

表 12 － 9　超過課税の状態

(平成 25 年度決算額)

道府県税(団体数)			
道府県民税	個人均等割	(33団体)	202.3億円
	所得割	(1団体)	27.0億円
	法人均等割	(33団体)	99.8億円
	法人税割	(46団体)	944.7億円
法人事業税		(8団体)	1155.0億円
自動車税		(1団体)	20百万円
道府県税計			2,428.9億円
市町村税(団体数)			
市町村民税	個人均等割	(2団体)	16.3億円
	所得割	(2団体)	0.7億円
	法人均等割	(397団体)	158.6億円
	法人税割	(997団体)	2,309.1億円
固定資産税		(156団体)	338.5億円
軽自動車税		(29団体)	6.9億円
鉱産税		(31団体)	9百万円
入湯税		(2団体)	23百万円
市町村税計			2,830.4億円
超過課税合計			5,259.3億円

※地方法人二税の占める割合：88.7%
出所) 総務省地方税制度 (超過課税の規模)　平成 27 年

2. 超過課税

　標準税率を上回る税金を徴収する仕組みのことを超過課税という．表 12 − 9 のように超過課税を採用している地方公共団体は多い．地方税の税率については，標準税率と制限税率が決められているが，基本的には標準税率が事実上の下限として機能してきた．もし，標準税率以下で各自治体が課税した場合は，平成 17 年までの起債許可制度のもとで，地方債の発行が許可されなかった．事前協議制度に移行した現在も，標準税率を下回る税率の設定はしにくい状況にある．また，地方交付税制度においても不利益を被る形になっている．しかし，国の許可があれば，名古屋市で実施されたように標準税率から 1 割の減税も可能となった．

4. 不均一課税

　地方自治体は，公益上その他の事由により必要がある場合においては，不均一の課税をすることができるとされている．当該課税対象に対して課税しない，あるいは，不均一に課税することが直接，社会一般の利益を増進するものを示している．全国で行われている企業誘致や地域再生のための施策の実施のために，法人事業税を 3 カ年免除したり，特定の条件を満たす場合は，税率を何年間か不均一に課税するというやり方をとっている．こういったやり方は，地方分権時代における，減税によるある種の租税競争といえる．

参考文献

矢野浩一郎『地方税財政制度（第 8 次改正版）』学陽書房　2008 年
速水昇・和田尚久・水野惠子編著『公共経済と租税』学文社　2010 年
川村栄一『地方税法概説』北樹出版　2009 年
星野泉『分権型税制の視点』ぎょうせい　2004 年
大矢俊雄『図説　日本の財制（平成 27 年度版）』東洋経済新報社　2015 年
江島一彦編著『図説　日本の税制（平成 27 年度版）』財経詳報社　2015 年
佐藤主光『地方税改革の経済学』日本経済新聞出版社　2011 年
速水昇・小田幹雄編著『公共部門の経済活動と租税』学文社　2007 年

索　引

あ行

IS 曲線　　114, 116, 117
青色申告　　186, 240
青色申告者　　54
アダム・スミス　　150
アダム・スミスの4原則　　155
後継ぎ遺贈　　205
安定性と伸長性の原則　　268
育英事業費　　91
遺産取得税方式　　192
遺産税方式　　192
遺産分割　　207
遺贈　　196
一時所得　　175
一般会計　　38
一般会計当初予算　　2
一般会計予算　　48
一般歳出　　83
移転支出　　112
遺留分　　205
遺留分減殺請求書　　205
医療費控除　　178
医療扶助　　86
印紙税　　67
インフレ・ギャップ　　105, 106
インフレーション　　102, 106
受取配当　　239
益金　　223
SDGs　　96
NGO　　19
NPO　　19
エネルギー対策費　　78, 98
LM 曲線　　114, 115, 116, 117
OECD　　96
応益原則と応能原則　　269
ODA　　96
恩給関係費　　78, 92
温暖化ガス　　11

か行

会計年度独立の原則　　34
外国貿易乗数　　111
外国法人　　167
外国法人の意義　　217
介護扶助　　86
概算要求　　40
概算要求書　　41
開発援助委員会　　97
外部性　　9
開放経済　　109, 110
科学技術振興費　　90
確定申告　　239
過剰供給　　22
課税遺産総額　　202
課税標準　　257
課税総所得金額　　177
課税物件　　193
寡婦（寡夫）控除　　181
官業益金及び官業収入　　48, 49
環境税　　161
関税　　66
間接税　　61, 159
完全競争市場　　6
完全性の原則　　32
簡素性　　157
環太平洋経済連携協定　　66
議会の統制　　26
企業会計　　221
基準財政収入額　　129
基準財政需要額　　82, 129
犠牲説　　153
規制的手段　　13
基礎控除　　183, 198
基礎控除額　　199, 210
基礎的消費　　104
基礎的財政収支　　76
揮発油税　　67, 68, 96
寄附金　　238
寄附金控除　　181
規模の経済　　14
基本別表　　230
義務教育国庫負担金　　90
給与所得　　171
給与所得者　　159
教育振興助成金　　91
教育扶助　　86
供給曲線　　6

行政機能	30	公開性	31
行政事務の分担	124	公開性の原則	31
行政事務配分	123	公共財	5
行政事務分担	125	公共サービス	146
行政責任明確化の原則	141	公共サービスの資金調達機能	147
協同組合	220	公共事業関係費	78,94
均衡国民所得	103,105,108,110	公共法人	219
均衡点	6	航空機燃料税	69
均衡予算乗数	109	公債金	49
金融政策	19,116,117,118	公債金収入	52
金融の緩和	19	公示機能	29
勤労学生控除	182	厚生年金	85
勤労所得	159	更生の請求	207
国の財政行為	28	高齢社会	3
クラウディング・アウト	116	国債依存度	2
繰越明許費	37	国債残高	3
グループ内の法人間の資産の譲渡取り引き 238		国債事務取扱費	82
		国債整理基金特別会計	79
グループ法人税制	238	国債費	78,79
クロヨン	154	国内源泉所得	167
景気調整機能	147	国内総生産	3,103
景気変動	6	国民経済	3
経済安定機能	15	国民純所得	4
経済協力開発機構	96	国民所得	4
経済協力費	78,96	国民所得の三面等価の原則	103
経済政策機能	30	国民総所得	3
経済的価値	193,194	国民年金	85
経済への中立性・効率性	154	国民負担率	4,147
経常収支比率	137	個人事業税	275
経常的歳出	79	個人道府県民税	272
継続費	36	国家財政	2
経費負担区分	125	国家の役割	151
ケインズ型消費関数	104,105,108	国庫委託金	130,132
決算	28,44	国庫補助金	130,132
血族相続人	196	国庫債務負担行為	37
限界効用逓減の法則	6	国庫支出金	126,127,130,132,134
限界収入	15	国庫負担金	130
限界消費性向	104,106	固定資産税	159
限界費用	6,15	固定費用	14
限界輸入性向	110	古典派経済学	151
健全化判断比率	139	雇用労災対策費	88
源泉徴収	159	混雑現象	9
限定承認	203		
限定性の原則	34	## さ行	
厳密性の原則	31		
公益事業	14	財源区分	125
公益法人	219	財産評価基本通達	195
公開市場操作	19	歳出	29
		歳出剰余金	45

索 引

歳出の分類　76
財政赤字　2
財政健全化判断比率　137
財政政策　19, 116
財政の硬直化　79, 82
最適課税論　158
歳入　29
歳入歳出予算　36
再分配機能　146
債務償還費　81
債務負担　27
サイモンズ, H. C.　153
雑収入　49, 50
雑所得　176
雑損控除　178
3公社の民営化　17
暫定予算　43
参入規制　15
三位一体改革　142
山林所得　173
死因贈与　192, 196
死荷重　7
事業所得　170
事業税　275
資源の最適配分　7
資源配分機能　15
自己株式の譲渡　239
支出税論　158
市場の機能　5
市場の失敗　5
地震保険料控除　180
事前議決・事前承認の原則　32
自然成立　43
自然独占　6
自然独占産業　14
市町村合併　143
市町村税　268
失業保険制度　113
GDP　103
私的限界費用　10
私的財　7
自動車重量譲与税　67
自動車重量税　67, 68
自動車取得税　67
児童手当　76
資本所得　158
シャウプ勧告　141, 192
社会的限界費用　10

社会的余剰　6
社会福祉費　87
社会保険料控除　179
社会保障関係費　78, 84
社会保障負担　147
衆議院の先議権　28
衆議院の優越　43
重商主義　150
住宅扶助　86
重農主義　150
酒税　64
受贈者　208
需要曲線　6
主要経費別分類　76
純損失・雑損失の繰越控除　177
準用財政再建団体　137
障害者控除　181
小規模企業共済等掛金控除　179
乗数　107
乗数効果　109
譲渡所得　173
消費者余剰　6
消費税　61, 159, 244
消費税増税　2
正味の遺産額　202
所管別分類　77
食料安定供給関係費　78, 98
所得格差　161
所得金額　222
所得控除　177
所得再分配機能　15, 147
所得税精算課税説　193
所得税　54, 112, 113
所得分配の不均衡　6
白色申告者　54
人格のない社団　221
申告調整　230
申告納税方式　54
垂直的公平　154
水平的公平　154
税額控除　186
生活の本拠　210
生活扶助　86
生活保護費　85
制限納税義務者　167, 196
税源の普遍性の原則　268
生産者余剰　6
政治的機能　29

295

税収動向　156
税収の自主性の原則　268,269
生前贈与　208
生存権　20
政府開発援助　96
政府資産整理収入　49,50
政府支出乗数　108,110
政府の失敗　22
税務会計　221
生命保険料控除　179
石油ガス譲与税　67
石油ガス税　67,68,96
石油石炭税　70,98
世代間公平　156
折衷方式　200
ゼロ金利政策　118
前年度剰余金受入　49,51
総供給　104,110
総計予算主義　32
総合課税　158,168
総需要管理政策　107
総需要　103,104,108,109,110
総需要を管理　19
相続人　192
相続開始の日　204
相続財産　193
相続時精算課税制度　193,211
相続税　60
相続税課税の根拠　193
相続税の意義　192
相続税の課税価格　199
相続税の基礎控除額　198
相続税の仕組み　201
相続税の申告　206
相続税の納税義務者　196
相続税の速見表　200
相続の放棄　196,204
相続放棄者　204
相続や遺贈　192,193,196
総余剰　6
贈与税　60
贈与税の意義　208
贈与税の課税価格　210
贈与税の基礎控除　211
贈与税の申告・納付　211
贈与税の納税義務者　209
贈与税の補完税　208
租税及び印紙収入　48,49

租税回避　209
租税原則　154
租税国家　26,151
租税乗数　109,111
租税制度　159
租税制度の簡素化　157
租税の機能　146
租税の役割　146
租税負担の公平性　154
租税負担率　147
租税負担　146,147
その他事項経費　78,99
損益通算　176
損金　224

た行

代襲相続　198
代襲相続分　207
退職所得　172
たばこ税　65
たばこ特別税　71
単一性（統一性）の原則　33
単純承認　203
単税制度　161
担税力　154
単年度主義　35
地域独占　14
地価税　61
地球温暖化対策税　161
地方揮発油税　68
地方公共団体（特に市町村）優先主義　141
地方交付税　126,127,128,129,134,135
地方交付税交付金　78,79,82
地方財政計画　128
地方債　126,133
地方消費税　275
地方譲与税　126,127,129,131,134
地方税　126,134,135
地方税原則　266
地方特例交付金　78,79,83,127
地方法人税　130
地方法人譲与税　277
地方法人特別剰余税　59,130
地方法人特別税　59,277
嫡出子　198
中間生産物　3
中間申告　240
中小企業対策費　78,98

296

中小企業向け特例措置の不適用　239
中立性（活力）　156
超過課税　290
超過支出禁止の原則　34
超過税率　270
超過累進税率　200
直間比率　160
直接税　54,159
直系尊属　197,198
定率繰入分　81
デフレ・ギャップ　105,106
デフレーション　102,103,106
電源開発促進税　71,98
統一性　32
当期利益　222
投資の限界効率理論　114
道州制　142
当初予算　43
統制機能　29
同族会社　232
同族会社の行為・計算の否認規定　237
同族会社の特別控除　236
同族会社の留保金課税制度　236
道府県税　270
道路特定財源　67
特定財源税　69
特別会計　38
特別交付税　129
特別とん税　69
独立投資　105
富の再分配説　193
とん税　69

な行

内国法人　167,217
内部化　9
二元的所得税　159
二重課税　194
日本国憲法第25条　84
日本国籍　166
ネットワーク産業　14
年金医療介護保険給付費　84
年金受給権　194
納税義務者　166,251
納税義務の成立時期　203
納付　240
能率の原則　141
能力説　152

ノン・アフェクタシオンの原則　33

は行

配偶者控除　182,211
配偶者特別控除　182
配当所得　169
発行差減額繰入分　81
発展促進機能　15
非営利民間組織　19
非課税財産　194
非課税所得　167,194
非課税取引　249
非課税枠　211
非競合性　7
ピグー的課税　13
非自発的失業　105
非住居者　167
被相続人　192
被相続人の死亡時　203
非嫡出子　198
非排除性　7
費用逓減産業　14
ビルト・イン・スタビライザー　112,113
比例税率　159
不均一課税　291
負担能力　154
負担分任の原則　268,269
普通交付税　129
普通税　270
普通法人　220
不動産所得　170
部分均衡分析　10
扶養控除　183,188
プライマリーバランス　76
文教及び科学振興費　78,89
文教施設費　90
分離課税　159,168
平均課税　184
平均費用　15
閉鎖経済　103,107,108
防衛関係費　78,92
包括的所得税論　158
法人事業税　276
法人実効税率　57
法人税　57,113
法人道府県民税　274
法定外税　270,288
法定外普通税　270,286

297

法定外目的税　270
法定相続人　194,196
法定相続分　193,197,198
保健衛生対策費　88
保護費　85
補正予算　74

ま行

マイナンバー　57
マスグレイブの7条件　155
マネーサプライ　115,116
みなし相続財産　193
未分割財産　207
ミル，J.S.　153
無産国家　26,151
無制限納税義務者　196
明瞭性の原則　31
免税事業者　252
免税所得　167
免税取引　250
目的税　160,270
目的別分類　77

や行

夜警国家　151
遺言　196
輸入取引　249
輸入取引の納税義務者　251
予算　27
予算案　29
予算案の編成　29
予算過程　40
予算原則　30
予算制度　29
予算総則　35
予算提案権　40
予算の執行　29
予算編成　40
予備費　44,78,99

ら行

利益説　152
利子所得　169
利潤極大行動　15
利子及割引料　82
流動性トラップ　118
流用禁止の原則　34
料金規制　15
累進課税　54,154
累進所得税制　19
累進税率　112,159
路線価　195

わ行

ワグナー，A.H.G.　153
ワグナーの4大原則・9原則　155
割引国債　81

日本の財政と租税法

| 2016年3月20日 | 第一版第一刷発行 |
| 2018年1月30日 | 第一版第二刷発行 |

編著者	水 野　　惠 子
	奥 村　　正 郎
	和 田 佐 英 子
発行者	田 中 千 津 子

発行所　株式会社　**学 文 社**

©2016 Mizuno Keiko, Okumura Masarou
　& Wada Saeko　Printed
　　　　in Japan

東京都目黒区下目黒3-6-1
電話(3715)1501代・振替00130-9-98842

・検印省略
印刷／新灯印刷株式会社
ISBN978-4-7620-2636-2

(落丁・乱丁の場合は本社でお取替します)
(定価はカバーに表示してあります)